教育部人文社会科学研究青年基金项目(14YJC720024)资助

先秦“圆道”观念概论

孙功进　著

山东大学出版社

目　录

第一章

“圆道”观的基本内涵、研究现状和思想来源

“圆道”之名源于《吕氏春秋·圜道》中的“圜道”。“圆道”即环周往复之道，是用以描述事物变化、发展具有周期性往返特征的观念。“圆道”观念在先秦文献中以天文历法、天道观、道论、历史观、政治哲学、养生理论等多种形式存在，并与不同的哲学观念结合在一起，成为先秦思想不可忽视的一个内容。对天文历法和物候变化周期性的认识，是“圆道”观念的最主要来源。本章对“圆道”观的基本内涵、研究现状、思想来源三个问题作出分析。

第一节　“圆道”观的基本内涵、研究现状

一、“圆道”的基本内涵

在先秦文献中，存在不少有关事物变化、发展具有周期性特

征的论述。比如:《老子》强调“归根”“复命”[①],“反者,道之动”[②];《国语·越语》中的范蠡主张“阳至而阴,阴至而阳;日困而还,月盈而匡”[③],强调“赢缩以为常,四时以为纪”[④];《管子·白心》有“日极则仄,月满则亏”[⑤]的说法;《黄老帛书》的“天稽环周”[⑥];《鹖冠子·环流》的“美恶相饰,命曰复周;物极则反,命曰环流”[⑦];《易经》的“反复其道,七日来复”[⑧];《吕氏春秋》的《圜道》篇则专门谈论了各种以“圜周往复”为特征的事物,并将“圜周往复”视为天道的特质和人主治道。这些以“反”“复”“圜”“环周”等词语描述出来的事物变化具有周期性的观念,本书称之为“圆道”。“圆道”即环周往复之道,是用以描述事物变化、发展具有周期性特征的观念。先秦的“圆道”观念,既指涉天文现象,又用来阐述天道观、道论、历史观、政治哲学、养生思想等,构成先秦哲学不可忽视的一个方面。

从先秦文献来看,“圆道”之“道”既可以在法则的意义上使用,又可以在本原、本体的意义上使用。[⑨]《吕氏春秋》明确提出了

---

① 楼宇烈:《老子道德经注校释》,中华书局2008年版,第35页。

② 楼宇烈:《老子道德经注校释》,中华书局2008年版,第110页。

③ 邬国义等:《国语译注》,上海古籍出版社1994年版,第608页。

④ 邬国义等:《国语译注》,上海古籍出版社1994年版,第608页。

⑤ 姜涛:《管子新注》,齐鲁书社2009年版,第306页。

⑥ 裘锡圭主编:《长沙马王堆汉墓简帛集成》(肆),中华书局2014年版,第162页。

⑦ 黄怀信:《鹖冠子汇校集注》,中华书局2004年版,第89页。

⑧ 高亨:《周易古经今注》(重订本),中华书局1984年版,第229页。

⑨ 以“圆道”来描述天道循环和社会人生所依据的规律、法则时,“圆道”之“道”主要强调的是法则义,“圆道”还有本原、本体的内涵,如《老子》及《恒先》在对其本原、本体——“道”“恒气”的往复运作进行说明时,这种“圆道”之“道”即指本原、本体言。

“圜道”的概念①,从该书“大圜在上”的说法来看,“大圜”的“圜”指天而言,“大圜”体现的是盖天说的天文观念,“圜道”则指由天道运行特点抽象出的往复循行的法则。《说文解字》有“圜”“圆”二字,《说文解字》卷六“口部”:“圜,天体也。从口瞏声”,“圆,圜全也”,段玉裁注:“圜,环也。……依许则言天当作圜……言浑圆当作圆。”据《说文》,“圜”之义当是就天体自身的形状言,“圆”则指“圜”所体现出的理想的圆周形态。《广雅》:“圜,圆也。”“圆”和“圜”可通用,“圜道”即“圆道”。

从先秦文献来看,“圆道”是先秦思想中不可忽略的一个观念。在《周易》、《老子》、《黄老帛书》、《管子》、《太一生水》、《恒先》、子弹库楚帛书、《行气铭》等文献资料和出土文物中,我们都可以看到有关“圆道”的论述,这些“圆道”思想又同各自的哲学观念结合在一起。可以说,“圆道”构成审视先秦思想的一个视角。不仅如此,“圆道”观念甚至还延伸到秦汉思想中,对汉易的卦气说、《黄帝内经》的养生思想等也产生了影响。②

---

① 《吕氏春秋·圜道》:“日夜一周,圜道也。月躔二十八宿,轸与角属,圜道也。精行四时,一上一下各与遇,圜道也。物动则萌,萌而生,生而长,长而大,大而成,成乃衰,衰乃杀,杀乃藏,圜道也。云气西行,云云然,冬夏不辍,水泉东流,日夜不休,上不竭,下不满,小为大,重为轻,圜道也。黄帝曰:‘帝无常处也,有处者乃无处也’,以言不刑蹇,圜道也。人之窍九,一有所居则八虚,八虚甚久则身毙。故唯而听,唯止。听而视,听止。以言说一,一不欲留,留运为败,圜道也,一也齐至贵,莫知其原,莫知其端,莫知其始,莫知其终,而万物以为宗。圣王法之,以令其性,以定其正,以出号令。令出于主口,官职受而行之,日夜不休,宣通下究,瀸于民心,遂于四方,还周复归,至于主所,圜道也。”(许维遹:《吕氏春秋集释》,中华书局 2009 年版,第 79～81 页)

② 关于“圆道”观念对汉代思想的影响,受研究主题的限制,此处不作专门的阐述,将在后续研究中作进一步的探讨。

二、先秦“圆道”观念研究现状述评

现代学者对“圆道”观念所作的研究相对较少，以下对这一问题的研究现状作简要的述评。

刘长林较早对“圆道”作了概论性的说明。刘长林的《中国系统思维》一书，将“圜道”解释为“循环之道”，并将“圜道”视为一种思维方式，他认为《易经》最早阐明了“圜道”的观念，指出了“圜道”观念对中国文化产生的积极影响，强调不能将“圜道”思维视为形而上学[①]；在《圜道观与中国思维》一文中又将“圆道”观的意义概括为八个方面。[②] 刘长林的观点首次将“圜道”作为一种思维方式，并作了肯定性的说明，对于我们认识先秦哲学中的“圆道”思想，具有重要的启发意义。

自刘长林将“圜道”视为一种思维方式之后，陆续出现了一些以“圆道”观念同中医、音律、绘画、武术、农学思想等进行比较和会通性研究的论作，这是对“圆道”观念的横向研究。其中，以对“圆道”思想与中医理论的比较研究较为多见。如张尚臣《圆道观哲学思想与〈黄帝内经〉》一文，强调《内经》的思想方法体现了先秦的圆道思想。[③] 余达等借助《周易》体现的“圆道”思想来解释中医学的任督循环。[④] 符仲华的《圆道观与针灸学说》一文，认为中医的针灸受到了“圆道”观念的影响。[⑤] 罗桂清、李磊撰文指出，

---

① 参见刘长林：《中国系统思维》，中国社会科学出版社 1990 年版，第 14～31 页。

② 参见刘长林：《圜道观与中国思维》，载《哲学动态》1988 年第 1 期。

③ 参见张尚臣：《圆道观哲学思想与〈黄帝内经〉》，载《河南中医药学刊》1999 年第 1 期。

④ 参见余达、杨坤、王玉兴：《〈周易〉圆道与任督循环探析》，载《中华中医药学刊》2009 年第 6 期。

⑤ 参见符仲华：《圆道观与针灸学说》，载《南京中医学院学报》1994 年第 4 期。

《黄帝内经》的气血循环运行理论受到了《周易》圆道观的影响。[①] 李鸿泓、张其成认为,《黄帝内经》的思想渊源可以用“圆道时中”来概括,强调“圆道”描述的是运动的轨迹,“时中”描述的是运动的刻度。[②] 在“圆道”思想与音律、艺术、武术的比较研究方面,宁志品撰文指出了圆道观对《诗经》音律的渗透[③];胡建峰认为中国绘画艺术无论在表层还是深层都体现了“圆道”的观念[④];韩志强指出了太极拳所体现的“圆道”智慧[⑤];谢丹认为中国古典舞的动作姿态与审美特征贯穿着“圆道”思维[⑥]。在“圆道”思想和农学的关系方面,赵敏注意到了“圆道”思想与古代农学的比较研究,她的《中国古代农学思想考论》一书指出了“圆道”观对中国农学思想的影响,认为中国古代在农业生产中采用的作物循环、耕作循环、用养循环、物能循环以及古代农学思想的生态观,都同“圆道”观有密切关系。[⑦] 以上这些比较研究主要是将“圆道”作为一种观念和思维方式,阐发其对中国文化某一方面的影响,对于“圆道”本身的研究,则牵涉较少。

---

① 参见罗桂清、李磊:《试论〈周易〉圆道观对经络气血运行理论的影响》,载《中医文献杂志》2013 年第 3 期。

② 参见李鸿泓、张其成:《〈黄帝内经〉“圆道时中”思想渊源探讨》,载《环球中医药》2015 年第5 期。

③ 参见宁志品:《“圆道观”对于〈诗经〉音律的渗透》,载《丝路学谈》1998 年第 3 期。

④ 参见胡建峰:《圆道观与中国绘画》,载《太原师范学院学报》(社会科学版) 2005 年第 3 期。

⑤ 参见韩志强:《溯本求源,圆生万物——圆道观与太极拳之“圆”》,载《搏击(武术科学)》2012 年第7 期。

⑥ 参见谢丹:《论圆道思维及其对中国古典舞蹈的影响》,载《江西社会科学》2015 年第 6 期。

⑦ 参见赵敏:《中国古代农学思想考论》,中国农业科学技术出版社 2013 年版,第 97～122 页。

除对“圆道”思想的横向比较研究外，还有一些学者对“圆道”本身作了进一步的分析和阐发。冯天瑜《中华元典精神》一书有一节论述“通变异”“守圜道”的思想，对《易经》《老子》《易传》《庄子》表现出的循环论以及《吕氏春秋》的“圜道”观念作了分析，认为“万物大化成‘圜道’，人世演运成循环，是中国人在元典时代勾勒的一种变易线路”，“‘圜道’观是盛行于农业—宗法社会的‘推原思维’的产物”[①]，认为这种“圜道”观念受到了农业生产周期和王朝更迭的往复现象的启发。冯天瑜的观点看到了农业生产和社会政治因素对“圆道”观形成的影响，对于我们认识“圆道”观念的思想来源，具有重要的启发意义。刘长林《〈周易〉圆道与创新》一文，从《周易》变新求久、不平衡的思想意义两个方面，对《周易》中“圜道”观念的思想价值作了阐发。[②] 罗菲《变——圆道哲学观的内核》一文，强调“变”是圆道哲学观真正的思想核心。[③] 台湾学者李智平《复反之道：〈老子〉与〈剥〉、〈复〉二卦诠释视域的比较》一文，对《老子》和《周易》之《剥》《复》二卦的“复反”观念作了分析，认为《老子》的复返是一种“道”复，强调复返于形上本体，《周易》则偏重于“阳”复，强调阳刚进取的精神特质，二者表达了不同的性格，成就了两种体证进路。[④] 这些都是对先秦“圆道”观念作进一步研究的成果。

此外，一些学者虽然没有明确以“圆道”为研究对象，但实际

---

① 冯天瑜：《中华元典精神》，上海人民出版社 1994 年版，第 221、222 页。

② 参见刘长林：《〈周易〉圆道与创新》，载张涛主编《周易文化研究》第 3 辑，社会科学文献出版社 2011 年版，第 97～112 页。

③ 参见罗菲：《变——圆道哲学观的内核》，载《武汉科技学院学报》2010 年第 6 期。

④ 参见李智平：《复反之道：〈老子〉与〈剥〉、〈复〉二卦诠释视域的比较》，载(台湾)《新竹教育大学语文学报》第 13 期，2006 年 12 月，第 81～108 页。

上已经涉及了“圆道”观念的一些问题。如周桂钿《中国古代循环论种种》一文，对古代的循环论作了简要说明，其中涉及了先秦的四时四方循环论、邹衍的五行循环论，以及干支纪时的循环论。[①]刘兴明从易学中的“复”观念出发，对易学所体现的和谐循环思想作了通论性的说明。[②] 这些都或多或少地涉及了先秦哲学中的“圆道”观念。

以上是现代学者对先秦“圆道”思想的大体研究现状。从已有的研究成果来看，目前的研究主要是将“圆道”定位为一种思维方式，并在此基础上与中医、艺术、武术等作简单的对比，对“圆道”思想本身的研究还不够深入，从整体上看，先秦的“圆道”思想并没有得到系统的发掘和阐述。今后要继续探讨这一问题，需要结合先秦文献(包括出土文献和材料)，对“圆道”观念的来源、表现形式及其与相关哲学概念的关系作出阐述，从而对先秦“圆道”思想有整体性的把握。

第二节 “圆道”观的思想来源

“圆道”观念强调事物处于环周往复的运行特点和规律中。从起源上看，“圆道”观念的形成主要有三个来源：对天体运行规律的认识、对四季物候的观察以及社会领域中王朝政治变迁的影响。

《易・说卦》：“乾为天，为圜。”[③]《说文解字》：“圜，天体也。”

---

① 参见周桂钿：《中国古代循环论种种》，载《贵州社会科学》1996 年第 4 期。

② 参见刘兴明：《大易之复：一种生生不已的和谐循环智慧》，载《山东师范大学学报》(人文社会科学版)2011 年第 1 期。

③ 高亨：《周易大传今注》，齐鲁书社 1998 年版，第 463 页。

“圜”本身即天体之称，由此，“圆道”观念来源于对天体运行规律的认识就是很自然的事情了。“圆道”强调事物的环周运行和变化，地球因其自转和围绕太阳的公转，人在地面可以观测到日月星辰的东升西落、月相的周期性变化，以及天球星区的季节性升降变化，日月星辰在人的视界中呈现出的往复环行或周期性变化特征，正是“圆道”观念最重要的思想来源。

对天象的观测是古人的一项重要活动，其起源很早。学者认为，河南濮阳出土的西水坡45号仰韶文化墓葬[①]，已经有着明显的天文内涵[②]。在20世纪60年代山东莒县陵阳河陆续出土的大汶口文化时期的陶器上，有一含有日形的刻画图（见图1-1、图1-2）[③]，对这一图像的释读主要有文字说、天象说、族徽说等[④]。徐凤先认为，该图既符示天象，又是“昊”和“皞”字，还是东夷部落的族徽，可能反映的是古史传说时期据日出日入方位定季节的时代。[⑤] 徐凤先的这种推测相对更为合理，这一图形包含的天文内容无法被忽略。2003年山西襄汾考古发掘了龙山时代的陶寺城

---

① 参见濮阳市文物管理委员会、濮阳市博物馆、濮阳市文物工作队：《河南濮阳西水坡遗址发掘简报》，载《文物》1988年第3期。

② 学者对其天文学内涵的解读，主要是通过该墓葬中用蚌壳组成的三角形与由蚌塑三角形和人的胫骨构成的北斗图案进行的。冯时指出：“西水坡龙虎墓二象北斗星图的出现，正应是古人为确定时间和生产季节的必然反映。”（冯时：《中国天文考古学》，社会科学文献出版社2001年版，第285页。关于西水坡墓葬的天文学内涵，可参阅该书第278～288页）

③ 参见山东省文物管理处、济南市博物馆编：《大汶口》，文物出版社1974年版，第118页，图94之1。

④ 参见徐凤先：《从大汶口符号文字和陶寺观象台探寻中国天文学起源的传说时代》，载《中国科技史杂志》2010年第4期。

⑤ 参见徐凤先：《从大汶口符号文字和陶寺观象台探寻中国天文学起源的传说时代》，载《中国科技史杂志》2010年第4期。

址ⅡFJT1 区[①],出土了观测正午日影的圭尺[②]和观测天象的柱缝,学者肯定了该遗迹(ⅡFJT1 部分)具有的天文观测功能[③],其中多数学者强调该遗迹说明帝尧时代已掌握了对二至日日出方位的观测[④]。根据以上观点,这些出土的早期天文学遗迹说明,当时的人们已经能够根据一年中太阳在黄道的运行轨迹及其不同方位进行季节的确认。

图 1-1 日形刻画图(1)

图像采自山东省文物管理处、济南市博物馆编:《大汶口》,文物出版社 1974 年版,第 118 页图 94 之 1。

① 参见中国社会科学院考古研究所山西工作队、临汾地区文物局编:《山西襄汾县陶寺遗址发掘简报》,载《考古》1980 年第 1 期;中国社会科学院考古研究所山西工作队、山西省考古研究所、临汾市文物局:《山西襄汾县陶寺城址祭祀区大型建筑基址2003 年发掘简报》,载《考古》2004 年第 7 期。

② 参见何驽:《山西襄汾陶寺城址中期王级大墓ⅡM22 出土漆杆“圭尺”功能试探》,载《自然科学史研究》2009 年第 3 期。

③ 参见江晓原、陈晓中等:《山西襄汾陶寺城址天文观测遗迹功能讨论》,载《考古》2006 年第11 期。

④ 参见江晓原、陈晓中等:《山西襄汾陶寺城址天文观测遗迹功能讨论》,载《考古》2006 年第 11 期;徐凤先:《从大汶口符号文字和陶寺观象台探寻中国天文学起源的传说时代》,载《中国科技史杂志》2010 年第 4 期。

图 1-2 日形刻画图(2)

此图是图 1-1 的图画形式,图像采自徐凤先《从大汶口符号文字和陶寺观象台探寻中国天文学起源的传说时代》,载《中国科技史杂志》2010 年第4 期。

有文字记载的古人观测天象的活动,可以在《尚书》中看到:

> 乃命羲和,钦若昊天,历象日月星辰,敬授民时。分命羲仲,宅嵎夷,曰旸谷。寅宾出日,平秩东作。日中,星鸟,以殷仲春。厥民析,鸟兽孳尾。申命羲叔,宅南交,曰明都。平秩南讹,敬致。日永,星火,以正仲夏。厥民因,鸟兽希革。分命和仲,宅西,曰昧谷。寅饯纳日,平秩西成。宵中,星虚,以殷仲秋。厥民夷,鸟兽毛毨。申命和叔,宅朔方,曰幽都。平在朔易。日短,星昴,以正仲冬。厥民隩,鸟兽氄毛。帝曰:“咨!汝羲暨和。”期三百有六旬有六日,以闰月定四时,成岁。(《尚书·尧典》)①

上文所述乃为帝尧时期观天象、分四季以成岁之事。除羲和之外,羲仲、羲叔、和仲、和叔四人分管四方的天文观测。“历象日月星辰”即循历日月星辰的往复运行而做相应的观测活动,“敬授人

① 王世舜、王翠叶译注:《尚书》,中华书局 2012 年版,第 7 页。

时"则是以观测天象的结果来区分一年四时及相应的人事活动,"日中""日永""宵中""日短"分别指春分、夏至、秋分、冬至。《尧典》所记述的天文活动,是通过观测黄昏时分鸟、火、虚、昴四中星的位置来作为四季交替的依据。[①] 对于《尧典》所述天文学的年代,一些学者根据出土遗址,认为其时间与帝尧时代相符。[②] 也有学者认为《尧典》的记载保留了夏商之际的天文学成就。[③] 此外,《庄子·天下》有言:"古之人其备乎!配神明,醇天地,育万物,和天下,泽及百姓,明于本数,系于末度,六通四辟,小大精粗,其运无乎不在。其明而在数度者,旧法世传之史,尚多有之。"[④]《天下》所言"明于本数,系于末度"的"古之人"主要是从天文数度的角度而言的。司马迁的《史记》更以黄帝为"考订星历"之人[⑤],而且还列出了帝尧之前的"传天数者"即传承天文数度之学的人[⑥]。这些都说明了古人对观测天象的重视,也说明了对天文、天象的认知在中国文化中的重要性。

据《论语》《国语》《礼记》所载,夏朝时已有可以称道的天文学成就:

---

① 参见陈遵妫:《中国古代天文学简史》,上海人民出版社 1955 年版,第 21 页。

② 参见江晓原、陈晓中等:《山西襄汾陶寺城址天文观测遗迹功能讨论》,载《考古》2006 年第 11 期;徐凤先:《从大汶口符号文字和陶寺观象台探寻中国天文学起源的传说时代》,载《中国科技史杂志》2010 年第 4 期。

③ 武家壁据山西陶寺城遗址的考古发现,认为《尧典》所反映的天文观念为商代以前(参见武家壁:《陶寺观象台与考古天文学》,载《科学技术与辩证法》2008 年第 5 期)。冯时根据河南偃师县二里头文化遗址出土文物进行分析,认为《尧典》所载天文观念属夏代晚期或早商(参见冯时:《〈尧典〉立历法体系的考古学研究》,载冯时:《中国天文考古学》,社会科学文献出版社 2001 年版,第 166 页)。

④ 陈鼓应:《庄子今注今译》,中华书局 1983 年版,第 855 页。

⑤ 《史记·历书》:"神农以前尚矣。盖黄帝考定星历,建立五行,起消息,正闰余,于是有天地神祇物类之官,是谓五官。各司其序,不相乱也。"(司马迁:《史记》第 4 册,中华书局 1982 年版,第 1256 页)

⑥ 《史记·天官书》:"昔之传天数者:高辛之前,重、黎;于唐、虞,羲、和;有夏,昆吾;殷商,巫咸;周室,史佚、苌弘;于宋,子韦;郑则裨灶;在齐,甘公;楚,唐眛;赵,尹皋;魏,石申。"(司马迁:《史记》第 4 册,中华书局 1982 年版,第 1343 页)

子曰:“行夏之时……”(《论语·卫灵公》)[①]

故《夏令》曰:“九月除道,十月成梁。”(《国语·周语》)[②]

孔子曰:“我欲观夏道,是故之杞,而不足征也,吾得《夏时》焉。”(《礼记·礼运》)[③]

孔子正夏时,学者多传《夏小正》云。(《史记·夏本纪》)[④]

上文“夏时”“《夏令》”的说法,当指夏代的天文历法,这是中国古代历法的一个新的开端。今本《夏小正》虽难说成书于夏代,但据学者的研究,其仍然有着夏代的天文观念来源。[⑤]《夏小正》

---

① 朱熹:《四书章句集注》,齐鲁书社 1992 年版,第 157 页。

② 邬国义等:《国语译注》,上海古籍出版社 1994 年版,第 55 页。

③ 杨天宇:《礼记译注》,上海古籍出版社 2004 年版,第 267 页。

④ 司马迁:《史记》第 1 册,中华书局 1982 年版,第 89 页。

⑤ 陈久金说:“《夏小正》是夏代的历法,夏代灭亡以后,它仍在夏原来的统治中心或夏的遗民中一直使用着,我们现在所能见到的《夏小正》,可能混入了春秋时期的部分天象,但仍然保留着夏代历法的基本面貌。”[陈久金:《历法的起源和先秦四分历》,载中国天文学史整理研究小组编:《科技史文集》第 1 辑(天文学史专辑),上海科学技术出版社 1978 年版,第 9 页。陈久金的观点又可参见张培瑜、陈美东等撰:《中国古代历法》,中国科学技术出版社 2008 年版,第 2 页]胡铁珠对《夏小正》的星象作了研究,认为“该历曾被用于周代,其起源可以上推至夏代,但确认后者还需要其他方面的证据”(胡铁珠:《〈夏小正〉星象年代研究》,载《自然科学史研究》2000 年第 3 期)。韩高年说:“《夏小正》是用于授时仪式的韵文,从其中记载的星象、历法等内容以及其语言形式来看,它的产生年代应在商周以前。”(韩高年:《上古授时仪式与仪式韵文——论〈夏小正〉的性质、时代及演变》,载《文献》2004 年第 4 期)陈美东对(日)熊田中亮、罗树元、黄道芳等有关《夏小正》的研究分析之后,强调《夏小正》是一部从夏代到西周均可以使用的天象历,《夏小正》所载天象是否起源于夏代,无法作出明确的回答,但孔子所得《夏小正》有基本可信的天象可以依凭,说它反映了夏民族的历法特色,可能更加确当(参见陈美东:《中国科学技术史·天文学卷》,科学出版社 2003 年版,第 15～16 页)。夏纬瑛认为,可以把《夏小正》的产生年代推到夏王朝末年,但不敢强加肯定(参见夏纬瑛:《〈夏小正〉经文校释》,农业出版社 1981 年版,第 80 页)。王安安的硕士论文《〈夏小正〉经文时代考》也强调《夏小正》经文反映了夏代生活(参见王安安:《〈夏小正〉经文时代考》,西北大学硕士学位论文,2004 年)。

对天象的观察，是以恒星在昏、旦时的位置来确定月份，并且强调北斗授时的观念。[①] 关于殷代的天文观念，冯时总结了对甲骨文反映的天文思想的研究，认为“商代实行阴阳合历，纪日以干支，纪月以朔望，纪年以四气，并以闰月调整太阴年与回归年的周期差”[②]。阴阳合历建立在对恒星周期运行和月相周期的把握的基础之上，干支纪日法则表达了时间往复循环的观念。西周的天文学成就可以从《诗经》和金文中略见。《诗经》中记载有对于恒星的观测，如“七月流火”就是对大火星（心宿二）在天球视运动中下行的认识，“东有启明，西有长庚”则是对行星运动的认识。[③] 周代金文中有关于月相的专有名词，如“既生霸”“既死霸”“既望”等。[④] 按照王国维的观点，周初是将一月分为四部分，分别为“初吉”“既生霸”“既望”“既死霸”。[⑤] 这些有关月相的名称表明，周人对月相的周期变化已经有了更深的认识。春秋时期还存在以木星为岁星的纪年法，木星运行一周天的时间约为 12 年[⑥]，古人以木星所

---

① 《夏小正》有关天象观察的经文摘录如下：“正月：鞠则见；初昏参中；斗柄悬在下。三月：参则伏。四月，昴则见；初昏南门正。五月，参则见。初昏大火中。六月，初昏斗柄正在上。七月，汉案户。初昏织女正东乡。斗柄悬在下则旦。八月，辰则伏。参中国则旦。九月，辰系于日。十月，初昏南门见。织女正北乡则旦。”[（清）王聘珍撰、王文锦点校：《大戴礼记解诂》，中华书局 1983 年版，第 24～47 页]陈遵妫认为，“尽管这书作于西周至春秋末叶之间……但其中一部分确信是夏代流传下来的”（陈遵妫：《中国天文学史》第 1 册，上海人民出版社 1980 年版，第200 页）。

② 冯时：《百年来甲骨文天文历法研究》，中国社会科学出版社 2011 年版，第 343 页。

③ 参见陈遵妫：《中国天文学史》第 1 册，上海人民出版社 1980 年版，第 212 页。

④ 张蝶整理了具有完整历日要素的金文天文文献列表，详见张蝶《关于中国古代天文文献的基础研究》，辽宁大学硕士学位论文，2011 年，第 35～36 页。

⑤ 参见王国维：《生霸死霸考》，载王国维：《观堂集林》（上），中华书局 1959 年版，第 19～26 页。

⑥ 《史记·天官书》：“岁行三十度十六分度之七……十二岁而周天。”（司马迁：《史记》第 4 册，中华书局 1982 年版，第 1313 页）

经星次为纪年参照，是为岁星纪年法[①]。岁星纪年法在《左传》《国语》中有不少例证，如《左传·襄公二十八年》"岁在星纪，而淫于玄枵，以有时灾，阴不堪阳"[②]，《左传·昭公八年》"岁在鹑火"[③]，《国语·晋语》"岁在寿星及鹑尾"[④]等。岁星纪年法，是以木星的周期运行特点作为历时的依据。

由以上先民的天文观测来看，至春秋时，中国古人已有卓越的天文观念，已经能够据恒星的出没位置来确定季节和月份，有斗柄授时的观念，能够观察重要的行星来区分昼夜，并以木星的运行来纪年，能够据月相的周期变化并结合回归年使用阴阳合历。其中，恒星和行星的周期出没，斗柄的往复旋转，月相的周期变化，都是先秦"圆道"观最重要的思想来源。因此之故，先秦文献中的"天道""天行""天数"等概念事实上直接与天文观念相关，它们首先是一个天文学概念，这是把握上述概念时须注意的一点。

"圆道"观念的思想来源，还有一个重要的方面，那就是对四时交替以及由此而引发的物候周期性变化的认识。罗琨、饶宗颐、冯时皆据殷墟卜辞认为商人已有日至的观念[⑤]，冯时甚至据出土文物认为"大约八千年前，人们显然已达到了能够测定分至的

---

① 关于岁星纪年法，参见张闻玉：《古代天文历法论集》，贵州人民出版社1995年版，第35～39页；陈遵妫：《中国古代天文学简史》，上海人民出版社1955年版，第83～84页。

② 杨伯峻：《春秋左传注（修订本）》（三），中华书局2009年版，第1140～1141页。

③ 杨伯峻：《春秋左传注（修订本）》（四），中华书局2009年版，第1305页。

④ 邬国义等：《国语译注》，上海古籍出版社1994年版，第289页。

⑤ 参见罗琨：《卜辞"至"日缕析》，载中国社会科学院甲骨学殷商史研究中心编辑组：《胡厚宣先生纪念文集》，科学出版社1998年版，第144～157页；饶宗颐：《殷代日至考》，载（台湾）《大陆杂志》第5卷第3期，1952年；冯时：《中国天文考古学》，社会科学文献出版社2001年版，第198页。关于甲骨文中有关日至问题的研究，参见冯时：《百年来甲骨文天文历法研究》，中国社会科学出版社2011年版，第266～281页。

水平”[①]，强调“卜辞的四方神实际就是分至四神”[②]。四时观念使对物候的认识成为可能，物候是四时观念的具体化表达。《尧典》已有物候的记载，甲骨文中四方风与分至四中气相配，“则反映了四气的物候征象”[③]。《左传·僖公五年》：“凡分，至，启，闭，必书云物，为备故也。”[④]这里的“分”和“至”指二分二至，“启”和“闭”指立春、立夏和立秋、立冬，这应是二十四节气的基础。一般认为战国晚期形成了完整的二十四节气。[⑤]《吕氏春秋·十二纪》《礼记·月令》《淮南子·时则训》，皆对节气物候有详细的说明。本于天道的节气物候的周期性变化，既是先秦“圆道”思想的来源，其本身也构成了“圆道”观念的一个重要形态。

如果说对天体运行特点、四时更替以及物候周期性变化的认识是先秦“圆道”观念的自然观念来源，那么，先秦“圆道”观念的形成也有着来自社会领域的因素，这就是王朝政治的更迭和变迁。春秋后期，诸侯之间的兼并和邦国内部的君臣斗争引起了王朝政治的不断更迭，这加深了人们对“变”的观念的认识。对此，《左传》有言：“社稷无常奉，君臣无常位，自古以然。故诗曰：‘高岸为谷，深谷为陵。’三后之姓于今为庶，主所知也。”[⑥]如《左传》所

① 冯时：《中国天文考古学》，社会科学文献出版社 2001 年版，第 198 页。同样的观点又见冯时《百年来甲骨文天文历法研究》，中国社会科学出版社 2011 年版，第 339 页。

② 冯时：《百年来甲骨文天文历法研究》，中国社会科学出版社 2011 年版，第 280 页。

③ 冯时：《百年来甲骨文天文历法研究》，中国社会科学出版社 2011 年版，第 280 页。

④ 杨伯峻：《春秋左传注(修订本)》(一)，中华书局 2009 年版，第303 页。

⑤ 参见张培瑜、陈美东等：《中国古代历法》，中国科学技术出版社 2008 年版，《前言》。

⑥ 杨伯峻：《春秋左传注(修订本)》(四)，中华书局 2009 年版，第 1519～1520 页。

言的王朝变迁，极易引发社会领域的往复观念。事实上，邹衍的“五德终始”学说就为王朝政治的更迭提供了一种理论说明。邹衍的“五德终始”说，是政治历史领域中的“圆道”观念，是先秦“圆道”观的一种表现形式。

总之，古人对天体周期性运行轨迹的认识，对物候周期性变化的考察，是以往复循环为特征的“圆道”观念产生的最主要来源。这使得先秦的“圆道”观念与天文星象、节气物候直接相关。此外，社会领域中王朝政治的更迭，也是“圆道”观念得以形成的一个因素，王朝变迁为把带有自然哲学色彩的天文“圆道”观引入社会领域奠定了社会基础。

第二章
《周易》的“圆道”观

《周易》古经作为巫史文化的产物，其本身就与天道有着密切的关系。《易传》通过对古经的新阐释，试图重新定义易道精神，赋予其包罗天、地、人“三才”之道的丰赡哲理内涵和德性优先的人文精神。“《易》与天地准，故能弥纶天地之道”[①]，与天道的密切关联，使《周易》与源于早期天文、天道的“圆道”观念具有重要的亲缘关系。《周易》“三才之学”的特质，又潜含着将“圆道”观念引入人事领域的可能。《周易》的“圆道”观，既包含于古经的爻辞之中，又通过传本《易传》“帝出乎震”章构设的融帝星、八卦和物候于一体的立体“圆道”图式表现出来，还体现为帛易《要》篇中包含天道和君道在内的“《损》《益》之道”。

第一节 《易经》的“圆道”观

《周易》古经作为占筮之书，是早期巫史文化的结晶。涉及记事、取象、说事、断占诸多方面内容的《周易》古经的卦爻辞[②]，实际

① 高亨:《周易大传今注》，齐鲁书社 1998 年版，第 386 页。

② 高亨将《周易》筮辞分为四类，详见高亨《周易筮辞分类表》，载高亨:《周易古经今注》(重订本)，中华书局 1984 年版，第 46～109 页。

上已经透露出一定程度的“圆道”观念。这主要表现在两个方面：一是《泰》《复》两卦卦爻辞所直接表达的“圆道”观念，二是《乾》卦卦爻辞体现的“圆道”观念。后者又可以从思想内涵和天文内涵两个方面得到说明。下面在前人研究的基础上，对上述两个问题作进一步的梳理和阐发。

一、《泰》《复》卦爻辞所表达的“圆道”观

《泰》卦九三爻爻辞和《复》卦的卦辞有言：

> 无平不陂，无往不复，艰贞无咎，勿恤其孚，于食有福。[①]
>
> 出入无疾，朋来无咎，反复其道，七日来复。利有攸往。[②]

《泰》卦的“无平不陂，无往不复”，约而言之，向人晓示的是事物发展的辩证法，即事物向对立面的转化。其中，“无往不复”的“往”，《说文解字》卷二“彳部”七：“之也。从彳㞷聲。”又同卷：“彳，小步也。象人胫三属相连也。凡彳之屬皆从彳。”从《说文》对“往”“彳”的解释来看，“往”原指人出行到某处。这样看来，“无往不复”的原义，当指以某处为出发点的出行和返回活动，出行和返回构成一种循环。当然，古经此处强调的是“往”必有“复”这一引申义，从而与其后的“勿恤其孚，于食有福”形成对应，即所谓失而又得之义，这种意义上的“无往不复”是就人事活动中某一具体事件而言的。

《复》卦的“反复其道，七日来复”，则是对占问行为的断占之语。如果说《泰》卦强调了“往”必有“复”这一在古经看来必然的圆周循环观念，那么《复》卦则指出了“七”为往复之周期。这种“七日来复”的说法，亦见于《震》和《既济》的六二爻辞中，其文曰：

---

① 高亨：《周易古经今注》（重订本），中华书局1984年版，第193页。

② 高亨：《周易古经今注》（重订本），中华书局1984年版，第229页。

“勿逐，七日得。”这三处相同的文字表明，古经认为“七”是事物变化发展的一个循环周期，也体现出了古经对于数字“七”的推崇。对于古经的“七日来复”，《复·彖》有言：“‘反复其道，七日来复’，天行也。”[①]由此可见，《易传》对“七日来复”已经作了天道层面的解释[②]，“天行”一词有鲜明的天文内涵。在此意义上，汉易以卦气说解“七日来复”[③]，是沿着《易传》的理路而来。应当说，以卦气释古经的“七日来复”，并不符合古经的时代背景，故非古经本义。[④]古经“七日来复”的说法，更有可能源于古人对一月之内月相四阶段变化的认识[⑤]，或者是对一个别卦经过六爻的依次变化所呈现出来的事物发展周期的认识[⑥]。

二、《乾》卦卦爻辞所晓示的“圆道”观

从《乾》卦卦爻辞来看，其也包含着“圆道”思想，这表现在两个方面：

其一，《乾》卦卦爻辞在思想上已经晓示出了“圆道”的观念。

---

① 高亨：《周易大传今注》，齐鲁书社 1998 年版，第 182 页。

② 《易传》将“七日来复”视为“天行”，在天道、天时的意义上，这里的“七日来复”可能是指十月历中年末六日后第七日新的一年的开始（参见林桂臻：《天道天行与人性人情——先秦儒家“性与天道”论考原》，中国社会科学出版社 2015 年版，第111 页）。

③ 分别为郑玄以“六日七分”说为释，以及褚氏、庄氏以七月为释（参见孔颖达：《周易正义》，北京大学出版社 2000 年版，第 3、131 页）。

④ 参见王长红：《由“七日来复”解谈卦气说之弊端》，载《中州学刊》2010 年第 2 期。另，舒大刚、钟雅琼总结了对“七日来复”的几种解释，认为“七日”当为“七月”，来源于上古时期的十月历，该说仍是以卦气解之（参见舒大刚、钟雅琼：《〈周易〉复卦卦辞“七日来复”新诠》，载《周易研究》2014 年第2 期）。

⑤ 参见王长红：《由“七日来复”解谈卦气说之弊端》，载《中州学刊》2010 年第 2 期。

⑥ 参见束景南、刘金明：《〈周易〉“七日来复”与大衍之数》，载《杭州大学学报》1998 年第3 期。

《乾》卦从初九到用九的爻辞为：

初九，潜龙，勿用。

九二，见龙再田，利见大人。

九三，君子终日乾乾，夕惕若，厉无咎。

九四，或跃在渊，无咎。

九五，飞龙在天，利见大人。

上九，亢龙有悔。

用九，见群龙无首，吉。①

《乾》卦卦爻辞大致描述了一个从“潜龙”到“见龙”、“跃”龙、“飞龙”、“亢龙”，最终“群龙无首”的过程。在这一过程中，最终的“亢龙”乃至“群龙无首”，实际上与初九的“潜龙”构成了一个圆周回环，这一圆周回环指明了“龙”这一物象经过一系列变化之后最终回到原初状态的过程。这样，《乾》卦卦爻辞实际上表述出了一种“圆道”观念。当然，从思想上说，《乾》卦卦爻辞所晓示的这种“圆道”观念，可以理解为一种寓抽象于具体的言说方式，其所表达的“圆道”观念可以适用于任何事物。《易经》六十四卦每一卦之六爻所呈现的变化，大体也具备这一往复的周期性特点。

其二，《乾》卦卦爻辞的天文内涵所体现的“圆道”观念。

闻一多先生对于揭示《乾》卦和天文星象的关系具有关键的

① 高亨：《周易古经今注》(重订本)，中华书局1984年版，第161～165页。

启领作用。[①] 之后，夏含夷[②]、陈久金[③]、宋会群[④]、冯时[⑤]、陈思贤[⑥]对此作了后续研究，陆续阐述了《乾》卦卦爻辞所具有的天文学内涵。其中，闻一多、夏含夷的观点得到了修正。冯时的研究，运用了考古学和天文学的方法，将“龙”的原始形象还原为星象[⑦]，为理解《乾》卦的天文学内涵奠定了牢固的基础。对《乾》卦卦爻辞天文学内涵的研究，以陈久金、宋会群、冯时的解读为代表，现将他们的观点分别列表于下：

表 2-1　　陈久金对《乾》卦卦爻辞天文学内涵的解读

爻辞	星象	月份和季节
潜龙勿用	黄昏时苍龙星在地平线下	《夏小正》的正月
见龙在田	苍龙星从地平线上露头	春分

① 闻一多之前，将《乾》卦之“龙”和星象联系起来的是瑞士天文史学家 Leopard de Saussure(参见宋会群：《乾卦六龙态的天文含义研究》，载《史学月刊》2002 年第 2 期)。

② 参见[美]夏含夷：《〈周易〉乾卦六龙新解》，载《文史》第 24 辑，中华书局 1985 年版，第 9～14 页。

③ 参见陈久金：《〈周易·乾卦〉六龙与季节的关系》，载《自然科学史研究》1987 年第 3 期。

④ 参见宋会群：《乾卦六龙的天文学含义新解》，载《周易研究》2001 年第 4 期；宋会群：《乾卦六龙态的天文含义研究》，载《史学月刊》2002 年第 2 期。

⑤ 参见冯时：《〈周易〉乾坤卦卦爻辞研究》，载《中国文化》2010 年第 2 期；冯时：《中国天文考古学》，中国社会科学出版社 2010 年版，第 284～285、305～308 页。

⑥ 参见陈思贤：《周易·天文考古》，文物出版社 2014 年版，第 7～16 页。

⑦ 冯时考察了有关龙的出土文物，并比较了甲金文中“龙”字字形与苍龙星宿，指出：“龙的世俗形象，也可以说它的艺术形象乃是多种形象逐渐杂糅的综合体，而它原始的真实形象则来源于星象。殷周古文字的‘龙’字真实地体现了这一点。”(冯时：《中国天文考古学》，中国社会科学出版社 2010 年版，第 306 页。此一观点的论证过程，参见该书第 305～308 页)

续表

爻辞	星象	月份和季节
终日乾乾	龙体从地平线处上升	
或跃在渊	苍龙星体从地平线处跳跃上天	
飞龙在天	昏后苍龙星宿横亘南天	夏至
亢龙有悔	苍龙星升至高位后开始下行	夏至以后
群龙无首	苍龙体除角宿外,初昏现于西方地平线上	秋分前后

表 2-2　宋会群对《乾》卦卦爻辞天文学内涵的解读

爻辞	星象	月份和季节
潜龙勿用	初昏时苍龙星藏于地下	夏历十一月
见龙在田	初昏时龙星角宿现于地平线上	夏历正月
终日乾乾	初昏时苍龙星由地平线上升	夏历三月
或跃在渊	初昏时苍龙星下半身陷于银河之渊	夏历五月夏至
飞龙在天	初昏时苍龙星体陈列于天上	夏历七月
亢龙有悔	初昏时苍龙体逐渐消失	夏历九月
见群龙,无首吉	旦见苍龙星体,昏见的正龙之首不出	夏历冬季十月、十一月

表 2-3 冯时对《乾》卦卦爻辞天文学内涵的解读

爻辞	星象	月份和季节
潜龙勿用	初昏时苍龙星潜于地下	公元前 2000 年的秋分
见龙在田	苍龙星初昏始见东方，角宿初现地平线上	公元前 2000 年立春以后
终日乾乾		
或跃在渊	苍龙星宿于黄昏时跃地而出尽现于东方	公元前 2000 年的春分时节
飞龙在天	昏后苍龙星宿横亘南天	公元前 2000 年的立夏以后
亢龙有悔	苍龙星过中西流	公元前 2000 年的夏至
群龙无首	旦躔角亢二宿，黄昏后于西方地平线见龙体、龙尾	公元前 2000 年立秋以后

上述三人的研究中，陈久金对与《乾》卦六爻对应星象的解读，同冯时的观点相似，但对应月份不同。宋会群则批评了陈久金的观点，认为其所言六龙天象为东周秦汉之时①，并将陈说的月份加以提前，这种批评是合理的。宋说的一个重要特色是将“或跃在渊”的“渊”释为银河②，并强调汉儒所言六龙态的所属月份以远古传说为依据，认为是在公元前 2400 年前后，先民以六龙态的天象为据发明了一种六龙季历的太阳历③。笔者无力探究宋说和冯说对应的天文月份的优劣，但若仅从《乾》卦六爻爻辞与他们所解读的星象之间的关联度而言，特别是对“亢龙有悔”“群龙无首”

① 参见宋会群：《乾卦刘龙的天文学含义新解》，载《周易研究》2001 年第 4 期。

② 据其文，该说是受到了郑慧先先生的启发（参见宋会群：《乾卦六龙的天文学含义新解》，载《周易研究》2001 年第 4 期，第 82 页）。

③ 参见宋会群：《乾卦刘龙的天文学含义新解》，载《周易研究》2001 年第 4 期。

的爻辞来看，冯时的说法相对更为合理。依冯先生的观点，“《周易·乾卦》所记六龙的六条爻辞明确反映了古人对于苍龙六体回天运行的完整观测结果”①。这样，在《乾》卦爻辞所具有的天文星象背景中，龙星的出没和消失就构成了一个完整的往复回环，这可以说是隐藏在《乾》卦爻辞中的一种“圆道”，这种“圆道”仍以人们视运动中天体的往复运行为内容。《乾》卦爻辞具有的天文学内涵所彰显出的“圆道”观念再次提醒人们，先民对天体运行的观察，是先秦“圆道”观念的最重要来源。

总之，《易经》的“圆道”观念主要体现于《泰》《复》及《乾》《坤》两卦的爻辞中，《泰》卦爻辞“无往不复”强调了“往”必有“复”的圆周循环观念，《复》卦爻辞则指明“七”为事物循环的周期。《乾》卦爻辞在义理上已经晓示出了事物逐渐发展、变化的周期过程，而且《乾》《坤》两卦爻辞的天文学内涵，体现出了天体星象的周期性变化过程。整体上看，古经的“圆道”观念主要围绕具体事件或具体事物进行说明，尚处于古朴的形态中。

第二节　传本《易传》的“圆道”观

相比古经而言，《易传》的“圆道”观念已较为丰富。在《易传》中我们可以看到，其在对“天道”的特点进行描述时体现出了“圆道”的观念。如《复·彖》有言：“‘反复其道，七日来复’，天行也。”②《丰·彖》：“日中则昃，月盈则食，天地盈虚，与时消息，而况于人乎？况于鬼神乎。”③《复·彖》以“天行”释古经的“七日来

① 冯时：《中国天文考古学》，中国社会科学出版社 2010 年版，第 308 页。
② 高亨：《周易大传今注》，齐鲁书社 1998 年版，第 182 页。
③ 高亨：《周易大传今注》，齐鲁书社 1998 年版，第 337 页。

复”,以及《丰·彖》所言的“天地盈虚,与时消息”,皆是就天道言,体现出了天道论意义上的往复“圆道”观。当然,《复·彖》以盈虚、消息为内容的“圆道”观,实际已经延伸到了人事领域,成为人与鬼神皆需遵守的普遍法则。

此外,《易传》的“圆道”观,还表现在《说卦》的“帝出乎震”章中。传本《易传》中的《说卦》有一段阐述八卦与方位、时节的文字:

> 帝出乎震,齐乎巽,相见乎离,致役乎坤,说言乎兑,战乎乾,劳乎坎,成言乎艮。万物出乎震,震东方也。齐乎巽,巽东南也,齐也者,言万物之洁齐也。离也者,明也,万物皆相见,南方之卦也。圣人南面而听天下,向明而治,盖取诸此也。坤也者,地也,万物皆致养焉,故曰:致役乎坤。兑,正秋也,万物之所说也,故曰:说言乎兑。战乎乾,乾,西北之卦也,言阴阳相薄也。坎者水也,正北方之卦也,劳卦也,万物之所归也,故曰:劳乎坎。艮,东北之卦也。万物之所成终,而所成始也。故曰:成言乎艮。①

从行文来看,上述文字可分为两节:“万物出乎震”之前,是将“帝”与八卦卦德结合起来,阐述“帝”与八卦卦德的关系,这里的“八卦”显指八经卦;“万物出乎震”之后,则是对前文的具体解释。整体上看,这种解释既强调八经卦的卦德,又强调八经卦所代表的方位②,作者试图将物候这一万物的终始周期和八卦的方位、卦德结合起来,以解释前一节文字。

这里有必要对上述“万物出乎震”前后两节文字的关系作进

① 高亨:《周易大传今注》,齐鲁书社1998年版,第456～458页。

② 《说卦》对于《乾》卦的解释,更侧重于方位和时令。

一步的说明。第一节文字中,"帝出乎震"的"帝",当指天帝[①],"天帝"概念的形成,是"帝"这个殷商以来的最高神和西周的神性之"天"融合的产物。这里的"天帝"不能释为太阳(神),因为从"帝出乎震"这一节文字中的"相见"和"成"来看,若以"帝"为太阳(神),则"相见"和"成"所指太阳的变化就存在语意上的重复,这说明"出""齐""相见""致役""说言""战""劳""成"是不能被理解为太阳(神)的。进一步看,此节文字当指"帝"的功能言,这一点对于理解"帝出乎震"这节文字的内涵非常重要。又《说卦》"帝出乎震"前有一段文字,其文曰:"雷以动之。风以散之。日以烜之。艮以止之。兑以说之。乾以君之。坤以藏之。"[②]高亨认为"帝出乎震"至"成言乎艮"八句,"皆承上文指万物而言,'帝出'下,省'万物'二字,非天帝自出于震也。下文曰:'万物出乎震'。即其证"[③]。高亨据"帝出乎震"前的文字,强调"帝出乎震"这节文字是就万物言,富有卓识。前文已经指出,"帝出乎震"诸句非指"帝"本身,而是指"帝"的功能,结合这一点及高亨先生的论断,我们不能将"万物出乎震"后的这节文字理解为其前"帝出乎震"那一节

---

① 王弼、孔颖达、朱熹、俞琰、李道平、高亨均将此处的"帝"释为"天帝"。参见龙异腾、罗松乔:《〈周易〉"帝出乎震"之"帝"考释》,载《贵州师范大学学报》(社会科学版)2003年第1期。该文认为,"帝出乎震"之"帝"是天帝,其原型是北辰中的帝星。在该文所总结的对本段文字中"帝"的解释中,除释为天帝外,还有释为"元气"和训为"花蒂"二说。从《说卦》本段文字对"出乎震"至"成言乎艮"的解释来看,其是就"帝"主导下的万物从生长至归藏的物候而言,以元气释"帝"与此段本义不符。以元气释"帝",当是受到了汉易卦气说及《说卦》此段文字中以"阴阳相薄"言《乾》卦的影响。此处的"帝"训为花蒂亦误,"帝"当指天帝。

② 高亨:《周易大传今注》,齐鲁书社1998年版,第456页。

③ 高亨:《周易大传今注》,齐鲁书社1998年版,第456页。

文字的《传》[①]，二者在文义上构成了一个整体，并且“出乎震，齐乎巽，相见乎离，致役乎坤，说言乎兑，战乎乾，劳乎坎，成言乎艮”，只能是指万物而言，万物的这种状态又与“帝”的功能直接相关。《说卦》的这段文字将万物的状态和“帝”、八卦的功能联系起来，显是出于对八卦卦德的高度推崇，其目的在于借“帝”来凸显八卦卦德的神圣性。

上引文字中“万物出乎震”前后的两节文字是一个整体，因而我们对于“帝出乎震”这一节文字的理解，就有必要借助于“万物出乎震”后的文字来加以阐释，这是一种正确的思路。据“万物出乎震”这节文字的内容，“出乎震，齐乎巽，相见乎离，致役乎坤，说言乎兑，战乎乾，劳乎坎，成言乎艮”，是说万物生出于八经卦之震卦所符示的东方，万物修整洁齐于八经卦之巽卦所符示的东南方，灿然相见于八经卦之离卦所符示的南方，万物皆继续取养于地，于八经卦言之则为符示西南方的坤卦，进而长成而喜悦于八经卦之兑卦所符示的西方，万物成熟之后，继而处于生与衰的斗争之中，于八经卦言之，则为符示西北方向的乾卦，万物进而归藏于八经卦之坎卦所符示的北方，最后，万物终于八经卦之艮卦所符示的东北方向。这既是万物一个生长周期的终结，也是新的生长周期的开始，所谓“万物之所成终，而所成始也”。在这一八经卦所符示的万物生长的周期循环中，“出乎”“齐乎”“相见乎”“致役乎”“说言乎”“战乎”“劳乎”“成言乎”，皆“帝”所为之，即这一万物的终始周期实为“帝”所主导。可见，“帝出乎震”至“成言乎艮”

① 辛亚民为了察见这两节文字的特点和差异，对这两节文字的理解采取了这种做法（参见辛亚民：《〈说卦〉“帝出乎震”章析论》，载《中国哲学史》2015年第4期）。辛文强调这两节文字的不同，认为第二节文字扬弃了第一节文字的宗教观念。与此种观点不同，笔者则强调这两节文字是一体的。

诸句，是将“帝”对于万物生长收藏的主导作用和八卦卦德、方位结合起来，强调万物的终始过程与八卦卦德、方位相对应。

“帝出乎震”章所阐明的“帝”主导下的万物生长的终始周期和空间方位的对应关系，只有通过天文意义上的星象授时和与之相应的地上物候的结合，才能得到合理的解释。关于这一点，邓球柏将“帝出乎震”的“帝”理解为北斗七星的斗柄，并以一年中的斗柄指向结合时令、卦位来解释上述文字。① 龙异腾、罗松乔在邓球柏的基础上将这里的“帝”解释为北辰帝星即北极星，帝星又通过北斗斗柄的指向来发号施令，认为《说卦》“帝出乎震”的这段文字，实际上是以斗柄指向所表达的时令变迁及与之相关的物候为原型，认为“初昏时分，斗柄指东时，植物萌发出生；指东南时，植物新鲜整齐；指南时，植物生长茂盛，相互接触；指西南时，植物得到养料继续成长；指西时，植物成熟，呈现出一幅喜悦之景；指西北时，植物趋向残衰，处于生死搏斗之际；指北时，植物旧生命终结，走完一个阶段，而新生命又在孕育之中”②。应当说，龙异腾、罗松乔的理解是正确的，“帝出乎震”章中的八卦方位及与之对应的万物的终始周期，只有将其置于天上的北斗指向同地上万物生长归藏的时令物候相关联的模式中，才能于理圆通，这是对于《说卦》“帝出乎震”章最为合理的一种解释。

---

① 邓球柏说：“北斗星的斗柄春分现于《震》卦方位，立夏则对齐于《巽》卦方位，夏至则相见于《离》卦方位，立秋则致役于《坤》卦方位，秋分则说言乎《兑》卦方位，立冬则战于《乾》卦方位，冬至则劳于《坎》卦方位，立春则成言于《艮》卦方位”，认为“这一章记录了北斗七星斗柄一年的周天视运动”（邓球柏：《白话易经》，岳麓书社 1993 年版，第 515 页）。邓球柏将“帝出乎震”的文字与北斗斗柄指向联系起来，对于理解《说卦》的这段文字极具启发性，但《说卦》的“出”“齐”“相见”“致役”“说”“战”“劳”“成”当指物而言，其直接以斗柄言之则不确。

② 龙异腾、罗松乔：《〈周易〉“帝出乎震”之“帝”考释》，载《贵州师范大学学报》（社会科学版）2003 年第 1 期。

由上,《说卦》“帝出乎震”的“帝”指天帝,天帝又通过帝星北辰及其施令的北斗星之斗柄得以具现,其中,斗柄指向与八卦方位相应,斗柄指向带来的时令物候变化则与八卦卦德相应,由此,“帝出乎震”始的这段文字构成了一个由帝星主宰其上、斗柄四时旋转、万物终始变化、八经卦环绕四周的涵具天文星象和时令物候的立体“圆道”图式。这一“圆道”图式融合了帝星、斗柄、时令、物候、八卦诸因素,是《说卦》将八经卦与天文观念相结合的产物,鲜明体现出大《易》仰观俯察的特点。同时,帝星北辰作为“帝出乎震”章中的天文内涵,表明至少在《说卦》的时代,“天帝”观念已经与北辰产生对应关系,汉代的“太一”崇拜①应是这种对应关系的进一步发展。

八经卦与斗柄指向方位的对应关系,经宋朱熹的诠释而将其称为“后天八卦图”。② 需要指出的是,“帝出乎震”章晓示的立体“圆道”图式包含了八卦与四时③,尽管我们可以将“帝出乎震”章晓示的立体“圆道”图式视为汉易卦气说的思想来源④,但由于《说卦》的八卦是指八经卦,故此一图式并不能等同于汉易六日七分

① 参见李零:《“太一”崇拜的考古研究》,载李零:《中国方术续考》,中华书局2006年版,第159～163页;钱宝琮:《太一考》,载《钱宝琮科学史论文选集》,科学出版社1983年版,第207～234页。

② 参见朱熹:《周易本义》,天津市古籍书店1986年版,第10页。

③ 从“兑,正秋也”的说法来看,“帝出乎震”的这段文字中的其余七卦与四时季节相配已经隐含其中。

④ 参见刘玉建:《汉代易学通论》,齐鲁书社2012年版,第153页。

的卦气说[①]。同时，尽管我们可以从卦气的角度将《说卦》以八卦和四时相配的图式视为一种八卦卦气图，但《说卦》“帝出乎震”章的本义，却是在强调八经卦之方位和卦德的天道依据。在《说卦》所晓示的立体“圆道”图式中，斗柄指向与季节的关系相比《鹖冠子》而言更加详细[②]，八经卦要素在这一图式中的加入，亦使八卦的方位和卦德获得了天道的依据，从而凸显了八卦合于天道的神圣性。这是理解“帝出乎震”章的思想内涵时必须注意的。

《说卦》将八卦要素加入到天文时令模式之中，应是当时的易学观念和阴阳时令思想相结合的产物。事实上，易学在其源头上就是和早期阴阳家关联在一起的[③]，二者都是巫史文化的产物。值得注意的是，《说卦》的八卦图式和清华简《筮法》的八卦卦位图有很大的相似性，只是《筮法》将《说卦》中坎、离二卦的方位互调[④]，但二者的旨趣却存在很大的不同。清华简《筮法》着重于占筮，带有明显的巫史系统的数术痕迹，而《说卦》“帝出乎震”章则有着鲜明的思想品格，侧重于理论上的说明。从《说卦》和清华简

---

① 梁韦弦提出了《说卦》与《六日七分图》的四点区别：一是《说卦》以八卦对应四时，汉易卦气图则以四正卦主四时；二是《说卦》的图式只有一个层次，《六日七分图》则由两个层次的易卦构成；三是《六日七分图》第二层次的十二月卦与《说卦》的八卦方位和图式不兼容；四是《说卦》讲的三画卦与《六日七分图》的六画卦不同（参见梁韦弦：《〈说卦〉与汉易卦气图》，载《中国哲学史》2012 年第 2 期，第 39～41 页）。梁韦弦的说法是正确的。

② 《鹖冠子·环流》：“斗柄东指，天下皆春，斗柄南指，天下皆夏，斗柄西指，天下皆秋，斗柄北指，天下皆冬。”（黄怀信：《鹖冠子汇校集注》，中华书局 2004 年版，第 76 页）

③ 萧萐父认为《易传》的作者们总结了当时阴阳数度之学的成果（参见萧萐父：《〈周易〉与早期阴阳家言》，载《江汉论坛》1984 年第 5 期，第 19 页），这是一种客观的评价。

④ 参见李学勤主编：《清华大学藏战国竹简》（肆），中西书局 2013 年版，第 111～113 页。

《筮法》的卦位图具有相似性这一点来看，二者可能有某种渊源关系，《说卦》的时代可能要早于清华简《筮法》[①]。

第三节 帛易《要》篇的“圆道”观

1973年，长沙马王堆三号墓出土了帛书《周易》经传[②]，《周易》经传抄写在两张帛书上。《易传》部分包括六篇文字，其中《系辞》《衷》《要》《缪和》《昭力》五篇连续抄写于一张帛书上，《二三子问》抄写于另一张帛书之上。[③]《要》是帛书《易传》中的一篇重要文献，共二十四行，“《要》”作为篇题书于篇尾。[④] 帛易《要》篇的“圆道”思想表现为其所强调的“《损》《益》之道”，这种“《损》《益》之道”又具体包括天道和君道两个层面。

帛书《易传》的《要》篇中，有如下文字：

> 孔子繇（繇一籀）《易》，至于《损》、《益》一（？）卦，未尚（尝）不废书而塻（叹），戒门弟子曰：“二厽（三）子！夫《损》、《益》之道，不可不审察也，吉凶之□也。《益》之为卦也，春以授夏之时也，万勿（物）之所出也，长日之所至也，产（生）之室也，故曰益。《授》〈《损》〉者，秋以授冬之时也，万勿（物）之所

① 廖名春认为《筮法》的卦位思想是改造了《说卦》的结果，《说卦》应早于公元前300年的《筮法》（参见廖名春：《清华简〈筮法〉篇与〈说卦〉》，载《文物》2013年第8期）。

② 关于帛书出土情况和帛书《周易》经传的整理情况，参见裘锡圭主编：《长沙马王堆汉墓简帛集成》（壹）之《长沙马王堆汉墓简帛出土与整理情况回顾》，中华书局2014年版，第1～8页；《长沙马王堆汉墓简帛集成》（叁），中华书局2014年版，第3页。

③ 参见裘锡圭主编：《长沙马王堆汉墓简帛集成》（叁），中华书局2014年版，第3页。

④ 参见裘锡圭主编：《长沙马王堆汉墓简帛集成》（叁），中华书局2014年版，第112页。

老衰也，长夜之所至也，故曰[损]。产（生）道竆（窮/穷）焉而产（生）道产（生）焉。《益》之始也吉，亓（其）冬（终）也凶。《损》之始凶，亓（其）冬（终）也吉。《损》、《益》之道，足以观天地之变，而君者之事已（已）。是以察于《损》、《益》之变者，不可动以忧憙（憙—喜）。故明（明）君不时不宿，不日不月，不卜不筮，而知吉与凶，顺于天地之心也，此胃（谓）《易》道。故《易》又（有）天道焉，而不可以日月、生（星）辰尽称也，故为之以阴阳；又（有）地道焉，不可以水、火、金、土、木尽称也，故律之以柔刚；又（有）人道焉，不可以父子、君臣、夫妇、先后尽称也，故要之以上下；又（有）四时之变焉，不可以万勿（物）尽称也，故为之以八卦。故《易》之为书也，一类不足以亟（极）之，变以备亓（其）请（情）者也，故胃（谓）之《易》；又（有）君道焉，五官、六府不足尽称之，五正之事不足以产（生？）之。而《诗》、《书》、《礼》、《乐》不【】百扁（篇），难以致之。不问于古法，不可顺以辤（辞）令，不可求以志善。能者繇（繇—由）一求之，所胃（谓）得一而君（群）毕者，此之胃（谓）也。《损》、《益》之道，足以观得失矣。①

《要》篇的上述文字，记述了孔子读易至《损》《益》之卦废书而叹之事。通过《要》篇的叙述，我们看到孔子对于《损》《益》之卦详加审察，将易之《损》《益》与四时结合起来，进而提炼并阐发了一种包含天道和君道在内的被称为“《损》《益》之道”的“圆道”观。

一、《损》《益》之道在天道层面的“圆道”观

在《要》篇中，孔子以《益》卦对应“万物之所出”“长日之所至”

---

① 裘锡圭主编：《长沙马王堆汉墓简帛集成》（叁），中华书局 2014 年版，第 118～119 页。

的"春以授夏之时",以《损》卦对应"万物之所老衰""长夜之所至"的"秋以授冬之时",前一阶段是万物生发之时,是"产道"亦即"生道"的发生和伸张阶段,此一阶段被《要》视为"产之室"即万物产生和生长之所,后一阶段是"产道"亦即"生道"走到尽头即所谓"产道穷"的过程。尽管如此,在《要》篇看来,"产道"穷尽之时则再次回复到《益》卦代表的"产道"开始之时,所谓"产道穷焉而产道产焉",由此,《益》卦和《损》卦代表的这两个阶段构成一个循环。就这两个阶段本身而言,本无所谓吉凶,但从人的视角出发,立足于"产道"的"穷"和"生"而言,可以说"产道"始则吉,"产道"穷则凶,故《要》篇称《益》卦代表的阶段"始也吉,亓(其)冬(终)也凶",《损》卦代表的阶段"始凶,亓(其)冬(终)也吉"。

《要》篇认为《益》所代表的时段始吉终凶,《损》所代表的时段始凶终吉。从《要》描述的《益》《损》两卦所代表的时段特征来看,《益》所代表的"春以授夏之时"和《损》所代表的"秋以授冬之时"并非两个静态的时间点,而是指处于变化、发展中的两个动态的时间段。故而将"春以授夏之时"和"秋以授冬之时"分别理解为夏至和冬至的观点[①]不能成立。从"春以授夏之时"和"秋以授冬之时"这种说法本身来看,将此两时段视为春夏秋冬四时,也是错

① 饶宗颐先生持此观点,参见饶宗颐:《论帛书〈要〉篇损益的天文意义》一文,载《饶宗颐二十世纪学术文集》第5册3卷(简帛学),(台湾)新文丰出版股份有限公司2003年版,第92页。

误的。[①] 刘彬结合对文中"长日之所至"和"长夕之所至"的理解，将"春以授夏之时"理解为从春分第二天到夏至第一天止的时段，这一阶段白昼日长，将"秋以授冬之时"理解为从秋分第二天到冬至第一天止的时段，这一阶段夜晚日长[②]，这是一种正确的理解。

需要指出的是，《要》篇以《益》卦符指从春分到夏至的"春以授夏之时"，以《损》卦符指从秋分到冬至的"秋以授冬之时"，实际上是受到了传本《易传》中《说卦》"帝出乎震"章的影响。《益》卦内震外巽，《损》卦内兑外艮，前章已经指出，"帝出乎震"章将八经卦与北斗斗柄一年中的不同指向和相应的物候结合起来，阐述八经卦的方位、时节和卦德，其中，斗柄东指，于时为春分，对应八经卦之震卦，斗柄指东南，于时为夏至，对应巽卦，斗柄西指，于时为秋分，对应兑卦，斗柄指东北，于时为冬至，对应艮卦。依《说卦》所晓示的立体图式言之，则《益》卦内震外巽，其所代表的时段正是从春分至夏至，《损》卦内兑外艮，其所代表的时段正对应着从秋分到冬至。这种对应关系应是《要》篇以《损》《益》之卦论"时"的依据所在。并且《说卦》所言八卦为三画的八经卦，而《要》篇所言《损》《益》则为六画卦，这表明《要》所言以《损》《益》配时的思想，必出于《说卦》之后，是《说卦》"帝出乎震"章以天文时令与八卦相配的一种发展。这一点应构成我们判断《要》篇与《说卦》时

---

① 关于这一点，刘彬已有说明，他认为"春以授夏之时"和"秋以授冬之时"乃拟人修辞手法，指出："春把时节付与夏的时候，似应指春和夏的一部分时间，而不是整个春和夏。同样地，'秋以授冬之时'，'以'后也省略宾语'之'，此宾语'之'也应指'时'，也指四时之时节。此句意为：秋把时节付与冬的时候，似应指秋和冬的一部分时间，而不是整个秋和冬。因此，认为'春以授夏之时'指春与夏，'秋以授冬之时'指秋与冬，把这两句话解释为四时，是不确切的。"（刘彬：《帛书〈要〉篇校释》，光明日报出版社 2009 年版，第 53 页）

② 参见刘彬：《帛书〈要〉篇校释》，光明日报出版社 2009 年版，第 53～54 页。

间先后的一个补充证据。[①] 同时,《要》所言“又(有)四时之变焉,不可以万勿(物)尽称也,故为之以八卦”,亦本于《说卦》的“帝出乎震”章。[②]

《要》篇指出了以卦之《损》《益》符指天时流转的“圆道”模式。很多学者将此视为卦气说或卦气说的早期形态。[③] 如果单纯从《要》篇以《损》《益》配时的模式来看,将其视为卦气说或卦气说的早期形态亦无不可,但若立足于《要》篇的整体文义来看,《要》所晓示的以《损》《益》配时的模式,其根本旨趣则在于对四时流转的天道作出哲理性的抽象概括和思想提升,从而揭示易道的本质和要旨,而非在于强调卦气。相反,《要》篇对烦琐的据阴阳时节而采取相应行动的做法持明显的否定态度,正所谓“明(明)君不时

① 廖名春认为帛书《系辞》写于《要》篇之前(参见廖名春:《〈周易〉经传与易学史新论》,中国人民大学出版社 2014 年版,第 148 页),丁四新认为“帛书《易传》当抄写于今本《系辞》《象》和《说卦》三传之后”(丁四新:《马王堆帛书〈易传〉的哲学思想》,载《江汉论坛》2015 年第 1 期)。笔者认同这两种观点。

② 王博认识到了《说卦》“帝出乎震”和《要》篇“不可以万物尽称也”的关系,认为《要》篇可能受到了《说卦》的影响(参见王博:《〈要〉篇略论》,载陈鼓应主编:《道家文化研究》第 6 辑,上海古籍出版社 1995 年版,第 328 页)。丁四新亦认为《要》篇与八卦、八节的搭配,很可能采取了《说卦》“帝出乎震”的方式(参见丁四新:《马王堆帛书〈易传〉的哲学思想》,载《江汉论坛》2015 年第1 期)。

③ 参见廖名春:《帛书〈要〉试释》,载廖名春:《帛书〈周易〉论集》,上海古籍出版社 1998 年版,第 119 页;王博:《〈要〉篇略论》,载陈鼓应主编:《道家文化研究》第 6 辑,上海古籍出版社 1995 年版,第 328 页;刘大钧:《帛书〈易传〉中的象数易学思想》,载《哲学研究》2001 年第 11 期;井海明:《简论帛书〈易传〉中的卦气思想》,载《周易研究》2002 年第 4 期;胡治洪:《帛书〈易传〉四篇天人道德观析论》,载《周易研究》2001 年第 2 期;梁韦弦:《帛书易传〈要〉篇透露出的卦气知识及其成书时代》,载《齐鲁学刊》2005 年第 1 期;刘彬:《论帛书〈要〉篇“〈损〉〈益〉”说的两个问题》,载《中国哲学史》2008 年第 2 期(又见刘彬:《帛书〈要〉篇校释》,光明日报出版社 2009 年版,第 53～55 页);张克宾:《损益与易道及〈易〉书》,载《烟台大学学报》(哲学社会科学版)2014 年第 4 期;丁四新:《马王堆帛书〈易传〉的哲学思想》,载《江汉论坛》2015 年第1 期。

不宿，不日不月，不卜不筮，而知吉与凶，顺于天地之心也，此胃（谓）《易》道”。“不时不宿”的“时”，邢文释为“时享”，其将“不宿”释为“祭祀前的斋戒”①，这是以祭祀释“不时不宿”。此说较为迂阔。《要》篇强调明君“不时不宿，不日不月，不卜不筮，而知吉与凶”，从“知吉与凶”来看，“不时不宿”“不日不月”“不卜不筮”当为借以获知吉凶的同一类行为，若释为祭祀，则与其后的以日月之变、以卜筮知吉凶不相类，祭祀只是趋吉避凶而非知吉凶的一种行为。张政烺释“不时不宿”为“不问天时星宿吉凶”，池田知久释“宿”为星宿②，饶宗颐释“不时不宿”为“不必为时日、星宿之占”③，是合理的。准确地说，“不时不宿”的“不时”，当指不遵循严格的以时日论吉凶的观念，这里的“时”当指日书之类的趋吉避凶术。“不宿”当指不据星宿之变而论吉凶，实指星占学而言。先秦以星占论吉凶，在《左传》中可以看到相关的记载。在《要》篇的作者看来，《损》《益》配时所表达的天道吉凶轮转互藏“足以观天地之变”，是根本上体现天道法则的“天地之心”，明君应顺乎此一“天地之心”，做到“不时不宿，不日不月，不卜不筮，而知吉与凶”。卦气在本质上属于《要》所言“幽赞而达于数”的数度之学，而《要》所强调的是“明数而达乎德”，即超越数度之学而进乎抽象的义理之

① 邢文：《“损益”与“君道”》，载陈鼓应主编：《道家文化研究》第18辑，三联书店2000年版，第323页。

② 不过池田知久将“时宿”释为《要》篇下文的“生辰”（星辰）则不确[参见池田知久：《马王堆汉墓帛书〈周易〉之〈要〉篇释文》（下），牛建科译，载《周易研究》1997年第3期，第16页]。李学勤《帛书〈要〉篇的〈损〉〈益〉说》一文所引池田说，则以“时”为“时节”，“宿”为星宿（参见李学勤：《帛书〈要〉篇的〈损〉〈益〉说》，载《出土文献研究》1998年第1期）。

③ 参见饶宗颐：《论帛书〈要〉篇损益的天文意义》，载《饶宗颐二十世纪学术文集》第5册3卷（简帛学），（台湾）新文丰出版股份有限公司2003年版，97页。

学,因而卦气相对于作为“天地之心”的“产道”循环以及由此彰显的吉凶互藏互变的根本法则,明显不是《要》篇的思想归趋所在。《要》篇的这一思想原则,反映了其对于主要作为阴阳家内容的烦琐的阴阳时令思想和天文星占学的超越,表现出了可贵的理性智慧之光。正是通过这种超越,《要》篇才反复强调对于易道精髓的理解,这应该正是本篇名为《要》的原因所在。

通观《要》篇便可发现,《要》篇的思想主旨在于给出哲理性的易道之要,这一点又通过其对易道包含天道、地道、人道的说明得以鲜明体现出来。在《要》看来,正是由于《易》所包含的天道之理非日月、生(星)辰可以尽称,故以更加抽象和概括性的“阴阳”言之。同理,《易》所含之地道亦非水火金土木五行可以尽称,才有“律之以柔刚”之必要;《易》所含之人道非父子、君臣、夫妇、“先后”所可尽称,才有“要之以上下”之必要;四时之变不可以通过万物及其物候得以穷尽,故以更具概括性和涵摄力的八卦来符示。其中,“有四时之变焉,不可以万物尽称也,故为之以八卦”,并不表明《要》篇特别肯定了某种八卦卦气说[①],而是强调以内涵丰富的符号性的八卦来符示四时之中万物生长收藏之情状,这应该就是针对《说卦》“帝出乎震”章以八卦表示万物一年物候变化的描述而言。[②]《要》篇以《损》《益》配时,应是承续了《说卦》“帝出乎震”章而来。这些都说明,《要》企图通过其提炼的带有抽象性意味的“《损》《益》之道”,来涵纳和融摄具有丰富内容的包含天道、

---

① 当然,我们仍然可以在“卦气说”的视野下将其理解为一种八卦卦气说,但这并非《要》之本义。

② 王博和丁四新基本认识到了《说卦》“帝出乎震”和《要》篇“不可以万物尽称也”的关系(参见王博:《〈要〉篇略论》,载陈鼓应主编:《道家文化研究》第6辑,上海古籍出版社1995年版,第328页;丁四新:《马王堆帛书〈易传〉的哲学思想》,载《江汉论坛》2015年第1期)。

地道、人道在内的《易》道,从而使《易》之理由繁杂归于简要,使人得以轻松把握。

二、《损》《益》之道在君道层面的“圆道”

《要》篇以《损》《益》配时,认为由此而彰显的“产道”终始循环、吉凶轮转互藏的观念不仅“足以观天地之变”,而且已经包含着“君者之事”,即这种《损》《益》配时的实然天道观蕴含着应然的君道之则。从《要》篇的整体文本来看,由“察于《损》《益》之变”而领悟到的“君者之事”或“君道”,主要表现在以下三个方面:

首先,就是要顺任天道本然的“产道”终始循环,不着意于一时之吉凶,所谓“不动以忧喜”。由此,《要》篇认为“明君不时不宿,不日不月,不卜不筮,而知吉与凶”,而“顺于天地之心”,也就是说,明君不据那些烦琐的阴阳时令而行事,不借助于星宿、日月之变的天文星占和卜筮而获知吉凶,而只是一任天道之本然。

其次,《损》《益》之道所彰显的“君道”,还要求君者由此而领悟到“危者安亓(其)立(位)者也,亡者保亓(其)存者也”之理[①],即由《损》《益》配时的循环终始“天道”观来看,“危者”莫不曾经“安其位”,“亡者”莫不曾经“保其存”,故明君要做到“安不忘危,存不忘亡,治不忘乳(乱)”,从而“身安而【国】家可保”[②]。

再次,易卦所晓示的损益之道落实到“君道”上,还要求君者要在上述两者的基础上知为政之“要”。

---

① 裘锡圭主编:《长沙马王堆汉墓简帛集成》(叁),中华书局 2014 年版,第 114 页。

② 裘锡圭主编:《长沙马王堆汉墓简帛集成》(叁),中华书局 2014 年版,第 114 页。

《要》篇的“五官六府不足尽称之，五正之事不足以产之，而《诗》《书》《礼》《乐》不【】百扁，难以致之”，就是强调君道之事非“五官六府”及“五正之事”可以穷尽和包括，亦非“不止百篇”[①]的繁杂的《诗》《书》《礼》《乐》之书所可轻易获知。从《要》“五官六府不足尽称之”的说法来看，《要》篇并没有完全否认“五官六府”对于“君道”的意义，只是强调其无法被等同于“君道”，又前文所言“明君不时不宿”体现出《要》对阴阳数术的超越，故这里的“五官六府”不应是数术意义上的，从“不足尽称”来看，这里的“五官六府”释为官职[②]是合理的，“五官六府不足尽称之”，乃是说“君道”非仅设官制所可尽称。“五正之事”的“五正”即“五政”[③]，指具体的政令、政事制度，如《管子·四时》那样的“五政”[④]，但在《要》篇看来，这种四时政令只流于形式，而未达到其所强调的损益、吉凶、得失轮转互藏的理论高度，故“不足以产之”。

在指出了“五官六府”“五正之事”以及《诗》《书》《礼》《乐》之书于“君道”而言“不足尽称”“不足以产”和“难致”之后，《要》篇接着指出，于“君道”而言，应“不问于古法，不可顺以辞令，不可求以

① 此从廖名春说。廖名春认为“不【】百扁”中的“扁”当读为“篇”，【】内应补入“止”字(参见廖名春:《帛书〈二三子〉、〈要〉篇五题》，载廖名春:《〈周易〉经传与易学史新论》，中国人民大学出版社 2014 年版，第 111～113 页)。

② 关于“五官六府”的内涵，学者有多种解释，廖名春、赵建伟、郭沂、丁四新、张政烺倾向于将《要》篇的“五官六府”释为官职(参见刘彬:《帛书〈要〉篇校释》，光明日报出版社 2009 年版，第 162～167 页)。

③ “五正”，张政烺释为“五官之政”，丁四新释“五正”为“五政”(参见刘彬:《帛书〈要〉篇校释》，光明日报出版社 2009 年版，第 167 页)。

④ 李学勤认为《要》篇的“五正”，“近于《管子·四时》(作‘五政’)和《禁藏》，泛指各种政令”(李学勤:《帛书〈要〉篇的〈损〉〈益〉说》，载《出土文献研究》1998 年第 1 期)。赵建伟则据《黄帝四经·十六经》和《管子·四时》，将《要》篇的“五正”释为“四时政令”[赵建伟:《出土简帛〈周易〉疏证》，(台北)万卷楼图书有限公司 2000 年版，第 274 页]。笔者认为李学勤、赵建伟对“五正”的理解，最接近其义。

志善"。"不问于古法"的"古法",不能释为《要》中言及的"古之遗言"[①]。《要》篇有言:"《尚书》多于矣,《周易》未失也,且又(有)古之遗言焉。"[②]"於"字,张政烺认为"假为诬"[③],廖名春、刘彬释为"令(疏)"[④],从文义来看,后者更为合理。文中的"古之遗言"显然属于《周易》中保留的内容,《要》篇强调的"乐其辞"应即特别关注《周易》中的"古之遗言",这样一来,若"不问古法"的"古法"是指《要》所言"古之遗言",则与《要》篇推崇易道之义的观念不符,故这里的"古法"当指古代有关治道的典章制度[⑤]。"不可顺以辞令"的"辞令",当指《诗》《书》《礼》《乐》之辞以及如"五正(政)"那样的政令。"不顺以辞令",体现出《要》篇对经典的文本精神实质及政事之本的高度自觉。就其强调对《诗》《书》《礼》《乐》之辞抓住其文本实质而言,这与篇中"君子言以杲(矩)方也,前羊而至者,弗羊而巧也",以及"察亓(其)要者,不趍(诡/恑)亓(其)辞"的精神是

---

① 廖名春以"古之遗言"释"古法"(参见廖名春:《帛书〈要〉试释》,载廖名春:《帛书〈周易〉论集》,上海古籍出版社1998年版,第115页)。

② 裘锡圭主编:《长沙马王堆汉墓简帛集成》(叁),中华书局2014年版,第116页。

③ 裘锡圭主编:《长沙马王堆汉墓简帛集成》(叁),中华书局2014年版,第117页。

④ 参见刘彬:《帛书〈要〉篇校释》,光明日报出版社2009年版,第32~33页。

⑤ 《吕氏春秋》认为夏朝已有史官存在,并以职管"图法"为最主要特征:"夏太史令终古出其图法,执而泣之。夏桀迷惑,暴乱愈甚,太史令终古乃出奔如商。"(许维遹:《吕氏春秋集释》,中华书局2009年版,第395~396页)《淮南子》亦有相似说法。

一致的。[①]“不可求以志善”的“志”，当为“记”[②]，“不可求以志善”当即“不可以志善求”，指不可借助于《诗》《书》《礼》《乐》诸书所记之善言善教而教条地施政。

在批评了诸种不合于“君道”的做法之后，《要》篇再次回归到了其所揭示和强调的《损》《益》之《易》道上，对“《损》《益》之道”给予了很高的评价：“能者繇（繇一由）一求之，所胃（谓）得一而君（群）毕者，此之胃（谓）也。《损》《益》之道，足以观得失矣。”《要》篇将“《损》《益》之道”视为要而不繁的“君道”之本，即所谓“一”，强调“得一而群毕”，“得一”当是吸收和改造黄老学观念的表现。[③] 这种现象当与帛《易》文本形成和流传过程中所受学派观念和文化地域的影响有关。[④]《要》篇强调“《损》《益》之道”于“君道”而言“足以观得失”，当指君者应由“《损》《益》之

① “前羊而至者，弗羊而巧也”句，学者解释不一（参见刘彬：《帛书〈要〉篇新释五则》，载《周易研究》2009年第2期）。文中“羊”字义不详，但从前后文特别是其后“察亓（其）要者，不趍（诡/恑）亓（其）辞”来看，“前羊而至者，弗羊而巧也”，应是强调君子的言论达到表意的目的就够了，不必故为巧诡之言，“巧”字当释如字，与“趍”字对应。

② 《庄子·逍遥游》：“齐谐者，志怪者也。”陆德明释文：“志，记也。”《孟子·滕文公上》：“且志曰。”赵岐注：“志，记也。”《国语·晋语》：“必诵志而纳之。”韦昭注：“志，记也。”（参见宗福邦等主编：《故训汇纂》，商务印书馆2003年版，第771页）

③ “得一”首见于《老子》通行本第三十九章，其“守一”的“一”是指“道（德）本体”，《要》篇的“一”则是指手段和方法。《鹖冠子》《文子》《吕氏春秋》多次出现“执一”，《要》篇“得一而群毕”的思想，当取于黄老学观念。

④ 朱伯崑认为帛书《易传》多来源于齐学（参见朱伯崑：《帛书本〈系辞〉读后》，载陈鼓应主编：《道家文化研究》第3辑，上海古籍出版社1993年版，第45～46页）。王葆玹认为《要》来源于荀子学派的鲁学一派（参见王葆玹：《帛书〈周易〉所属的文化地域及其与西汉经学一些流派的关系》，载陈鼓应主编：《道家文化研究》第3辑，上海古籍出版社1993年版，第181～189页）。陈来进一步认为帛书《易传》可分为三派，即《要》代表的以尊德义为特点的鲁儒易学，《易之义》《二三子问》代表的以明成败为特点的齐儒易学，帛书《系辞》代表的以占吉凶为特点的楚儒学派（参见陈来：《帛书易传与先秦儒家易学之分派》，载《孔子研究》1999年第4期）。

道”所晓示的吉凶互藏的天道之理中，悟知并做到值“得”之时戒惧忧患以防“失”，值“失”之时知过而改①，如此，“失”可复转化为“得”。这种由领悟《易》之“《损》《益》之道”进而悟知“君道”的过程，鲜明体现了《要》篇所言“行亓义，长亓虑，脩其[道]”②的《易》道精神。

以上是《要》篇通过卦之《损》《益》所晓示的以“《损》《益》之道”为内容的易之“要”义。这种“《损》《益》之道”通过天道和君道两个层面得以开显。就天道言，“《损》《益》之道”昭示了天时往复、体现万物生机变化的“产道”终始轮转以及由此而内蕴的吉凶互藏互生的过程。就君道言，此作为《易》之要义的“《损》《益》之道”，又渗透着于君王为政而言的安危、存亡、得失互相转化的治道大智慧。无论是天道层面还是君道层面的“《损》《益》之道”，都构成了一个循环往复的“圆道”，如图2-1、图2-2所示。

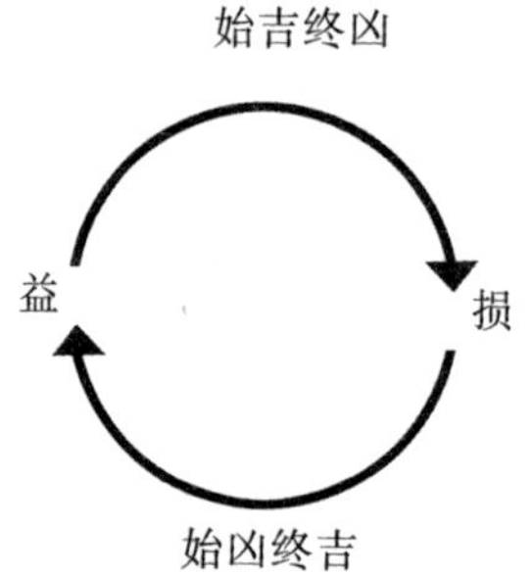

图2-1　天道层面的《损》《益》圆道

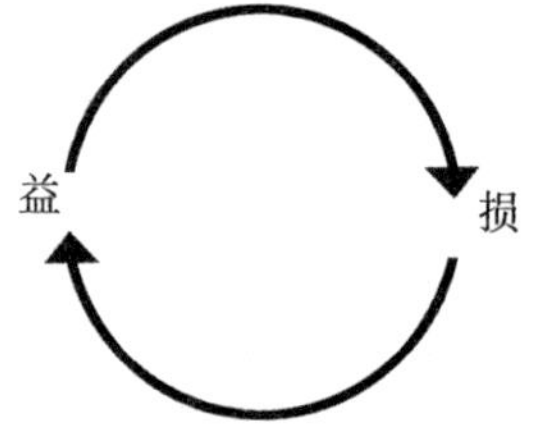

图2-2　君道层面的《损》《益》圆道

① 此所言知过能改从《要》篇对颜回的评价中可以得见：“夫子曰：顏（颜）氏之子，亓（其）庶几乎！见几，又（有）不善，未尝弗（知；知）之，未尝复行之。”[裘锡圭主编：《长沙马王堆汉墓简帛集成》（叁），中华书局2014年版，第115页]

② 丁四新：《楚竹书和汉帛书〈周易〉校注》，上海古籍出版社2011年版，第527页。

从《要》所晓示的天道层面上的损益之“圆道”来看,《要》篇将《易经》以卜筮为功能的《损》《益》之卦,奠基于天道流转自然、吉凶互藏共生的视角之上,借助于以《损》《益》之卦配时,《要》篇阐发了天道损益流转之理。相较于巫史祝卜之易,《损》《益》之卦作为天道层面的“《损》《益》之道”的表征形式,实现了抽象层面的理论提升。

在《要》篇之前,《老子》书中就已经论天道之“损”与“补”:“天之道,其犹张弓与? 高者抑之,下者举之;有余者损之,不足者补之。天之道,损有余而补不足。”[①]“高者抑之”即同于“损”,“下者举之”即同于“补”。《老子》所论天道损补的原型,当源于天体位移和四时更替,其首先是指天文意义上的天道[②],只不过《老子》借此来说明“不积”的大道之理并以之和人道的统治剥削形成对比。《要》篇则借助于对古经《损》《益》之卦的新阐释,开显出一种不同于巫史神道的新的人文天道观。尽管《要》和《老子》以损益(补)论天道的进路有所不同,但就二者所包含的循环往复的天道观而言,它们却有着相同的内容,甚至我们可以说,单就《要》所开显的天道层面的《损》《益》“圆道”观而言,其利用和承续了《老子》以“损”“补”论天道的思想资源。

《要》篇由天道引申出的以君道为内容的《损》《益》“圆道”观,主要强调得失、安危、存亡的转化之理。在这一点上,其与《老子》由天道损补进而强调治道中的理想王者——圣人应做到“不积”并保持“生而不有”“为而不恃”“长而不宰”的“玄德”并不相同,前

---

① 陈鼓应:《老子今注今译》,商务印书馆 2003 年版,第 336 页。

② 林桂臻认为《老子》此诸句中的“天之道”,“很可能实指黄道现象或是源自黄道观察的概念”(林桂臻:《天道天行与人性人情——先秦儒家“性与天道”论考原》,中国社会科学出版社 2015 年版,第 68 页)。这是一种合理的理解。

者是就事势发展的状态而言，后者是就王者个人而言。但通过对比我们可以发现，《老子》以“损”“补”论天道和《要》以《损》《益》论易道，实际上都包含着各自的治道思想。《要》篇以“《损》《益》之道”为君道之本，强调君者在存亡、安危、得失的转化之机中把握主动，带有鲜明的政治哲学色彩，其以君道为内容的《损》《益》“圆道”观，以“得一而群毕”为特点，这在一定程度上表现出了向黄老学观念靠拢的倾向。

《要》借“《损》《益》之道”而论君道的思想，在《淮南子》《说苑》《孔子家语》中有类似的记载[①]，但《说苑》和《孔子家语》的“《损》《益》之道”，强调的都是王者为政要做到谦下，不令自满，与帛易

① 《淮南子·人间训》:“孔子读易至损、益，未尝不愤然而叹，曰：‘益损者，其王者之事与！’事或欲与利之，适足以害之；或欲害之，乃反以利之。利害之反，祸福之门户，不可不察也。”(何宁:《淮南子集释》，中华书局1998年版，第1246～1247页)《说苑·敬慎》:“孔子读易，至于‘损益’，则喟然而叹。子夏避席而问曰：‘夫子何为叹？’孔子曰：‘夫自损者益。自益者缺，吾是以叹也。’子夏曰：‘然则学者不可以益乎？’孔子曰：‘否，天之道，成者未尝得久也。夫学者以虚受之，故曰得。苟不知持满，则天下之善言不得入其耳矣。昔尧履天子之位，犹允恭以持之，虚静以待下，故百载以逾盛，迄今而益章。昆吾自臧而满意，穷高而不衰，故当时而亏败，迄今而逾恶，是非损益之徵与？吾故曰：谦也者，致恭以存其位者也。夫丰明而动，故能大；苟大，则亏矣。吾戒之，故曰：天下之善言不得入其耳矣。日中则昃，月盈则食，天地盈虚，与时消息。是以圣人不敢当盛，升舆而遇三人则下，二人则轼，调其盈虚，故能长久也。’子夏曰：‘善！请终身诵之。’”[(汉)刘向撰、向宗鲁校证:《说苑校证》，中华书局1987年版，第241～242页)《孔子家语·六本》:“孔子读《易》，至于《损》《益》，喟然而叹。子夏避席问曰：‘夫子何叹焉？’孔子曰：‘夫自损者必有益之，自益者必有决之，吾是以叹也。’子夏曰：‘然则学者不可以益乎？’子曰：‘非道益之谓也，道弥益而身弥损。夫学者损其自多，以虚受人，故能成其满博哉。天道成而必变，凡持满而能久者，未尝有也。故曰：自贤者，天下之善言不得闻于耳矣。昔尧治天下之位，犹允恭以持之，克让以接下，是以千岁而益盛，迄今而逾彰。夏桀昆吾，自满而极，亢意而不节，斩刘黎民，如草芥焉。天下讨之，如诛匹夫，是以千载而恶著，迄今而不灭。观此，如行则让长，不疾不先，如在舆，遇三人则下之，遇二人则式之，调其盈虚，不令自满，所以能久也。’子夏曰：‘商请志之，而终身奉行焉。’”[(魏晋)王肃注:《孔子家语》，上海古籍出版社1990年版，第41页]

《二三子》《缪和》的王者“处盛”之道和“谦以处盈”的观点[1]具有一致性。而《要》篇借“《损》《益》之道”所强调的，却是事物发展中安危、存亡、得失的转化，他们谈论的对象是不同的，《淮南子》和《说苑》的说法更接近于《老子》由“损”“补”之道论圣王之“德”的进路。[2] 同时，《要》篇通过天时流转而悟知君道的思路，并不同于《吕氏春秋·十二纪》《礼记·月令》那种与天时紧密对应的政令之学，相反，这种政令之学恰恰是《要》篇所试图超越的。

① 参见丁四新：《论马王堆帛书〈要〉篇“观其得义”的易学内涵》，载《武汉大学学报》（人文社科版）2015 年第 1 期，第 44～45 页。

② 其中，《淮南子》论“损益”是直接承续《老子》而来。

第三章

《老子》的"圆道"观

《说文解字》辵部:"道:所行道也。从辵从首。一达谓之道。""道"的本意是人行走的直达道路。《诗经》中的"道"主要是指道路,也有"道说"义,同时亦有了由道路这一"道"的原始内涵引申出的行为法则义。[①] 今文《尚书》中的"道"字主要在治道的意义上使用。[②] 在《左传》《国语》中,"道"的抽象内涵被更为广泛地运用。[③] 在《老子》书中,既有作为"万物之奥"的本原、本体之道,又有以"天道""天之道""天地"等形式加以谈论的天道论。无论是本原、本体之"道"还是天道论,都表现出了明显的"圆道"观念。

---

① 如《齐风》"鲁道有荡"、《桧风》"顾瞻周道"、《小雅》"周道倭迟"、《鲁颂》"顺彼长道"的"道",皆为道路义。《墉风》"中冓之言,不可道也"的"道"为道说义。《诗经》中已有了"道"的抽象内涵,如《小雅》"如匪行迈谋,是用不得于道"的"道"即为法则义。

② 如《君奭》中"我道惟宁王德延"、《洪范》"王道荡荡""王道平平"等句中的"道"皆指社会治理之道而言。

③ 《左传》中出现了"天之道""古之道""存亡之道""无道""生民之道"等词语,这种抽象意义上的"道"主要有带有"必然性""法则""途径"等内涵。《国语》中有"天道""人道""文道""鬼道""有道""无道""不道""使民之道"等,其"道"字的内涵多同于《左传》中的"道"。《国语》中的"道"亦有引导义,如《晋语》"道之以文"的"道"即作引导义。

第一节 《老子》天道论的“圆道”色彩

《老子》的天道论表现出了与具有天文内涵的往复天道观的紧密关联。《老子》有关天道论的说明主要见于以下几章：

功遂身退，天之道。（第九章）①

将欲歙之，必固张之；将欲弱之，必固强之；将欲废之，必固兴之；将欲夺之，必固与之，是谓微明。（第三十六章）②

天之道，不争而善胜，不言而善应，不召而自来，繟然而善谋。（第七十三章）③

天之道，其犹张弓与！高者抑之，下者举之；有余者损之，不足者补之。天之道，损有余而补不足。（第七十七章）④

第九章用以描述“天道”特性的“功遂身退”，应亦来源于对日月星辰交替运行、四时变化、昼夜更替这些天道规律的观察。王弼于“功遂身退，天道”下注：“四时更运，功成则移。”⑤王弼将“功遂身退”的原型还原为四时交替，深得《老子》古义。后苏辙、王元泽亦强调“功遂身退”这一观念的天道背景，苏注：“日中则移，月满则亏。四时之运，成功者去。天地尚然，而况于人乎？”⑥王注：“寒暑相推，物极则反，阴阳代运，天道固然。”⑦需要指出的是，弼

① 楼宇烈：《老子道德经注校释》，中华书局2008年版，第21页。

② 楼宇烈：《老子道德经注校释》，中华书局2008年版，第88～89页。

③ 楼宇烈：《老子道德经注校释》，中华书局2008年版，第181～182页。

④ 楼宇烈：《老子道德经注校释》，中华书局2008年版，第186页。

⑤ 楼宇烈：《老子道德经注校释》，中华书局2008年版，第21页。

⑥ 焦竑《老子翼》引息斋注，见《老子翼》，华东师范大学出版社2011年版，第21页。

⑦ 焦竑《老子翼》引息斋注，见《老子翼》，华东师范大学出版社2011年版，第21页。

本“功遂身退”一句,《淮南子·道应训》《文子·上德》所引及《河上公章句》皆作“功成名遂,身退”。《淮南子》和《文子》对此句的引用及说明皆是结合人事进行的,与“名遂”形成对应。简本《老子》作“功遂身退,天之道也”①。从各本共同出现的“天道”或“天之道”来看,“天道”或“天之道”之前的内容应与“天道”概念有关,且时间上较早的简本《老子》作“功遂身退”,故“功成名遂,身退”的说法应为后出②,“功遂身退”应为《老子》原文。通行本第九章是将“功遂身退”的天道规律运用于人事领域,体现出鲜明的推天道以明人事的史官思维特征,其“功遂身退”的原型实源于对天体运行、四时转移、昼夜更替的体察,而这正是往复天道观的内容。

第三十六章的“将欲歙之,必固张之;将欲弱之,必固强之;将欲废之,必固兴之;将欲夺之,必固与之”,其本意并不在于讲人道,正如高亨先生所言:“此诸句言天道也,或据此斥老子为阴谋家,非也。”③高亨的观点深得《老子》之意,本章实际上是以拟人化的手法阐述往复天道观,“歙”“弱”“废”“夺”和“张”“强”“兴”“与”,构成了一个完整的天道往复过程,天体的周期运行、四时交替皆是这种天道观的体现,是“歙”“弱”“废”“夺”和“张”“强”“兴”“与”的天文学基础。其中,“歙”“弱”“废”“夺”与第七十四章中“常有司杀者杀”④的说法相类,这里的“司杀者”,高亨先生同样认为是指天道而言。⑤ 应当说,第七十四章“司杀者”的思想原型与第三十六章的天道观是一致的。第三十六章的这种说法,构成战

① 丁四新:《郭店楚竹书〈老子〉校注》,武汉大学出版社2010年版,第258页。

② 丁四新说:“‘成名’二字殆衍文。”(丁四新:《郭店楚竹书〈老子〉校注》,武汉大学出版社2010年版,第258页)

③ 高亨:《老子正诂》,清华大学出版社2011年版,第58页。

④ 楼宇烈:《老子道德经注校释》,中华书局2008年版,第183页。

⑤ 参见高亨:《老子注译》,清华大学出版社2010年版,第115页。

国黄老学以春夏秋冬四时言阴阳刑德[①]的观念源头。录入《新唐书·艺文志》的《阴符经》[②]强调“天生天杀,道之理也”[③]。黄老学的阴阳刑德观念以及《阴符经》所言的“天生天杀”,与《老子》第三十六章体现的天道观在本质上都来源于同一原型,即早期具有天文内涵的往复天道观。

第七十三章对天道特点的描述当直接来源于对天体运行、四时交替的认识。自然界中的日月轮转、四时交替、风霜雨雪的周期发生等天文现象,皆具有“不召而自来”“不言而善应”的特点,万物赖之以生长收藏,此种意义上的“天道”可谓“繟然而善谋”。此种天道规律万物莫逃乎其中,真可谓“不争而善胜”。天道的这一特点总是无心而“自然”的。孔子亦有言:“天何言哉?四时行焉,百物生焉。天何言哉?”[④]孔子的话透露出其对天道、天行的“自然”本性的肯定。这与《老子》书中“天道”“天之道”的“自然”色彩具有一致性。老子“道法自然”的命题以及“自然”这一《老子》哲学的最高价值,当由对天道的领悟而来。

第七十七章对“天之道”的描述中,“高者抑之,下者举之”的说法与日月星辰的升降运动特点具有一致性。《老子》实际上是将日月星辰的运作特性同人在张弓射箭时抑高举下的活动相类比。“损有余以补不足”的观念既可由上述“抑高”和“举下”这一

---

① 马王堆出土黄老帛书中存在以日月循行、四时交替言阴阳刑德的观念,如《十六经·观》:“春夏为德,秋冬为刑”,“刑德皇皇,日月相朢(望),以明(明)亓(其)当,而盈□无匡”[裘锡圭主编:《长沙马王堆汉墓简帛集成》(肆),中华书局2014年版,第152页]。

② 关于《阴符经》的成书时代,参见王明:《试论〈阴符经〉及其唯物主义思想》,载《道家和道教思想研究》,中国社会科学出版社1984年版,第139~146页;李养正:《有关〈阴符经〉几个疑问的论证》,载《道协会刊》1983年第1期。

③ 《阴符经集释》,中国书店2013年版,第17页。

④ 朱熹:《四书章句集注》,齐鲁书社1992年版,第180页。

天体升降特点而产生，也可与月相、四时的盈虚消长相对应。天体运转、四时交替所表现出来的这种"损不足以奉有余"的特性，在《老子》书中进一步被抽象成天道或"道"的法则。①《老子》正是深感于社会领域中"损不足以奉有余"的现实，从"裒多以益寡"②的天道特性出发，使"损不足以奉有余"的"人之道"与"天之道"形成鲜明的对比，以此来强调人道效法天道的必要性。这一方面反映出当时的社会现实，同时也透露出了老子思想的用世色彩和现实观照。

由上可见，《老子》书有关天道论的说明，尽管相较于天文意义上的"圆道"在抽象性上有了很大的提升，但仍带有往复天道观的思想印痕。《老子》天道论的这一特点当与史官文化和史官传统有密切的关联，是史官观天道职能的一种反映。

作为史官源头的古代的巫主要负责沟通神人，《说文解字》："神，天神，引出万物者也"，"神"与"天"密切相关，故《国语》有"司天以属神"③之说。在"绝地天通"的神学历史叙事中，"司天以属神"的"重"相对于"黎"来说，巫的色彩更为浓厚。"司天以属神"这一职责，实成为后世源出于巫之史官观天道、天数、天行、天文的渊源，司马迁将"典天官事"这一司马氏家族的史官职能上溯到重、黎正是基于这一观念。从司马迁所说的古之"天数"传承系统中，我们便不难发现这一点：

---

① 《文子》指出："天之道，抑高而举下，损有余，补不足。江海处地之不足，故天下归之奉之。"(杨树达：《周易古义·老子古义》，上海古籍出版社 2007 年版，第 100 页)《文子》所说的"抑高而举下""损有余，补不足"亦是一种抽象的天道法则，不仅是指天文、四时现象而言。

② 焦竑《老子翼》引李息斋注，见焦竑：《老子翼》，华东师范大学出版社 2011 年版，第 184 页。

③ 《国语·楚语下》："颛顼受之，乃命南正重司天以属神，命火正黎司地以属民，使复旧常，无相侵渎，是谓绝地天通。"(邬国义等：《国语译注》，上海古籍出版社 1994 年版，第 530 页)

> 昔之传天数者：高辛之前，重、黎；于唐、虞，羲、和；有夏，昆吾；殷商，巫咸；周室，史佚、苌弘；于宋，子韦；郑则裨灶；在齐，甘公；楚，唐眛；赵，尹皋；魏，石申。(《史记·天官书》)[①]

“《史记·天官书》‘昔之传天数者’名单之前半部，除昆吾一人稍异，姑置不论外，其余巫咸、重、黎、羲和诸人，皆为专司沟通天地人神之巫觋。”[②]其中的羲和，《尚书·尧典》还以其为职掌天文历法之官：“乃命羲和，钦若昊天，历象日月星辰，敬授民时。”[③]史佚则为周之史官[④]，苌弘、子韦、裨灶为星占术士[⑤]，甘公、石申诸人应为占星术和星占学的传人。《天官书》的这一传承序列体现了由巫而史[⑥]再到星占学的渐次发展历程，从《史记》的记载来看，作为史官源头的古代巫觋之职事含有晓天文、传天数的内容。

脱胎于巫的史官在殷周之际进一步分化和发展。《吕氏春秋》和《淮南子》认为夏朝已有史官存在，并以职管“图法”为最主要特征。[⑦] 据殷墟甲骨文，商代史官已大量出现[⑧]，周代的史官更

---

① 司马迁：《史记》第4册，中华书局1982年版，第1343页。

② 江晓源：《上古天文考》，载《中国文化》1991年第1期。

③ 王世舜、王翠叶译注：《尚书》，中华书局2012年版，第7页。

④ 《国语·周语下》韦昭注，认为史佚为“周文、武时太史尹佚也”（徐元诰：《国语集解》，中华书局2002年版，第102页）。

⑤ 苌弘、裨灶的记载见于《左传》，子韦的记载见于《吕氏春秋·制乐》和《淮南子·道应训》。

⑥ 王博说：“司马迁所记这个‘传天数者’系列可以被看作是太史及其前身。”[王博：《老子思想的史官特色》，（台湾）文津出版社1993年版，第42页]

⑦ 相关记载见《吕氏春秋·先识览》（参见许维遹：《吕氏春秋集释》，中华书局2009年版，第395～396页）和《淮南子·泛论训》（参见何宁：《淮南子集释》，中华书局1998年版，第946页）。

⑧ 陈梦家将殷墟甲骨卜辞中出现的史官分为尹、多尹、作册、多任务、史、北史、卿史、御史、大吏、东吏、西吏等二十余种次（参见陈梦家：《殷墟卜辞综述》，中华书局1988年版，第521页）。刘恒将殷墟卜辞所见的殷代史官分为作册、大史、四方史三类（参见刘恒：《殷代史官及相关问题》，载《殷都学刊》1993年第3期）。

加完善[①]，源于巫的史官经过不断分化，春秋时期有专门负责明天道的史官，这一点在《国语》《左传》《周礼》等书中皆可看到。从《左传》文公十四年、昭公三十二年所载史官叔服和史墨的言论来看[②]，其思想带有强烈的星占学意味，其对人事吉凶的预言是据星象而发，与苌弘、裨灶之术近。《国语·周语》中的古之太史能观察日月运行并进而对于“土气”之情状作出判断以指导农时，告于“稷”的太史亦能凭此术观察“阳气俱蒸”之状[③]，这些都与天文历法有关。《周礼·春官宗伯》中的太史有“正岁年”“颁告朔”之责，且于闰月之时要告知王者“居门，终月”，这些史官的职能皆属于察天知时的早期天文历法的范围。[④]

《老子》第二十八章有“为天下式”之语。《周礼》中的太史亦有一项重要的职能，即作战时“抱天时，与大师同车”[⑤]。任继愈结合《周礼》中的“抱天时”，以及惠士奇《礼说》引郑玄注“太史主抱式以知天时，处吉凶”的说法，并据《史记·龟策列传》“平运式”、《太玄》“履灵式”之语，认为“这里所讲的‘式’，是可以旋转的两块木板，上面一块木板圆形，象天，下面一块木板方形，象地。上下两块木板分别刻着天干地支”[⑥]。任继愈进而指出：“老子书中所讲的‘式’就是当时太史用来占天文的工具，从他运用的例子、术语，还可以看出太史抱式

---

① 出现于金文和《周礼》中的史官称谓有“作册”“内史尹”“太史”“内史”“御史”“小史”“女史”“外史”等(参见王盛恩:《中国古代史官称谓内涵的嬗变》,载《史学史研究》2008 年第 1 期)。

② 参见杨伯峻:《春秋左传注(修订本)》(二),中华书局 2009 年版,第 604 页;杨伯峻:《春秋左传注(修订本)》(四),中华书局 2009 年版,第 1513～1514 页。

③ 相关记载参见邬国义等:《国语译注》,上海古籍出版社 1994 年版,第 11 页。

④ 相关记载参见杨天宇:《周礼译注》,上海古籍出版社 2004 年版,374～376 页。

⑤ 杨天宇:《周礼译注》,上海古籍出版社 2004 年版,第 376 页。

⑥ 任继愈:《春秋时代天文学和老子的唯物主义思想》,载《北京大学学报》(人文科学版)1959 年第 4 期。

的痕迹。”[①]其后，陈梦家亦认为“式(栻、拭)局(梮)与天时并指一物”[②]。1977 年，安徽阜阳西汉汝阴侯墓出土了三件“式”盘[③]，即二十八宿圆盘、六壬栻盘和太乙九宫占盘，皆与天文占卜有关。文物的出土验证了史籍所载“式”的后世流传形式，出土的三件式盘详见《文物》1978 年第 8 期第 19 页和 25 页的图。

任继愈早于此文物出土十余年就据前贤之言将《老子》书中的“式”与太史之“式”联系起来，是极富见地的。[④] 汝阴侯墓出土的六壬栻盘及相关记载为我们大体呈现了“式”的一些情形。尽管《周礼》所载及早期天文占所用的式盘之真实面貌仍不十分明朗，但《周礼》所载的“式”及早期所用之“式”，应与汝阴侯墓出土的六壬栻盘存在着渊源关系。《周礼》中的太史借助于式盘测天

---

① 任继愈:《春秋时代天文学和老子的唯物主义思想》，载《北京大学学报》(人文科学版)1959 年第 4 期。

② 陈梦家:《汉简缀述》，中华书局 1980 年版，第 260 页。

③ 称为三件式盘是据安徽省文物工作队、阜阳地区博物馆、阜阳地区文化局《阜阳双古堆西汉汝阴侯墓发掘简报》(载《文物》1978 年第 8 期)一文的说法，式盘名称皆从此文。

④ 严敦杰认为《周礼》郑玄注中的“抱式以知天时”的“式”就是式盘(参见严敦杰:《关于西汉初期的式盘和占盘》，载《考古》1978 年第 5 期)。王兴业认为《周礼》中的“‘天时’即载天文星宿的六壬式盘”(王兴业:《谈式占、八卦与洛书》，载《周易研究》1990 年第 2 期)。汝阴侯墓出土的三种式盘中，太乙九宫占盘与《灵枢经・九宫八风》的内容极为接近，其与《灵枢经》的关系密切。另据《史记・日者列传》司马贞索引:“式即栻也。栻之形上圆象天，下方法地，用之则转天纲加地之辰。”(司马迁:《史记》第 10 册，中华书局 1982 年版，第 3218 页)索引中所说的“式”有地辰即十二支，而汝阴侯墓出土的六壬式盘的地盘亦有十二支。《史记・龟策列传》记载春秋时宋国的卫平“援式而起，仰天而视月之光，观斗所指，定日处乡。规矩为辅，付以权衡。四维已定，八卦相望。视其吉凶，介虫先见”(司马迁:《史记》第 10 册，中华书局 1982 年版，第 3229 页)。卫平的式占须“观斗所指”，即须借助于观测北斗指向而进行，汝阴侯墓出土的六壬式盘的天盘亦刻有北斗七星。据此，从式盘的演变来看，疑六壬栻盘相对于太乙九宫占盘而言在时间上出现更早。

文以定人事这一点却是可以肯定的，这反映出周代史官对天文历法的重视和依赖。

由上可知，春秋时期的不少史官有察知天文数度的职能。约起于春秋初叶的“天道”概念[①]应是在此种背景下出现的。[②] 在《左传》中，“天道”一词约有神秘性的天命、必然性的规律、天体运行及其轨迹等几方面的含义。[③]《左传》中“天道”的上述几个含义实际上都是围绕天文星象而发生变衍的，只不过这种与天体运行相关的“天道”内涵往往包裹在神学天命论的外衣之下。这是天道论尚未全部脱离天命论的表现。《老子》中的天道论，仍然以带有

① 参见李申：《先秦天道观与自然科学》，载《孔子研究》1983 年第 3 期。

② 参见吾淳：《中国哲学起源的知识线索》，上海人民出版社 2014 年版，第 291 页。

③ 有天命内涵的有：“岁在豕韦，弗过此矣。楚将有之，然壅也。岁及大梁，蔡复，楚凶，天之道也。”“子产曰：‘天道远，人道迩，非所及也，何以知之？灶焉知天道？’”[杨伯峻：《春秋左传注（修订本）》（四），中华书局 2009 年版，第 1322、1395 页]这两则材料中“天道”的“天命”内涵是以星占学的形式表现出来的。有规律义的有：“礼以顺天，天之道也。”“川泽纳污，山薮藏疾，瑾瑜匿瑕，国君含垢，天之道也。”[杨伯峻：《春秋左传注（修订本）》（二），中华书局 2009 年版，第 614、759 页]“社稷无常奉，君臣无常位，自古以然，故诗曰：高岸为谷，深谷为陵，三后之姓，于今为庶，王所知也，在易卦，雷乘乾曰大壮。天之道也。”[杨伯峻：《春秋左传注（修订本）》（四），中华书局 2009 年版，第 1520 页]有天体运行意涵的有：“盈而荡，天之道也。”[杨伯峻：《春秋左传注（修订本）》（一），中华书局 2009 年版，第 163 页]“天道多在西北。南师不时，必无功。”[杨伯峻：《春秋左传注（修订本）》（三），中华书局 2009 年版，第 1043 页]后两则材料中的“天之道”“天道”既有天体运行的含义，又有天命的内涵。关于以上天道的内涵，李申在《先秦天道观与自然科学》一文中已有所说明（参见李申：《先秦天道观与自然科学》，载《孔子研究》1987 年第 3 期，第 49～50 页）。

天文意涵的往复天道观为基础[①]，整体上应属于这种天道论的延续和发展，不过相比《左传》的天道论，《老子》的“天道”“天之道”获得了更为抽象的含义，已经摆脱了天命论的神学色彩。

《老子》中的天道观奠基于具有天文意涵的“往”“复”观念之上，天文意义上的“圆道”观念构成《老子》天道观的思想原型。那么，如何看待《老子》的天道观和其作为本原、本体的“道”的关系呢？一般认为，《老子》本原、本体之道是在春秋以来天道观的基础上发展而来。[②] 还有学者注意到了《老子》中“天之道”与“道”相平行的现象，认为《老子》的“天之道”是由“道”向物、由“无”向“有”转变的媒介，这样有利于防止“道”的虚无化。[③] 前一种观点强调春秋以来的天道观是《老子》本原、本体之道的思想来源，后一种观点看到了《老子》的“道”和“天之道”的关系，指出了“天之道”在《老子》中的重要性。事实上《老子》以“天之道”等形式表达的“天道”，已经不同于此前带有神秘星占学意味的“天道”，而是带有了“自然”“无为”的新特点。“天之道”在《老子》中的确是

---

① 任继愈在20世纪50年代就已指出，老子的“道”“确实吸收了当时的天文学的科学成就，充实了他的唯物主义”[任继愈：《春秋时代天文学和老子的唯物主义思想》，载《北京大学学报》(人文科学版)1959年第4期]。任先生的观点可谓独具慧眼。王博在《老子之道的史官特色》一文中根据帛书《老子》甲本“惚”作“忽”“恍”作“望”这一点，认为“‘忽望’是形容月体变化的‘晦望’”，并认为“老子完全是依照自然界中月亮之变化情形来形容道的”(王博：《老子之道的史官特色》，载陈鼓应主编：《道家文化研究》第5辑，上海古籍出版社1994年版，第68页)。应当说，老子之“道”不必一定以月亮为原型，但其“周行”“反(返)”的观念来源于对天体运行、四时交替的观察应是没有问题的。正如吾淳所说：“老子实际是将原来‘天道’的比较具体的‘天文’含义进一步抽象为‘道’的绝对一般的含义。”(吾淳：《中国哲学起源的知识线索》，上海人民出版社2014年版，第291页)

② 参见王博：《老子思想的史官特色》，(台湾)文津出版社1993年版，第52～56页。

③ 参见曹峰：《论〈老子〉的天之道》，载《哲学研究》2013年第9期。

晓示本原、本体之“道”的手段，是本原、本体之“道”的具体展现者，其与本原、本体之“道”遵循着相同的原则，这当与《老子》“天法道”的思想逻辑有关。

第二节 “道”之“反”与“圆道”观

《老子》第四十章有言：“反者，道之动。”[①]“反”是《老子》本原、本体之“道”的运作特点。“反”这一“道”的特点，体现了“道”与“圆道”观念的联系。以下对此问题作出探析。

理解“反者，道之动”中“反”的内涵，需要结合第二十五章有关“反”的说明。通行本第二十五章指出：

> 有物混成，先天地生。寂兮寥兮，独立不改，周行而不殆，可以为天下母。吾不知其名，字之曰道，强为之名曰大。大曰逝，逝曰远，远曰反。故道大，天大，地大，王亦大。域中有四大，而王居其一焉。人法地，地法天，天法道，道法自然。[②]

本章在郭店简本中已有大致相同的文本内容，但郭店简本、帛书甲乙本并未出现“周行而不殆”一语，北大汉简本作“偏（徧）行而不殆”[③]，至河上《注》本始出现“周行而不殆”句。从《老子》文本的演变来看，北大汉简本的“偏（徧）行”对于理解后出的“周行”意涵无疑具有重要的参照价值。《河上》本始现的“周行”在含义上当同于北大汉简本的“偏（徧）行”义，“周行”当取周遍义，而非

---

① 楼宇烈：《老子道德经注校释》，中华书局2008年版，第110页。

② 楼宇烈：《老子道德经注校释》，中华书局2008年版，第62～64页。

③ 北京大学出土文献研究所：《北京大学藏西汉竹书》（贰），上海古籍出版社2012年版，第156页。

往复循环义,“周行”强调的是“道”发生作用的周遍性。《老子》中与此意涵相同的说法还有“大道泛兮其可左右”,“天网恢恢,疏而不失”。《庄子》中“道无所不在”的说法亦与此相类。《河上》本以“周行”代替汉简本的“偏(徧)行”,应还受到了本章中“大曰逝,逝曰远,远曰反”句的影响。以“大”为特征的“道”通过“逝”“远”“反”的活动完成了一个环形的运作周期,这对于《河上》本使用“周行”一词描述“道”应具有影响。也就是说,通行本第二十五章的“周行”,并不具有往复“圆道”观的特征。

第二十五章体现“圆道”观念的是对“反”的说明。检视历代注家对于“反者,道之动”的“反”字主要有三种训释:复返、相反、兼取相反和复返义。

关于复返义。王弼注“反者,道之动”时说:

> 高以下为基,贵以贱为本,有以无为用,此其反也。动皆知其所无,则物通矣。故“反者,道之动”也。[①]

对王弼的这一注语,楼宇烈指出:“‘知’字道藏集注本作‘之’。‘之’,往也。”[②]楼先生又依据王弼所注第二十八章、第三十章、第十六章,认为王弼“此句意当为,如果万物动作而能返还其根本,居处于无,就可以包通万物了。此义似更长”[③]。楼先生的结论是很有说服力的。王弼理解的“反者,道之动”的“反”字,实为返还之“返”,而不是相反之“反”。即使抛开王弼的《老子》第二十八章、第三十章、第十六章注,他在上文中所说的“高以下为基,贵以贱为本,有以无为用”,表面上是说高与下、贵与贱、有与无是相反的两个方面,实际上强调的是回到“基”和“本”,强调的是“返”而

---

① 楼宇烈:《老子道德经注校释》,中华书局 2008 年版,第 110 页。

② 楼宇烈:《老子道德经注校释》,中华书局 2008 年版,第 111 页。

③ 楼宇烈:《老子道德经注校释》,中华书局 2008 年版,第 111 页。

不是"反"。林希逸亦取复返义:"反者,复也,静也。"[①]对于《老子》"反"的复返义,王力曾指出:

反者,返也。注家或以为正反之反,非也。其上文有云:"字之曰道,强为之名曰大。大曰逝。逝曰远。远曰反。"盖道生一,一生二,二生三,三生万物,所谓大也。万物并作,已离于道,所谓逝也。寖假而奇物滋起,去道益遥,所谓远也。然而剥极必复,乃归于道,所谓反也。此反训为返之证一也。其下文又云:"玄德深矣,远矣,与物反矣,然后乃至于大顺。"王弼注曰:"反其真也",[②]此反训为返之证二也。夫物芸芸,患不能静;去道日远,失其自然。苟欲得静,贵乎归根,归根复命,天下自定,欲还自然,故必反也。[③]

王力以"返"释"反"。高亨《老子注译》指出:"反,借为返,去而复回为返,即循环。"[④]许抗生认为"这里的'反'即指'道'的回复运动"[⑤]。陈鼓应将"反者,道之动"译为"道的运动是循环的"[⑥],亦取回返义。

关于将"反"理解为相反。魏源《老子本义》有一段说明:

黄老静观万物之变,而得其阖辟之枢,惟逆而忍之。静胜动,牝制牡,柔胜刚。欲上先下,知雄守雌。外其身而身存,无私故能成其私。所谓"反者道之动,弱者,道之用也"。后人以急功利之心,求无欲之体不可得,而徒得其相反之机,

---

① 林希逸:《老子鬳斋口义》,华东师范大学出版社 2010 年版,第 45 页。

② 此处逗号为引者加。

③ 王力:《老子研究》,上海书店出版社 1992 年版,第 1~2 页。

④ 高亨:《老子注译》,清华大学出版社 2010 年版,第 71 页。

⑤ 许抗生:《帛书老子注译与研究》(增订本),浙江人民出版社 1982 年版,第 13 页。

⑥ 陈鼓应:《老子注译及评介(修订增补本)》,中华书局 2009 年版,第 219 页。

以乘其心之过不及，欲不偏不弊，得乎？[①]

魏源的解释主要是就《老子》"弱者，道之用"而发，强调柔弱不争，他所说的"反"是指采取与世俗的一般常识相反的态度，所谓"逆而忍之"。"反"的主体是人而不是"道"，而老子"反者，道之动"的主体却是"道"，因此，魏源的理解实已脱离了通行本《老子》第四十章的文本。张松如立足于老子的辩证法亦解"反"为相反。他将"反者，道之动"译为"向着相反的方向变化，是'道'的运动"[②]，并指出："反者，道之动。这表明老子认识到宇宙间的事物具有矛盾性，在它们内部各有其对立面，对立面又是经常互相转化的，这就形成为事物的运动变化。"[③]按照这种解释，实际上就存在两个"动"的主体，分别是"道"和事物。而"反者，道之动"这一命题已经明确表明了"道"是动的主体。据此，张说误。刘笑敢亦取相反义来解释第四十章的"反"。[④]

此外，还有学者则兼取相反和复返二义，如车载、董京泉等。[⑤]

---

① 魏源：《老子本义》，华东师范大学出版社 2010 年版，第 6 页。

② 张松如：《老子说解》，齐鲁书社 1998 年版，第 232 页。

③ 张松如：《老子说解》，齐鲁书社 1998 年版，第 233 页。

④ 刘笑敢说："'反也者，道之动也'是哲人对宇宙、万物、社会、人生之观察结果的一种抽象和概括。这既是对道的特点的描述，也是对人之价值取向的提示或要求。这里的'反'不是反抗、反对之反，而是相反之反。"[刘笑敢：《老子古今》(上)，中国社会科学出版社 2006 年版，第 450 页]

⑤ 车载指出："老子书说'反'，含有两层意思：第一层意思，指相反的'反'说；第二层意思，指反复的'反'说。前者含有对立否定的意思，后者含有返本复初的意思。""老子书以对立否定的作用，说明反的涵义；更以返本复初的作用，说明反的另一涵义。"(车载：《论老子》，上海人民出版社 1962 年版，第 114、119 页)董京泉说："'反者，道之动'这一命题的含义有两个方面：一是解释道的运动趋势，此与二十五章所说的'周行而不殆'和'大曰逝，逝曰远，远曰反'义同；二是说明事物的对立面之间相反对立的关系、从对立到统一的关系，以及向对立面转化的关系，是推动事物发展变化的内在的、根本的力量。"(董京泉：《老子道德经新编》，中国社会科学出版社 2006 年版，第 84 页)

这种对“反”的理解，仍然把“反”的相反义加入“反者，道之动”的内涵中，体现出一种折中的取向。

就文献而言，竹简本出土后，通行本“反者，道之动”一语，竹简本与之相对应的文字作“返也者，道动也”。[1] 这一无可辩驳的早期文本证据已证明复返义的正确性。诚如丁四新所言：“受西洋辩证法‘对立统一’律熏习，喜将‘反’释为‘相反’、‘对反’之义，殆失古义。”[2]斯诚为当论。即使从《老子》书的思想出发，持“反者，道之动”的“反”为相反义者，还忽略了一个问题，即《老子》书以“反”为“相反”义时是以对比的形式出现的，唯一出现的是“正言若反”，“反”与“正”相对出现。第四十章开篇即谈“反者，道之动”，并无取相反义时所对比的内容，故将通行本第四十章的“反”理解为相反，亦毫无根据。对于“反者，道之动”的“反”字，应将其理解为复返之“返”，这是对“反者，道之动”之“反”的正确理解，取相反义来解释第四十章的“反”绝非《老子》本义。

通行本“反者，道之动”的“反”当取复返义。“反者，道之动”句在帛书本、汉简本中被编入《老子》德经部分。从《老子》整个思想出发，被编入德经部分的“反者，道之动”一语有其特定的思想内涵。它是立足于“道”所产生的经验万有这一视野，对世界向“道”之本然冲虚状态复归的一种描述，由于此种运动是“道”自身所固有的必然趋势，且以“道”的本然状态为归趋，故称为“道之动”。“道”的展开和复返构成了一个往复回环的运作过程，其强调的是“道”本身的运作特点。

据通行本《老子》，“道”的这种往复运作又具体由两个环节构成，即道生和道返。“道生”是指“道”由冲虚状态化用无穷以产生

---

① 参见荆门市博物馆：《郭店楚墓竹简》，文物出版社 1998 年版，第 113 页。

② 丁四新：《郭店楚竹书〈老子〉校注》，武汉大学出版社 2010 年版，第 244 页。

万有，“道返”是万有向“道”本身或“道”之本然状态回归。“道生一，一生二，二生三，三生万物”，“反者，道之动”，“大曰逝，逝曰远，远曰反”，共同完成了对“道”之往复运作的描述。

在“道”的往复运作中，“道”由冲虚状态化生万有的道生论，《老子》论之甚详。通行本第四章和第六章就肯定了“道”的无限创化能力：

> 道冲而用之或不盈，渊兮似万物之宗。挫其锐，解其纷，和其光，同其尘。湛兮似或存，吾不知谁之子，象帝之先。①
>
> 谷神不死，是为玄牝，玄牝之门，是为天地根。②
>
> 绵绵若存，用之不勤。③

“道”虽冲虚却“用之或不盈”，即“谓道虚而用之或不尽也”④。“用之或不盈”的最大表现便是“渊兮似万物之宗”。如果说“冲”“渊”在于强调“道”包含的创生万物的无限可能性，那么“万物之宗”则在于说明“道”和万物的生成关系。“道”虽含藏一切可能性，其本身却又处于无形而不可把捉的混一自然的状态中，所谓“锉其兑，解其纷，和其光，同其尘”。对此，冯振指出：“圭角已除，色相斯灭，是道之体无从识之矣”⑤，可谓精当之论。“‘湛’，深暗不可见之貌”⑥，“湛兮似或存”是说“道”若有若无，从其真实的创化之功而言是“有”，从其无形而言又是“无”。“吾不知其谁之子，象帝之先”表明，当以发生学的视野去追溯“道”本身，“道”无法被还原为一个更为原始的东西。“道”不仅从来没有被产生，而且还以其无

① 楼宇烈：《老子道德经注校释》，中华书局2008年版，第10页。
② 楼宇烈：《老子道德经注校释》，中华书局2008年版，第10页。
③ 楼宇烈：《老子道德经注校释》，中华书局2008年版，第16页。
④ 高亨：《老子正诂》，清华大学出版社2011年版，第10页。
⑤ 冯振：《老子通证》，华东师范大学出版社2012年版，第11页。
⑥ 楼宇烈：《老子道德经注校释》，中华书局2008年版，第13页。

穷的生物之能创生整个世界，就连人们曾经通常所认为的宇宙之主宰——天帝亦由“道”而产生，“道”乃天帝之祖。

与第四章相类似，第六章以形象的手法再次强调了“道”生发万物的神妙功能。关于“谷神”，河上《注》：“谷，养也。”[①]高亨《老子正诂》考证“谷”“穀”通用，认为“谷神者生养之神”[②]。可见，“谷神”旨在强调“道”生发万物的奇妙力量。在此意义上老子又形象地称之为“玄牝”。“牝”本为雌性的生殖器，“玄牝”的说法乃是形容“道”产生天地万物的神妙作用。“道”作为“玄牝之门”是天地之根源，所谓“玄牝之门，是为天地根”。“勤，尽也”[③]，“用之不勤”和第四章“用之或不盈”的内涵一致，都是强调“道”的无限创生能力。

在明确了“道”的无限创生能力之后，《老子》又指出了道生万物的具体过程，此即第四十二章所言：“道生一，一生二，二生三，三生万物。万物负阴而抱阳，冲气以为和。”[④]“道”产生“一”，“一”产生“二”，“二”产生“三”，“三”产生万物，“一”“二”“三”是“道”展开自身的环节，万物经由“道”所产生的“三”所生，万物既成之后，以“负阴而抱阳”的方式存在，并通过保持冲虚之气而处乎“和”态之中。这是“道生”论的描述。

以上是“道”之往复运作的一个方面，即“道生”。在“道”自身的运作中，“道”创生万有之后，“道”所展开的万有之世界又以“道”自身的本然状态为其归趋的指向。由此，“道返”便构成这一往复运作过程的另一个重要方面。《老子》关于“道返”的经典表

---

① 王卡点校：《老子道德经河上公章句》，中华书局 1993 年版，第 21 页。

② 高亨：《老子正诂》，载《高亨著作集林》第 5 卷，清华大学出版社 2004 年版，第 50～51 页。

③ 高亨：《老子正诂》，清华大学出版社 2011 年版，第 14 页。

④ 楼宇烈：《老子道德经注校释》，中华书局 2008 年版，第 10、117 页。

述，便是“反者，道之动”。

“反者，道之动”，是道返论的典型表述。在《老子》思想中，“道”创生万有的道生论与“反者，道之动”的道返论，构成了完整的“道”之往复运作。在第二十五章中，道生和道返这一“道”之兴作过程又被描述为“大曰逝，逝曰远，远曰反”。“大”指“道”的未展开状态，“逝”“远”指“道”的展开和伸张阶段，“反”则指“道”所生之物向“道”之本然状态回返的道返阶段，第二十五章的描述实际是将道生和道返这一“圆道”往复过程的两个方面分为三个要素来进行说明的。

“道”之“反”体现了一种“圆道”模式。这种“道”展开万有、万有最后又回归“道”的往复“圆道”，是就“道”与世界的关系而言的，是“道”作为真实存在者展开其自身又回敛自身的往复运动，包括“道生”和“道返”两个方面。“道生”是“道”通过生“一”生“二”生“三”以创生万有的所谓“以阅众甫”的过程，“道返”是万有向自己所由以产生的源头——“道”的回归运动，《老子》称为“道之动”。这个由道生和道返形成的“圆道”过程，构成了道家观念中的大化流行。[①] 在道生的过程中，万物生成，经验世界得以敞显，在道返的运动中，一切经验事物又绝不会久居不化，这是“疏而不失”的天道规律，即使天地也“尚不能长且久”，万物皆终归于“道”本身。这个由“生”和“返”构成的大化流行的过程将万物个体的生死之化涵具于其中，构成了一幅万有由“道”产生并进而向

① 与此不同，战国时期的《易传》更加强调生化过程中“生”的方面，所谓“生生之谓易”，“天地之大德曰生”。从中可以窥见儒道宇宙论、本原论的差异。《庄子》通过发挥这个大化周流过程中的个体生死之化来晓示其哲学意蕴。这种个体生死之化的过程《庄子》称为“万物皆出于机，皆入于机”。《庄子》借此一“自然”过程晓示人们应当超越欣生恶死的世俗观念，达至“以生为附赘县疣，以死为决肒溃痈”的透彻领悟，并以此为契机忘生死而化入“逍遥”的道境。

“道”之原初状态回归的宏大图景。《老子》书对“道”本身之往复运作特性的领悟和描述，在思想来源上，应与对天体运行的观察以及蕴于其中的赢缩转化观念有关。

第三节 “观复”与“圆道”观

如果说“道”之“反”(返)谈论的是万有之原和世界的关系，体现的是“道”所生化的万有和“道”自身之间的产生与回归的“圆道”，那么通行本十六章则向人们说明了物在存在方式上体现的以“兴作——归根”为往复模式的“圆道”，《老子》认为这是万物必须遵循的存在方式和根本法则。

第十六章指出：

> 致虚极，守静笃。万物并作，吾以观复。夫物芸芸，各复归其根。归根曰静，静曰复命。复命曰常，知常曰明。不知常，妄作凶。知常容，容乃公，公乃全，全乃天，天乃道，道乃久，没身不殆。①

就本然状态而言，“道”以冲虚无象为特点，故而《老子》认为，人可以通过心灵上的“虚”来达到人道合一。“致虚极”就是让心灵活动达至无可把执的极致状态，这样就会达到心灵的高度宁静，守持这种心灵的静寂状态达至深厚的程度，人的心灵就从“万物并作”的纷扰的现象世界回复到了与“道”相合的状态，此即“心”与“道”合，这是人的心灵之“复”，是心灵的“归根”。“观复”就是首先让自己的心灵复返于“道”的状态，与道合一并加以体察，这是“观心之复”。

当人的心灵与道契合，便进入“观物之复”的阶段。“观物之

① 陈鼓应：《老子今注今译》，商务印书馆2003年版，第134页。

复”，就是由“观心之复”而进一步领悟到万物也以“归根”为其存在方式和内在要求，即万物都遵循着一个由“兴作”和“归根”而构成的完整的往复过程，所谓“夫物芸芸，各复归其根”。在此一过程中，如果说万物的“并作”状态是万物之“动”，那么万物归根之后则是万物之“静”。在《老子》看来，与芸芸万物之“作”相对应的“静”，乃是万物的本性，也即其“自然”状态。万物所归之“根”在“动”和“静”的回环中既是起点又是终点，于物的存在状态而言，万物所归之根既是本然又是应然，在此意义上，老子称此种归根为“复命”。“复命”即是回复到事物的存在本性①也即“常”的状态上去，所谓“复命曰常”。此即“观物之复”。

“观心之复”和“观物之复”构成第十六章“观复”的两个方面。“观心之复”和“观物之复”都是在“致虚极”“守静笃”的状态下完成的，致虚守静是手段，“观复”是结果。于人的经验存在而言，归根复命是一种应然指向，这种应然指向的落实，就是回到事物的本然之“常”。与人之心灵的“归根”不同，万物之归根复命则是万物在存在方式上所必然遵循的本然之则，自发地在起着作用，只有当物的这种本然状态被人为地改变，“常”的本然状态才于物而言成为一种应然。万物通过“归根”“复命”而回到“静”这一状态，方能获得其本已和不可违逆的本性，即“复命曰常”。“复命曰常”的命题在于晓示人们，“归根复命”乃是芸芸宇宙万物所必然遵循的存在方式。

至此，第十六章告诉我们，万物在兴作过程中以归根复命的回返运动为其本然在方式。万物以“兴作——归根”的往复过程为其存在方式和内在要求，“兴作”与“归根”的往复交替，是第十

① 陈鼓应认为这里的“复命”即复归本性，意指回复虚静的本性［参见陈鼓应：《老子注译及评介（修订增补本）》，商务印书馆2009年版，第124页］。

六章揭示的万物在存在方式上的“圆道”。明了了包括万物以及人之心灵在内的或本然或应然的存在方式，人不仅不能破坏物之“自然”，而且要在生存中警惕那种“不知常”而“妄作”的情形，从而遵循“复命”这一万物存在的不易法则，由此就可以渐次达至“容”“公”“全”“天”的境界并最终与大道合一。

第十六章揭示出了万物以“兴作——归根”这一“圆道”轨迹为其本然存在方式，并在归根复命中守其本性和本然状态，此乃万物必须遵循的法则。“归根曰静，静曰复命，复命曰常”，事物的“归根”最终指向的是“常”的状态。第十六章对“常”这一概念的说明是借助于“复命”来进行的，“复命”“意指复归虚静的本性”①。这样，以“复命”为内涵的“常”又具有了事物本性的内涵，而在《老子》一书中，事物的本性就是“自然”。显然，“复命曰常”的“常”又是在“自然”义上使用的。② 又从该章中“知常容，容乃公，公乃王，王乃天，天乃道，道乃久”的描述来看，“知常”是达至道境的途径。由此，“常”的状态就与“道”有着密切的关联，“常”不过是个体事物合于“道”或接近于“道”的状态，“常”显然已是一个非常接近于“道”的哲学概念。这样，事物由兴作而“归根”所指向的“常”的状态，最终指向了“道”境本身。《老子》第六十五章的“与物反矣”③，在含义上当是就境界论而言的，就是指人与物同归于“常”的归根复命的状态。

“兴作——归根”这一往复交替的“圆道”模式，是万物的本然存在方式。《老子》还据此说明了以“心”为内容的修养论。第十

① 陈鼓应：《老子译注及评介》，中华书局 1984 年版，第 126 页。

② 高亨《老子正诂》已指出了这一点，参见高亨：《老子正诂》，清华大学出版社 2011 年版，第3 页。

③ 楼宇烈：《老子道德经注校释》，中华书局 2008 年版，第 168 页。

五章指出:“孰能浊以静之徐清? 孰能安以动之徐生?”[①]第十五章在这里以反问的形式肯定了人之心灵的兴作与归根过程,“浊以静之徐清”,是指人之心灵由与外界事物相接的兴作状态回归到“静”这一“常”的状态,体现的是由兴作到“归根”的方向;“安以动之徐生”,是指人的心灵由“归根”状态进而与外界相接的过程,体现的是由“归根”到兴作的方向。第十五章强调的这种心灵的往复活动,是第十六章所揭示的“兴作——归根”这一万物存在方式的一种落实和展现。“浊以静之徐清”,强调人的心灵在活动过程中亦以“归根复命”的回返运动作为其应然的存在方式;“安以动之徐生”,则强调通过心灵的开张和兴作来进行人的经验生存活动。第十五章“浊以静之徐清”和“安以动之徐生”所体现的这种心灵的往复活动,表现出了与《易传》的“寂然不动”“感而遂通”相类似的倾向。

值得注意的是,与《老子》的“归根”思想相类似,汉易自孟喜所彰明的十二月卦(又称“十二消息卦”),以一年自仲冬十一月建子开始的十二月依次与复、临、泰、大壮、夬、乾、姤、遁、否、观、剥、坤相配,以之晓示天地阴阳流变的具体情状。北宋五子之一的邵雍曾以“地逢雷复见天根”的诗句说明复卦一阳息长为天地之根。需要指出的是,在十二月卦所揭示的阴阳消息流变图式中,以复卦所符示的一阳息长作为天地阴阳的归根之处,其意蕴仅是在时间意义上回到阴阳息长的起点,并不具有本然和应然的含义,而老子的“归根”则强调回到事物存在的本然和应然状态,并且是以与“动”相对的“静”来说明这一状态的。可见,汉易十二月卦所晓示的天地阴阳的回复过程,与老子的“归根”思想之内涵并不相同。

---

① 楼宇烈:《老子道德经注校释》,中华书局2008年版,第33页。

第十六章通过“观复”向人们晓示了万物在存在方式上的“圆道”模式。这种意义上的“圆道”思想，就其思想来源而言，归根结底仍是对早期往复天道观的一种运用，只不过《老子》通过结合“动”“静”“道”等概念，将其提升为一种具有抽象普遍性的大道法则，并将其引入修养论，以之来说明修养论中人的心灵的开合。《老子》这种将物的存在方式、心灵修养论与“圆道”结合起来的思想，是先秦“圆道”观念发展的一个重要方面。

第四章

《太一生水》《恒先》的“圆道”观

《太一生水》和《恒先》皆为出土的战国时期楚地的竹简文献，二者都包含着不同特色的“圆道”观念。《太一生水》的“圆道”观念主要表现在两个方面：一是宇宙生成论序列中“生”和“反辅”所构成的线性“圆道”观，二是宇宙本体论层面作为“太一”表现形式的“水”具有的“周而或[始]”“一缺一盈”的周期性变化。《恒先》的“圆道”观念突出表现在文中的“复”观念上，这种“复”观念又具体通过两个方面表现出来，即生化流行中事物的本然之“复”和社会领域中的“作”“为”之“复”。将往复之理最终引入人事领域，是这两篇文献“圆道”观的共同之处。

第一节　《太一生水》的“圆道”观

1993 年湖北荆门市郭店 1 号楚墓出土的一批竹简中，有一篇由 14 支竹简构成的佚文，竹简的形制与简本《老子》丙组相同，其原来可能与《老子》丙组编联在一起，整理者据简文内容将其篇名拟为《太一生水》[①],竹简的整理者称其为道家类文献[②]。郭店1号楚墓的下葬年代具有战国中期偏晚的特点,下葬年代当在公元前4世纪中期至前3世纪初。[③]

《太一生水》共存14支竹简,据竹简整理者及其注释,其文如下([]内为补字,数字为简号):

大(太)一生水,水反辅大(太)一,是以成天。天反辅大(太)一,是以成地。天地[复相辅]1也,是以成神明。神明复相辅也,是以成阴阳。阴阳复相辅也,是以成四时。四时2复相辅也,是以成凔热。凔热复相辅也,是以成湿燥。湿燥复相辅也,成岁3而止。故岁者,湿燥之所生也。湿燥者,凔热之所生也。凔热者,[四时之所生也。]四时4者,阴阳之所生。阴阳者,神明之所生也。神明者,天地之所生也。天地5者,大(太)一之所生也。是故大(太)一藏于水,行于时,周而或[始,以己为]6万物母。一缺一盈,以己为万物经。此天之所不能杀,地之所7不能埋,阴阳之所不能成。君子知此之谓……8

天道贵弱,削成者以益生者,伐于强,责于……9

下,土也,而谓之地。上,气也,而谓之天。道亦其字也,青(请)昏(问)其名。以10道从事者必讬其名,故事成而身长。圣人之从事也,亦讬其11名,故功成而身不伤。天地名字并立,故过其方,不思相〔尚(当)。天不足〕12于西北,其下高以强。地不足于东南,其上〔□□□不足于上〕13者,有余于下;不足于下者,有余于上。14[④]

---

① 参见荆门市博物馆:《郭店楚墓竹简》,文物出版社1998年版,第125页。

② 参见荆门市博物馆:《郭店楚墓竹简》,文物出版社1998年版,《前言》第1页。

③ 参见湖北省荆门市博物馆:《荆门郭店一号楚墓》,载《文物》1997年第7期。

④ 荆门市博物馆:《郭店楚墓竹简》,文物出版社1998年版,第125～126页。为便于阅读和排版,本释文取宽式,有关注释对原文的补字和训读一并写出。

从简文内容来看，出土战国楚简《太一生水》亦包含着“圆道”观念。在探讨《太一生水》的“圆道”观念之前，首先需要对一个具有前提性也是存在争议的问题——《太一生水》的简序和篇章问题作出基本的说明。

相较于《太一生水》的简序，更为前提性的问题是，题名为《太一生水》的简文是否为一篇。从上引《太一生水》的文字来看，尽管竹简文字被分为三个部分，但竹简整理者事实上是将其看作一篇，这是没有问题的，但整理者将 14 支简分为三部分的做法，实际上也已注意到了这 14 支简文在思想上存在的某种断裂。在《太一生水》的研究过程中，一些学者据简文的思想内容强调第 9～14 简和前 8 支简应当分篇。丁四新从思想内容的角度认为《太一生水》的简文缺乏同篇的理由，1～8 简可名为《太一生水》，9～14 简可名为《天地名字》，其中，第 9 简和其后的缺文、10～14 简可作为《天地名字》的两章。[①] 曹峰赞同丁四新将《太一生水》分为两篇的做法，但在两篇的思想内容上，其与丁四新有不同的理解。[②] 与丁四新、曹峰的观点不同，王中江则从第 14 简简尾作为章号的墨钉入手，强调“只要肯定第 14 简的墨钉是一个章号，只要将《太一生水》的第 14 支简看成是下半部分的结束，就无法认证这下半部分是独立的一篇”[③]。他坚持了将 14 支竹简视为一篇的观点。

---

① 参见丁四新：《楚简〈太一生水〉研究——兼对当前〈太一生水〉研究的总体批评》，载丁四新：《楚地出土简帛文献思想研究》(一)，湖北教育出版社 2002 年版，第 234 页。

② 参见曹峰：《〈太一生水〉下半部分是一个独立完整的篇章》，载《清华大学学报》(哲学社会科学版)2014 年第 2 期。

③ 王中江：《从文本篇章到义理脉络：〈太一生水〉的构成和概念层次再证》，载《船山学刊》2015 年第1期。

我们必须注意的是，判断14支竹简是否为一篇，仅是就墓葬出土的竹简呈献给我们的原初文本形态而言的[①]，因此，王中江从第14简简尾的墨钉入手作出判断，是比较有说服力的。据此而言，《太一生水》作为一篇来看待仍是一种合理的处理方式。需要指出的是，尽管王中江在强调《太一生水》为一篇的同时，反对以义理来判断14支简文是否为一篇的做法[②]，但笔者认为义理作为我们判断《太一生水》是否为一篇的一个重要考量因素应无法被剔除，否则对于思想研究而言，我们的结论是没有意义的。既然义理仍是判断这14支竹简是否为一篇时无法剔除的因素，那么问题的关键在于，我们能否找到14支竹简的不同部分(指前8支简和后6支简)的思想连接点，以及这种连接的紧密程度。

仔细阅读《太一生水》的简文，我们还是可以发现前8支简和后6支简存在着思想连接点的。可以说，第9简强调的"天道贵弱"是连接第9简前后简文的思想中心点所在，但我们不能据"天道贵弱"而认为第9简之前所言的"水"也具有柔弱特征[③]，"天道贵弱"这一结论是与"行于时"的水所具有的"一缺一盈""周而或

---

① 也就是说，我们将不考虑简文因盗墓等原因造成的缺失，这些因素的确定在今天是非常困难甚至是不可能的。

② 参见王中江：《从文本篇章到义理脉络：〈太一生水〉的构成和概念层次再证》，载《船山学刊》2015年第1期。

③ 王博曾强调《太一生水》的主题是"天道贵弱"，但他以《老子》对水之柔弱性的认识来论证第9简之前对"水"的说明符合"天道贵弱"的主旨，对此曹峰提出了批评[参见曹峰：《〈太一生水〉下半部分是一个独立完整的篇章》，载《清华大学学报》(哲学社会科学版)2014年第2期]。笔者认为"天道贵弱"是《太一生水》第9简前后简文的思想连接点，至于《太一生水》的主旨，则在于将"天道贵弱"的原则贯彻到人事和政治中去。尽管笔者不赞同曹峰将《太一生水》分为两篇独立文献的观点，但曹峰所言"《太一生水》上下两篇看似在讲宇宙生成和地理形貌，最后的落脚点都还在人事"[曹峰：《〈太一生水〉"天道贵弱"篇的思想结构》，载《清华大学学报》(哲学社会科学版)2015年第3期]的观点，是正确的。

[始]”的特点密切相关的。在第9简中，“削成者以益生者”是对“天道贵弱”的具体说明，“生”和“成”是指事物的发展程度，“削成者以益生者”的说法应是据前8支简中“四时”交替以及水的“一缺一盈”而言。相较于《老子》以“损有余以补不足”来形容“天之道”，《太一生水》“削成者以益生者”的说法与“天道”的关系更为原始，因为《老子》那种将天道、四时的循环称为“有余”和“不足”的说法，带有的人道色彩更为浓厚。《太一生水》的“天道贵弱”通过“削成者以益生者”表现出来，而“削成者以益生者”在前8支简中，又具体通过与“太一”具有同一性的“水”在四时中的“缺”和“盈”表现出来，这是第9简和其前简文的义理关联所在。另外，第10～14简的内容与“天道贵弱”的关系非常明显，这也是一些学者将其称为“天道贵弱”篇的原因所在。[①] 从简文内容来看，“〔天不足〕于西北”和“地不足于东南”是“削成者”，地之西北“其下高以强”和天之东南“其上〔□□□〕”是“益生者”。这样，第9简所说的“天道贵弱”，就成为连接第9简前后简文内容的思想粘合剂。

综上，无论是从作为章号的墨钉来看，还是就14支竹简的思想关联而言，题为《太一生水》的14支简文都可以而且应当被视为一篇。

将《太一生水》视为一篇，还牵涉到简序问题。尽管在一篇的观念下仍存在分章的不同，[②]但这不影响整体上的简序排列。在

① 如曹峰就将第9简之后的简文称为“天道贵弱”篇。参见曹峰：《〈太一生水〉下半部分是一个独立完整的篇章》，载《清华大学学报》(哲学社会科学版)2014年第2期；《〈太一生水〉“天道贵弱”篇的思想结构》，载《清华大学学报》(哲学社会科学版)2015年第3期。

② 如竹简的整理者是将14支竹简分为三部分，李零、陈伟、裘锡圭等人因对第9简简序的不同看法导致对《太一生水》的不同分章。这些不同的简序，见下文。

《太一生水》14支竹简的简序问题上，第9简简文置于何处，成为导致不同简序的关键。除当初竹简整理者给出的简序外，还主要有两种不同的观点：一是1-2-3-4-5-6-7-8-10-11-12-9-13-14，以陈伟、刘信芳为代表；二是1-2-3-4-5-6-7-8-10-11-12-13-9-14，以裘锡圭、刘钊为代表。[①] 上述第一种意见，即将第9简置于第12和13简之间的做法，实际上会将本来具有连续性的第12和第13简简文的文义隔断[②]，同时也存在补文上的不足[③]。并且上述两种处理第9简简序的做法，还存在一个共同的缺陷，即第9简的后移，将使第10简中“道亦其字也”的说法失去可以承接的简文内容，从“道亦其字也”来看，其前必有关于“道”（天道）的说明，这正构成第9简不能后移的原因。也就是说，第10简的“道亦其字也”，应是就第9简中的“天道贵弱”而言，唯有如此，文义才是贯通的。由此，第9简的简序仍以整理者的处理方式为佳，其与之后的简文也没必要合为一章[④]，而是作为连接《太一生水》第9简前后文字的一个段落。

明确了《太一生水》是一篇，而且在简序上以原整理者的处理方式为佳，这为我们审视《太一生水》这篇文献的“圆道”观念奠定了文本

① 参见丁四新：《楚简〈太一生水〉研究——兼对当前〈太一生水〉研究的总体批评》，载丁四新：《楚地出土简帛文献思想研究》（一），湖北教育出版社2002年版，第200～203页；王中江：《从文本篇章到义理脉络：〈太一生水〉的构成和概念层次再证》，载《船山学刊》2015年第1期。

② 裘锡圭指出了这种做法在补文上的不足，丁四新也指出了这种做法于文义不合适［参见丁四新：《楚简〈太一生水〉研究——兼对当前〈太一生水〉研究的总体批评》，载丁四新：《楚地出土简帛文献思想研究》（一），湖北教育出版社2002年版，第201页］。

③ 对此，裘锡圭已经指出（参见裘锡圭：《〈太一生水〉“名字”章解释》，载安徽大学古文字研究室编：《古文字研究》第22辑，中华书局2000年版，第200页）。

④ 李零的做法是将第9简和其后的简文合为一章（参见李零：《郭店楚简校读记》，载陈鼓应主编：《道家文化研究》第17辑，三联书店1999年版，第476页）。

前提。从简文来看,《太一生水》的“圆道”观体现在两个方面:一是第1简中的“反辅”;二是第6、7两简对“太一藏于水,行于时”的“一缺一盈”的描述。当然对这些内容的说明,需要适当结合《太一生水》整个简文来进行。

一、《太一生水》以“反辅”为内容的“圆道”观

《太一生水》开篇即指出了由“太一”生成“水”和天地的过程:“大(太)一生水,水反辅大(太)一,是以成天。天反辅大(太)一,是以成地。”在这一过程中,“水”作为第一个环节首先由“太一”生出,与此不同,“天”和“地”的产生却需要一个“反辅”的程序。“反辅”,即所生成之物反过来辅助作为宇宙本原的“太一”,从而生出下一环节,“反辅”的“反”即“复”,强调的是整个顺向生成序列中向本原的逆归。这一现象告诉我们,相较于“天”和“地”的产生乃至其后一系列由“相辅”而生成之物言,“水”在宇宙论环节的生出,很大程度上不过是宇宙本原“太一”自我同一性的产物。至于《太一生水》为何以“水”作为宇宙论的首要环节,则可能与楚地的

早期创世神话密切相关。① "水"在"太一"的自我同一性中显化之后,"天"的生出是"水""反辅""太一"的结果,"地"的生出则是天"反辅""太一"的结果。与"天"和"地"生成之后通过一系列"相辅"过程而产生新事物不同,"天"和"地"的生成均需此前的生成物"反辅""太一"才能完成,这表明在"地"生出之前,"水""天"二者在"太一"的宇宙演化序列中尚缺乏独立的主体性,此时的"太一"仍作为宇宙生成的主体而存在,"水"和"天"在宇宙生成中的作用是依附于"太一"的,"水""天"和"太一"处于高度关联的一体性之中,甚至我们可以认为"水"和"天"的产生属于创生之源"太一"的内部之演化。

在"太一"生出"水""天""地"的过程中,"水"和"天"依次作为"反辅"者,其所"辅"之物皆为"太一"。在上述过程中,"太一生水"和"水

① 长沙子弹库出土的战国楚帛书在关于宇宙创化的神话描写中,其所述天地产生之前的状态与水相关,"水"是天地产生之前的一个重要特征[参见李零:《楚帛书研究》(十一种),中西书局 2013 年版,第 57、137 页]。《太一生水》的水原论可能源于这种文化传统。对此,张开炎认为:"夏人创世神话是宇宙水起源论,这和楚国帛书创世神话、郭店竹简《太一生水》的宇宙起源论都是一样的。"(张开炎:《"伯鱼腹鲧"与"太一生水"隐含的创世密码》,载《中国文化研究》2014 年春之卷)邢义田则指出汉墓壁画中的"太一座"图案中弧形线条描绘的应是悬泉或瀑布,认为"太一座"和郭店简《太一生水》应该有关[参见邢义田:《"太一生水""太一出行"与"太一座":读郭店简、马王堆帛画和定边、靖边汉墓壁画的联想》,载(台湾)《美术史研究辑刊》第 30 期,2011 年]。陈忠信列举了《楚辞》《黄帝四经》《淮南子》《庄子》《列子》的宇宙论,认为上述关于宇宙论的描写多与水之意象有关[参见陈忠信:《〈太一生水〉浑沌创世初探》,载(台湾)《鹅湖月刊》第 26 卷第 10 期,2001 年,第 47~49 页]。魏启鹏对此也有所说明(参见魏启鹏:《太一生水札记》,载《中国哲学史》2000 年第 1 期)。董楚平推测说:"'太一生水'这个宇宙生成理论,脱胎于'水生天地'的创世神话,'水生天地'是'太一生水'的神话母亲,这是不同于帛书甲篇的另一种创世神话。"[董楚平:《〈中国上古创世神话勾陈〉补正》,载《杭州师范大学学报》(社会科学版)2013 年第 6 期]从先秦、秦汉的宇宙论描述来看,楚地文化观念中的宇宙之原的确与水相关,这可能是早期创世神话在哲学思想上的延续。

反辅太一”,形成了“太一”和“水”二者之间的往复回环。同样,由于“水”和“太一”具有高度同一性,由“水反辅太一”所生之“天”,实际上就其本质而言仍可视为“太一”生“天”,其与“天反辅太一”亦构成一种往复回环。在“太一”生出“水”“天”“地”的过程中,“太一”和“水”以及“太一”和“天”的这种以往复回环为特征的关系,可视为“圆道”的线性表现形式,这可以说是宇宙论层面的一种“圆道”观念。

值得注意的是,上博楚简《恒先》在论述宇宙本原生化事物时,也强调本原(其所指为“恒气”)“求欲自复”在创化事物中的重要性:

> 恒气之生,不独,有与也。或,恒焉;生或者,同焉。昏昏不宁,求其所生。异生异,鬼生鬼,韦生非,非生韦(韦生韦,非生非),哀生哀。求欲自复;复,生之生行。①

具体说来,《恒先》强调“恒气”之所以能够生物,是因为其具有内在的动力和欲求,所谓“恒气之生,不独,有与也”。这种内在动力在《恒先》看来就是“求其所生”和“求欲自复”。“求其所生”,是“恒气”内在的“生”物法式和方向,即指“异生异,鬼生鬼,韦生非,非生韦(韦生韦,非生非),哀生哀”之类。“求欲自复”,则强调作为本原的“恒气”同时具有一种使“生”物过程和方向向自身回归的倾向,这种“复”的倾向是具体事物产生的道路和途径所在,《恒先》称之为“复,生之生行”。“复,生之生行”,是说向本原处回归,是生化之途中具体事物得以产生的道路。②

通过对比《恒先》的“复,生之生行”和《太一生水》的“反辅”可以发现,《恒先》的“复,生之生行”与《太一生水》的“反辅”都在宇宙论上强调回到创生源头,并由此创生源头发挥其创化之功。不同的是,《恒

---

① 丁四新:《楚简〈恒先〉章句释义》,载丁四新:《楚地简帛思想研究》(二),湖北教育出版社2005年版,第95～102页。

② 具体可参见本章第二节的有关论述。

先》“求欲自复”的命题具有更为抽象的意味，并且始终是“恒气”这个本原所具有的内在属性，“自复”的行为者是“恒气”而不是所生之物；而《太一生水》的“反辅”相对于“复，生之生行”的说法，具有更为具体的内容，并且“反辅”的行为者是所生之物而不是宇宙本原。

尽管《太一生水》和《恒先》这两篇楚地出土竹简的上述命题在内涵上存在差异，但二者在架构宇宙论时都无一例外地强调回到宇宙本原方能产生事物，这种现象应当不是偶然的。从思想特征上看，《太一生水》的“反辅”观念当较《恒先》的“求欲自复”更为朴素，《恒先》“复，生之生行”的说法，很可能受到了《太一生水》“反辅”观念的影响。

二、《太一生水》“周而或[始]”“一缺一盈”的“圆道”观

“天”和“地”产生之后，《太一生水》宇宙论的生成方式由“反辅”变为“相辅”。“相辅”是指两个独立的方面互相辅助而产生新的事物，“相辅”以“生”物的说法表明行为双方获得了“生”物的主体性，事物的产生是在双方互辅的内部作用下产生的。这一过程首先是在“天”和“地”的“相辅”之下产生“神明”，学者对“神明”有

不同的理解[①]，这里的“神明”当指天地的作用[②]。之后，依次是“神明”“复相辅”而成阴阳，阴阳“复相辅”而成四时，四时“复相辅”以成“滄热”（“滄热”即寒热[③]），“滄热”“复相辅”以成“湿燥”，“湿燥”“复相辅”，成岁而止，这里的“岁”指由四时循环所构成的一年之周期。本来在阴阳“相辅”生出“四时”之后，“岁”亦相应产生，但《太一生水》的宇宙论却在四时生成之后，紧接着又阐述了四时相辅而产生“滄热”，并在“滄热”相辅而产生“湿燥”之后，方言“成岁而止”。《太一生水》在四时生成之后的这段关于“成岁而止”的文字颇耐人寻味，对于理解《太一生水》的宇宙论应具有不可忽视的意义。

秦汉以前，以“太一”为本原的宇宙论除《太一生水》外，尚有《荀子》《礼记·礼运》《鶡冠子》[④]，其中《鶡冠子》的宇宙论与《太一

① 主要有王博的日月说、邢文的神祇说、李零的神灵说、庞朴的天地功能说、王中江“天地的特质”说等（参见李晓宇：《郭店楚简〈太一生水〉探析》，四川大学硕士学位论文，2003年；王中江：《简帛文明与古代思想世界》，北京大学出版社2011年版，第50页）。另，许抗生认为“神”是精气，“明”是精气显现出来的作用及现象（参见许抗生：《初读〈太一生水〉》，载陈鼓应主编：《道家文化研究》第17辑，三联书店1999年版，第312页）。

② 庞朴认为“神明”“就其‘神’而言，可以视为天地的功能、大自然的作用”（庞朴：《“太一生水”说》，载《庞朴文集》第2卷，山东大学出版社2005年版，第35页）。丁四新主张把“神明”“解释为天地生成万物的神妙作用”[丁四新：《楚简〈太一生水〉研究——兼对当前〈太一生水〉研究的总体批评》，载丁四新：《楚地出土简帛文献思想研究》（一），湖北教育出版社2002年版，第196页]。二说几近，笔者从其说。

③ 荆门市博物馆：《郭店楚墓竹简》，文物出版社1998年版，第126页。

④ 有关这方面的说明，参见张书豪：《楚简〈太一生水〉劄记——数术视野下的太一与水》，载武汉大学简帛研究中心编：《简帛》第2辑，上海古籍出版社2007年版，第153页；强煜：《〈太一生水〉与古代的太一观》，载陈鼓应主编：《道家文化研究》第17辑，三联书店1999年版，第359页。

生水》的相似性最大[①]，但包括《鹖冠子》在内的上述文献在宇宙论上皆没有像《太一生水》那样将“水”视为一个重要的始源。从《太一生水》的描述来看，“凔热”和“湿燥”是四时的进一步显化。“凔热”和“湿燥”就字形和字义而言皆与水有直接的相关性[②]，在此意义上，《太一生水》的宇宙论在四时产生之后的生成序列中加入“凔热”“湿燥”这两个环节，不过是使“凔热”和“湿燥”变成“水”在宇宙论中的描述形态，以此来强调“水”在宇宙论中的地位，从而与开篇所言的“太一生水”形成照应，凸显“水”在《太一生水》宇宙论中的重要性。

“凔热”和“湿燥”是四时的具体显化形式，以“凔热”和“湿燥”来描述“岁”之情状，是《太一生水》独特的岁时观。在强调“凔热”“湿燥”而“成岁”之后，为了进一步强调“太一”及与其具有同一性的“水”在宇宙论中的始源地位，《太一生水》的作者进而对宇宙创生过程作了一种溯源：“故岁者，湿燥之所生也。湿燥者，凔热之所生也。凔热者，[四时之所生也。]四时者，阴阳之所生。阴阳者，神明之所生也。神明者，天地之所生也。天地者，大(太)一之所生也。”在这一逆推过程中，虽然“岁”由“湿燥”所直接生成，但“湿燥”可溯源至“凔热”，“凔热”可溯源至“四时”，“四时”可溯源至“阴阳”，“阴阳”可溯源至“神明”，“神明”可溯源至“天地”，“天地”可溯源至“太一”，由此，作为宇宙之原的“太一”就成为岁时产生的终极根源。在宇宙论意义上直接表征岁时的“湿燥”归根结底由“太一”而生，“湿燥”仍是“太一”的具体显化和存在形式，以“湿燥”来表征岁时，无非是强调一岁中“水”之多寡状态的变化，

① 《鹖冠子》和《太一生水》的宇宙论共同包含的概念是“泰一”“阴阳”“天地”“神明”“四时”“万物”。

② 这一点，白奚引《说文》和《素问·气交变大论》已经对此加以说明(参见白奚：《〈太一生水的“水”与万物之生成〉》，载《中国哲学史》2012年第3期)。

故就表征岁时之实际形式的“湿燥”和“太一”的关系而言，可谓“大(太)一藏于水，行于时，周而或[始]”。

“大(太)一藏于水”，是指以“太一”为原并作为岁时之具体表征的“湿燥”而言；“行于时，周而或[始]”，则道出了一岁之内“水”之“湿燥”的“一缺一盈”的周期性变化。就“大(太)一藏于水”而言，这种周期性变化同时亦是“太一”的周期性变化，体现的是一种以“水”或“太一”为主体的“圆道”观。一岁之内“水”的周期性变化乃万物生长所必需，《太一生水》称此为“[以己为]万物母”，“以己为万物经”，这里的“己”是指“大(太)一藏于水，行于时，周而或[始]”言，即“湿燥”(水)的周期性岁时变化。宇宙本原“太一”最终表现为水(湿燥)的周期性变化，而水又为万物存活和生长之所必需，故《太一生水》以“太一”及其现实存在形式——“水”之“湿燥”为“万物母”和“万物经”，这里作为岁时表征形式的“水”(湿燥)已经是“太一”的化身，其与“太一”是合一的。“[以己为]万物母”和“以己为万物经”的说法，通过对“水”的强调，凸显了“太一”对万物的主宰性和支配性地位，《太一生水》进而认为“太一”及其表现形式——“水”的主宰性乃是宇宙间不可移易的规律，所谓“此天之所不能杀，地之所不能埋，阴阳之所不能成”。如果说开篇所言“太一生水”是在强调“太一”的宇宙本原地位，表达的是本原论的视野，那么“[以己为]万物母”“以己为万物经”的说法，已经视“太一”为万物之本体，强调的是“太一”在世界产生之后，依然以“湿燥”(水)的形式与万物同在，表达的是一种本体论的视野，体现出《太一生水》在思想上的拓展。

《太一生水》的宇宙论区别于先秦宇宙论的显著特点，在于其不仅以“太一”为本原，而且还通过强调“水”与“太一”之间的同一性，以及“水”作为“太一”的实际表现形式，将“水”安置在了宇宙论的环节中，由此，“太一”本原论和水原论在《太一生水》中是合一的，“太一”本原论亦即水原论。然而，《太一生水》1～8简简文的核心意旨并非以宇宙论为归宿，而是落实到了人道领域，强调人对于上述宇宙论的晓知和领悟，第8简简文中的"君子知此之谓……"鲜明地体现了这一点。这里的"君子"当指在位者而非普通民众。"君子知此"的"此"可以指1～8简的全部内容，当然，其重点是"太一藏于水，行于时"的"一缺一盈"的周期性岁时变化。从《太一生水》的整篇简文来看，"君子知此"的内容，首先是要晓知实然的一岁中"湿燥"的周期性变化，其次还要由此实然的"一缺一盈"的岁时之变悟知"天道贵弱"之理，前者可能与在位者指导农时有关，后者则应属于政治论的内容。"君子"一词在先秦文献中更多地与儒家相关，结合"天道贵弱"的主题以及第11简中出现的与道家相关的"圣人"来看，《太一生水》整体上应该属于黄老学文献①，尽管其宇宙论本身可能与阴阳家相关②。

① 罗炽、曹峰、王国明皆认为《太一生水》为黄老学文献[参见罗炽：《太一生水辩》，载《湖北大学学报》(哲学社会科学版)2004年第6期；曹峰：《〈太一生水〉"天道贵弱"篇的思想结构》，载《清华大学学报》(哲学社会科学版)2015年第3期；王国明：《南方黄老学遗作：〈太一生水〉的学派归属考》，载《重庆师范大学学报》(社会科学版)2018年第5期]。强煜阐述了《太一生水》和《黄帝四经》《管子》在思想上的相近之处，实际上是承认《太一生水》为黄老学著作(参见强煜：《〈太一生水〉与古代的太一观》，载陈鼓应主编：《道家文化研究》第17辑，三联书店1999年版，第353～377页)。王中江讨论了"一"与黄老学的关系，从其论述来看，他是把《太一生水》视为黄老学著作(参见王中江：《简帛文明与古代思想世界》，北京大学出版社2011年版，第80～85页)。

② 彭浩指出《太一生水》的宇宙论具有浓厚的数术和阴阳家色彩(参见彭浩：《一种新的宇宙生成理论》，载武汉大学中国文化研究院编：《郭店楚简国际学术研讨会论文集》，湖北人民出版社2000年版，第540页)。李零认为《太一生水》同阴阳家特别是道家最密切(参见李零：《读郭店楚简〈太一生水〉》，载陈鼓应主编：《道家文化研究》第17辑，三联书店1999年版，第329页)。萧汉明认为《太一生水》属阴阳家著作(参见萧汉明：《〈太一生水〉的宇宙论与学派属性》，载《学术月刊》2001年第12期)。丁四新认为《太一生水》的前8支简属于阴阳家著作的可能性最大[参见丁四新：《楚简〈太一生水〉研究——兼对当前〈太一生水〉研究的总体批评》，载丁四新：《楚地出土简帛文献思想研究》(一)，湖北教育出版社2002年版，第240页]。

以上是《太一生水》中的两种“圆道”观念，一种是宇宙生成论序列中以“反辅”为特征的线性“圆道”观，一种是宇宙本体论层面作为“太一”具体表现形式的“水”的“一缺一盈”的周期变化，并且《太一生水》的作者将后者与在位者联系起来，引申为抽象的“天道贵弱”之理。为了准确说明《太一生水》“一缺一盈”的“圆道”观对于“君子”的意义，这里有必要对《太一生水》第 9～14 支简文的思想主旨作出简要的说明。

1～8 简在思想上已经表现出由天道落实于人道的特征。第 9 简对“一缺一盈”的天道观作了进一步的思想升华，提出了“天道贵弱”的主题。由“削成者以益生者”可知，《太一生水》所谓“强”“弱”是指事物发展的程度，“贵弱”是基于“一缺一盈”的天道观而引申出的价值指向，指不使事物在发展程度上无限扩张。

第 10～14 简是对“天道贵弱”宗旨的展开说明。“下，土也，而谓之地。上，气也，而谓之天”，指出了我们称之为“地”和“天”的两种事物的物质构成，“上”和“下”是就方位言。从其后的“道亦其字也”来看，《太一生水》的作者是将“地”和“天”看作人“字之”的结果，即“地”和“天”是一种“字”。[①] “道亦其字也”的“其”，以天地为言说对象，准确地说，这里的“其”应是将天、地合观并以“字”称之的结果。之所以如此，是因为《太一生水》试图通过天地二物引申出“天道”的概念。这里作为“字”的“道”已经不是对天、地之“字”的简单重复，而是由二者引申而来，相对于天、地而言，“道”这个“字”带有的人为性更为强烈。

---

① 河井义树指出了竹简中的“地”和“天”也是一种“字”，这是一种正确的理解，但其将“道亦其字也”的“其”理解为“道”则非。其说见[日]河井义树、姜声灿等：《〈太一生水〉译注》，载[日]池田知久监修、大东文化大学郭店楚简研究班编：《郭店楚简之研究》(一)，1999 年，第 56～57 页。

第10简中的“青昏其名”，竹简整理者释读为“请问其名”，学者已经指出这种释读的不足之处。[①] 从第12简中的“天地名字并立”来看，此前的简文必定对天地之“名”有所交代，但第10简“青昏其名”之后至第11简的简文并没有指出与天地之“名”相关的任何内容，因此，将“青昏其名”释读为“请问其名”是无法成立的。“青昏其名”的“青昏”当读如字，“其”与上文“道亦其字也”的“其”字所指一致，同样以天、地为言说对象。“青昏其名”，在直接意涵上意为“青昏”乃天地之名。“青昏”的“青”与“昏”分而言之，当分别指天和地的“名”。《鹖冠子·度万》有言：“所谓天者，非是苍苍之气之谓天也；所谓地者，非是膞膞之土之谓地也。”[②]“苍”，《说文解字》卷一：“艸色也。从艸仓声”；段玉裁注：“艸色也。引伸为凡青黑色之称。”“苍”有“青”义，从与楚简《太一生水》具有相同文化

① 戴卡林反对将原文中的“青昏”更正为“请问”（参见［比利时］戴卡林：《〈太一生水〉初探》，载陈鼓应主编：《道家文化研究》第17辑，三联书店1999年版，第344页）。李零说：“‘青昏’，整理者读‘请问’，但下文没有答案，比较可疑。”（李零：《读郭店楚简〈太一生水〉》，载陈鼓应主编：《道家文化研究》第17辑，第319页）丁四新说：“实际上‘请问其名’，按照整理者的意思在文中是作为一个反诘疑问句出现的，不需要再提供答案。我认为整理者所犯的根本错误，乃在于违反了文本组织与识读的基本原则，脱离具体的语境（context），而跳跃到以《老子》为代表的道家思想主流来理解此句文本。”［丁四新：《楚简〈太一生水〉研究——兼对当前〈太一生水〉研究的总体批评》，载丁四新：《楚地出土简帛文献思想研究》（一），湖北教育出版社2002年版，第212页］

② 黄怀信：《鹖冠子校注》，中华书局2014年版，第134页。

地域特征的《鹖冠子》的上述说法来看，“青昏”的“青”不必释读为“清”[①]，“青”当为描述“天”的称名，其与《鹖冠子》所批判的那种以“苍苍之气”为“天”的观念同类。

确定《太一生水》“青昏”的“青”指“天”而言，那么与“青”并言的“昏”必指“地”而言，是“地”之“名”，以“昏”称“地”当指“地”所构成的“土”之色而言。于人而言，出生后即拟之“名”相对于成年后所称之“字”具有原初性，同理，作为天地之“名”的“青昏”相对于作为其“字”的“地”和“天”亦具有原初性。应当说，作为天地之“名”的“青昏”与作为天地质料构成的“土”和“气”所谈论的层面并不相同，这是第10简的文本叙述逻辑；“青昏其名”的释读方式

① 夏德安据马王堆帛书《却谷食气》将“青昏”释为“清昏”，实指清昏二气（参见李零：《读郭店楚简〈太一生水〉》，载陈鼓应主编：《道家文化研究》第17辑，三联书店1999年版，第320页）。赵建伟对“青昏”作了多种解释，其中四种解释都把“青”释为“清”（参见赵建伟：《郭店楚墓竹简〈太一生水〉疏证》，载陈鼓应主编：《道家文化研究》第17辑，三联书店1999年版，第389～390页）。王中江释“青昏”为“清昏”，认为“清”类似于《黄帝四经·道原》的“太虚”，“昏”类似《老子》二十一章“窈冥”的“冥”，认为“清昏”是“太一”的原初状态（参见王中江：《从文本篇章到义理脉络：〈太一生水〉的构成和概念层次再证》，载《船山学刊》2015年第1期）。以上对简文“青昏”的解释中，清昏二气的说法难以和《太一生水》“讬其名”相应，“讬其名”的“其”指“青昏”言，故夏德安的解释不可取。赵建伟的解释提供了多种可能，但其失在于没有根据简文内容作出取舍，其第三种解释接近了“青昏”的内涵，但以“清昏”为“太一”的原初状态并不符合简文的行文逻辑，“青昏其名”的“其”不应指“太一”或“道”[这一点丁四新已经指出，参见丁四新：《楚简〈太一生水〉研究——兼对当前〈太一生水〉研究的总体批评》，载丁四新：《楚地出土简帛文献思想研究》(一)，湖北教育出版社2002年版，第216、218页]。对简文“青昏”的理解当注重“青昏”的字面意思，丁四新说：“‘青昏’一词色彩与清晰度兼顾，‘青’者，其色近乎玄墨，所以‘青昏’乃指天地未分之前的昏墨不明的宇宙状态。”[丁四新：《楚简〈太一生水〉研究——兼对当前〈太一生水〉研究的总体批评》，载《楚地出土简帛文献思想研究》(一)，湖北教育出版社2002年版，第218页]丁说看到了简文“青昏”的本义对于理解该词的重要性，是非常合理的，但笔者认为简文的“青昏”非指天地未分之前的状态，而是与人在视觉上对天地本然之色的经验观察有关，竹简由此引申为一种昏墨无为的状态。

也已经明确了"青昏"作为天地之"名"的内涵。这样,无论是从第10简的叙述逻辑还是从"青昏其名"的释读方式来看,"土"和"气"都不能被看作天地之"名"。[①]

"青昏"指天、地之"名"。前文已指出,《太一生水》以"青"指"天",义与《鹖冠子·度万》言天的"苍苍"相通,并且段玉裁《说文解字》注认为"苍"有"青黑"义。"青"可训为"黑",《楚辞》中有"青冥"一词,《离骚·九章》"据青冥而摅虹兮,遂倏忽而扪天",王逸注"据青冥而摅虹兮":"上至玄冥,舒光耀也。"[②]王逸以"玄冥"释"青冥",指天。《楚辞》"青冥"连用以称天,显然"青"与"冥"义近,"青冥"称天,当与远处的天之色有关。"青"与"黑""冥"义近,而"昏"有"冥"义[③],这样,"青昏"合称为晦暗不明义,《太一生水》以"青昏"名天地,当与《楚辞》"青冥"的用法类似,"青"和"昏"义似。

第11简中"讬其名"的"其名"即指"青昏"言,当然,这里所托的"青昏"之名,已经是在抽象的意义上使用,即由晦暗不明引申出的不自我显现、不露锋芒的内涵,这与"天道贵弱"的"弱"相通。这是对"青昏"的一种合理的解释。"以道从事者必讬其名,故事

① 河井义树、姜声灿认为"土""气"为地、天之名,"地""天"为"字",裘锡圭赞同此种观点。丁四新指出"土"和"气"只是天地的质料,不能以其为天地之名[参见丁四新:《楚简〈太一生水〉研究——兼对当前〈太一生水〉研究的总体批评》,载丁四新:《楚地出土简帛文献思想研究》(一),湖北教育出版社2002年版,第208页]。笔者认为,从《太一生水》的文本来看,以"地""天"为"字"是正确的,但以"土""气"为地、天之名则非。

② (汉)王逸注:《楚辞章句补注》,吉林人民出版社2005年版,第161页。"青冥"亦在《九思》中出现一次:"玄鹤兮高飞,曾逝兮青冥。"[(汉)王逸注:《楚辞章句补注》,吉林人民出版社2005年版,第326页]王逸释"青冥"为"太清",此处的"青冥"是"天"的神学化形式,"天"是《楚辞》"青冥"的基本内涵。

③ 《文选·谢惠连〈雪赋〉》"时既昏"李善注:"昏,冥也。"《诗经·小雅·无将大车》"维尘冥冥"朱熹集传:"冥冥,昏晦也。"(宗福邦等编纂:《故训汇纂》,商务印书馆2003年版,第1015、206页)

成而身长”，这里的“道”即“天道贵弱”之“道”，“必讬其名”，即是据“青昏”的晦暗不明义，强调“以道从事者”内敛锋芒而不自我显现，故有“事成而身长”之效。“圣人之从事也，亦讬其名，故功成而身不伤”，与此义相同。

“天地”是“字”，“青昏”是天地之“名”，“天地名字并立”，是说我们字之为“天地”、名之为“青昏”的二者并立，其本质即天地二者并立。之所以有“天地名字并立”的说法，是因为《太一生水》将第 9 简中“贵弱”的“天道”原则看作天地二者作用的结果，“道亦其字也”的“道”作为一种人为性的“字”，正是对天地二者所共同形成的新的抽象作用机制和规则——天道的一种诠显。具体来说，天地并立之后“天道”的形成过程，是“过其方，不思相〔尚(当)〕”。“过其方”的“方”有“正”义，“过其方”是指天地在“并立”中改变其原来的情状，即所谓“不思相〔尚(当)〕”，“不思相〔尚(当)〕”是一种拟人手法，指天地不再维持原来的天高地平之势。“不思相〔尚(当)〕”的结果，便是“〔天不足〕于西北，其下高以强。地不足于东南，其上〔□□□不足于上〕”，这是基于“天道贵弱”而对中国地理特点的一种思想观照。

“〔不足于上〕者有余于下，不足于下者，有余于上”，作为整篇的最后结论，带有抽象普遍性的意味，是“天道贵弱”法则的展现形式，“不足”者和“有余”者分别是天道法则“削成”和“益生”的产物。这种带有抽象普遍性的结论，很容易衍生出政治论上的君臣职分和关系，当然，这在《太一生水》中并没有透露出端倪，它只是给出了“天道贵弱”这一用于人事领域的基本法则。但《太一生水》以上(天)下(地)论“天道贵弱”，第 8 简中的“君子知此之谓……”以及第 11 简中讬“青昏”之名的“圣人”，无疑都已经潜含着向政治论衍变的思想因子。比利时学者戴卡林曾指出：“《太一生水》的第二段更是与政治、命名以及君子如何趋利避害有关。虽然未必很政治化，但这种关切显然是现实的。”[①]戴卡林已经敏锐地看到了《太一生水》潜含的政治论倾向。

《太一生水》宇宙论序列中的“生”和“反辅”构成了宇宙论层面上的线性“圆道”观，作为“太一”表现形式的“水”的“周而或[始]”“一缺一盈”则是宇宙本体论层面上的“圆道”。《太一生水》前 8 支简在阐述了以“太一”及与之具有同一性的“水”所展开的宇宙本原、本体论之后，以“君子知此之谓……”的形式将其理论归宿最终指向了人道领域。第 9 简将“太一”在经验性的岁时循环中的表现形式——水的“一缺一盈”，进一步提炼为“天道贵弱”的价值指向。10～14 支简则借助于天地高下之势对“天道贵弱”的法则作了展开说明，其中贯穿着将“天道贵弱”落实为人道行为法则的倾向。整体观之，第 9 简的“天道贵弱”成为联接其后简文思想的中心点所在。

第二节 《恒先》以“复”为特点的“圆道”观

《恒先》是《上海博物馆藏战国楚竹书》(三)中的一篇完整的文献[②]，共 13 支简，《恒先》篇题书于第 3 支简的背面，整理者李零认为是一篇道家文献。[③]《恒先》的“圆道”观突出表现在文中的“复”观念上，具体包括事物的本然之“复”和社会领域中的“作”“为”之“复”两个方面。

---

① [比利时]戴卡林：《〈太一生水〉初探》，载陈鼓应主编：《道家文化研究》第 17 辑，三联书店 1999 年版，第 351 页。

② 参见马承源主编：《上海博物馆藏战国楚竹书》(三)，上海古籍出版社 2003 年版，第 288～299 页。

③ 参见马承源主编：《上海博物馆藏战国楚竹书》(三)，上海古籍出版社 2003 年版，第 288 页。

《说文·彳部》:“复,往来也。”“复”即回复往来义。我们在先秦文献中可以不同程度地看到“复”的观念。[①] “复”同样是上博楚简《恒先》[②]的重要哲学观念,其在五百余字的《恒先》一文中出现7次[③]。“复”观念对于理解《恒先》一文的思想主旨具有重要意义,也是我们理解《恒先》“圆道”思想的切入点。

一、生化流行中的本然之“复”:自复

《恒先》的思想内容明显地具有两个层面。正如曹峰所说:“该文可以清楚地划分成上下两篇,它的上半部侧重在论述基本的普遍原理,下半部分侧重于如何依据基本的普遍原理指导现实政治。”[④]曹峰、王中江都明确将《恒先》按文义分为两部分,二人皆以1-2-3-4-8-9简为上半部分,以5-6-7-10-11-12-13简为下半部分。[⑤] 笔者赞同从两个层面对《恒先》的思想进行解读,但对两部分的文本划分与上述两位学者有所不同。现依庞朴先生厘定的简序,在李零释文的基础上,以丁四新《楚简〈恒先〉章句释义》一

---

① 其中,《恒先》之前《老子》书的“复”观念已具有丰富的哲学内涵。

② 学界对《恒先》13支简的简序有不同意见,据曹峰统计,除整理者李零按原简顺序外,还有四种排序,分别是庞朴(1-2-3-4-8-9-5-6-7-10-11-12-13)、顾史考(1-2-4-3-5-6-7-8-9-10-11-12-13)、曹峰(1-2-3-4-5-6-7-10-8-9-11-12-13)、夏德安(1-2-3-4-5-6-7-10-11-8-9-12-13)。在曹峰所列五种简序(参见曹峰:《〈恒先〉研读》,载《国学学刊》2014年第2期)中,以庞朴先生的简序语义最为贯通,为大多数学者所采用,笔者即采用此种简序。

③ 分别是:“求欲自复”,“复,生之生行”,“唯复犹复”,“复其所欲”,“唯复以不废”,“其事无不复”。

④ 曹峰:《谈〈恒先〉的编联与分章》,载《清华大学学报》(哲学社会科学版)2005年第3期。

⑤ 参见曹峰:《谈〈恒先〉的编联与分章》,载《清华大学学报》(哲学社会科学版)2005年第3期;王中江:《〈恒先〉宇宙观及人间观的构造》,载《文史哲》2008年第2期。

文中的释文[①]为底本，将与《恒先》第一部分思想内容相对应的文本标示如下。对简文断句、字句内涵有不同理解者，将在文中作出解释和说明。

> 亘(恒)先无有，质、静、虚。质，大质；静，大静；虚，大虚。自厌不自忍，或作。有或，焉有气；有气，焉有有；有有，焉有始；有始，焉有往者。未有天地，未有作行，出生虚静。为一若寂，梦梦静同，而未或明，未或滋生。气是自生，恒莫生气。气是自生自作。恒气之生，不独，有与也。或，恒焉；生或者，同焉。昏昏不宁，求其所生。异生异，鬼生鬼，韦生非，非生韦(韦生韦，非生非)，哀生哀。求欲自复；复，生之生行。浊气生地，清气生天。气信神才(哉)！芸芸相生，信(伸)浧(盈)天地。同出而异生(性)，因生其所欲。察察天地，纷纷而多采。物先者有善，有治无乱。有人，焉有不善，乱出于人。先有中，焉有外。先有小，焉有大。先有柔，焉有刚。先有圆，焉有方。先有晦，焉有明。先有短，焉有长。天道既载，唯一以犹一，唯复以犹复。恒气之生，因复其所欲。明明天行，唯复以不瀍(废)。

上述文字所表明的宇宙生化流行的过程，可用“恒——生——复”的模式予以简单概括。这一生化流行所晓明的自“复”观念包含三个方面的内容：一是“恒”展开自身即“恒”始生万有之后，万有又归往于“恒”这一原初状态，其表现为世界以“恒”为起点和终点

① 参见丁四新：《楚地简帛思想研究》(二)，湖北教育出版社 2005 年版，第 85～134 页。

的"始"和"往",此为"恒"之"复";二是"恒气"[①]在"生"物过程中所具有的向自身复归的"求欲自复"的倾向,这是"恒气"产生万有的一个必要环节,此为"恒气"之"复";三是"恒气"产生万物即"天道既载"之后,万物自身所包含的向自性复归的意求,这是万物在存在方式上复归"恒"之本体并从而保持其正性的一环,此为物之"复"。自"复"的这三种内涵是"恒""恒气"以及"恒气"所产生之万有的存在方式和内在要求。

在自"复"观念的上述三种意蕴中,《恒先》首先指明了万物之"始"和万物之"往"这一自"复"的内涵。而这又是从追问万有何所从来这一宇宙论问题开始的:

> 亘(恒)先无有,质、静、虚。质,大质;静,大静;虚,大虚。自厌不自忍,或作。有或,焉有气;有气,焉有有;有有,焉有始;有始,焉有往者。

① 廖名春将"恒气之生"断为:"恒、气之生。"(廖名春:《上博藏楚书〈恒先〉新释》,载《中国哲学史》2004年第3期)《恒先》第9简简文明确出现了"恒气"一词,据此,廖说误。"恒气"应是《恒先》的一个重要概念。"恒气"说明《恒先》的"气"带有"恒"性,这与简文下半部分"性""意""言""名""事"合乎其本性以及"无忤恒"的要求相呼应。

篇首“恒先”[①]二字的读法，研究者们有不同意见。[②] 从《恒先》中多次出现的“恒”字来看，“恒”是一个独立的概念，通观《恒先》全文，“恒先”应作“恒之先”[③]，也即“恒”的未展开状态或阶段。这里的“恒”是一个本原、本体论概念。“恒”这一阶段和状态乃是人对于世界之原初状态的一种推定。人处于“恒”所展现的世界中来言说“恒”，必以“先”称之。也就是说，“恒先”不过是立足于人的当下存在而对世界原初状态的一种称谓。先秦文献中这种追问宇宙起源的言说方式在《老子》《庄子》等书中皆可看到。如《老子》“有物混成，先天地生”、《庄子·天地》“泰初有无”、帛书《道原》“恒先之初”、屈原《楚辞·天问》“遂古之初”等，都是以“先”或“初”这一带有鲜明时间性维度的术语来对万有之源进行追问和描述。

---

① “恒”原作“亟”，李零读作“亘”，同“恒”[参见马承源主编：《上海博物馆藏战国楚竹书》(三)，上海古籍出版社 2003 年版，第 288 页]。

② 李学勤先生认为“恒先”“在此应当连读，作为一词”(李学勤：《楚简〈恒先〉首章释义》，载《中国哲学史》2004 年第 3 期)。郑万耕持相同观点(参见郑万耕：《楚竹书〈恒先〉简说》，载《齐鲁学刊》2005 年第 1 期)。丁四新认为“‘恒先’，即是‘恒初’”，强调“恒先”的“恒”是一个本体概念[参见丁四新：《楚简〈恒先〉章句释义》，载丁四新：《楚地简帛思想研究》(二)，湖北教育出版社 2005 年版，第 87～88 页]。赵建功认为“恒先”当读作“恒之先”(参见赵建功：《〈恒先〉意解》，载《华中科技大学学报》(社会科学版) 2006 年第 2 期)。另，庞朴先生认为“恒先”是“极先，绝对的先，最初的最初”。庞朴先生的读法是以“恒”为“先”的修饰语(参见庞朴：《〈恒先〉试读》，载梁涛主编：《中国思想史前沿——经典·诠释·方法》，陕西师范大学出版社 2008 年版，第 152 页)。白奚亦强调“恒先”不是一个独立的哲学概念(参见白奚：《宇宙万物的始基：“恒”还是“恒先”？——“恒先无有”释读之我见》，载《中国哲学史》2016 年第 2 期)。

③ 赵建功较早提出“恒先”当读作“恒之先”，但他以“恒”指称“道”则过于武断[参见赵建功：《〈恒先〉意解》，载《华中科技大学学报》(社会科学版) 2006 年第 2 期]。《恒先》的“恒”虽带有道家色彩，但“道”在《恒先》文中仅出现一次，并非《恒先》的核心概念。

《恒先》认为，“恒”这种状态以“质[①]、静、虚”为其特点，准确地说是“大质、大静、大虚”，即极度的质朴、极度的“虚”，极度的“静”。在此意义上可以说是“恒先无有”，即“恒”之先没有“有”存在。这里的“有”指下文中出现的“气”以及由“气”（恒气）所产生的万有。“恒”的这种“质、静、虚”的特点带有明显的道家色彩。

“恒”这一先在的世界之原初状态并不仅仅停留于“大质、大静、大虚”的“无有”状态之中，“恒”还要展开自身。在《恒先》的作者看来，“恒”之所以能够展开自身，是其具有“自厌不自忍”的特性。“自厌”即以自为足，“不自忍”即“不自我抑制”。[②]“恒”这一状态若不具有自足性，则难为万有之源；“恒”这一状态若自我抑制而不兴作，则又缺乏生作的动力，正是由于“恒”之“不自忍”，“恒”才得以展开自身。“自厌不自忍”是以拟人手法对“恒”这一原初状态的自足性以及内蕴于其中的潜动之可能性的说明。

---

① “质”原作“菐”，李零疑读作“质”，庞朴、廖名春读为“朴”，丁四新释为“质”，李学勤读为“全”。笔者从李零、丁四新说。上述观点分别见马承源主编：《上海博物馆藏战国楚竹书》（三），上海古籍出版社 2003 年版，第 287 页；庞朴：《中国思想史前沿——经典·诠释·方法》，陕西师范大学出版社 2008 年版，第 152 页；廖名春：《上博藏楚竹书〈恒先〉新释》，载《中国哲学史》2004 年第 3 期；李学勤：《楚简〈恒先〉首章释义》，载《中国哲学史》2004 年第 3 期；丁四新：《楚简〈恒先〉章句释义》，载丁四新：《楚地简帛思想研究》（二），湖北教育出版社 2005 年版，第 88 页。

② 李零认为，“厌”训满足，“忍”训压抑[参见马承源主编：《上海博物馆藏战国楚竹书》（三），上海古籍出版社 2003 年版，第 288 页]。

"恒"展开自身的第一个环节是"或"[①],即所谓"或作"。"或"之后依次出现"气""有"以及由"有"而产生的"始"与"往"。从逻辑上看,"或"是"恒"之后的一个阶段,是"界于无有与气有之间,为或无或有、或有气或无气的阶段"[②]。但这并不意味着"或"与"恒"之间构成一种历时性的先后关系。就事实层面而言,"或"并未从"恒"中分离出来,二者实乃同时共在的关系。[③] 对此,《恒先》指出:"或,恒焉。"从《恒先》的描述来看,"或"这一阶段是"恒"所内蕴的一种生化万物的潜动能力。在"恒"展开自身的过程中,有"或"则有气,有"气"则打破了"质、静、虚"的"无有"局面,出现了"有",因此之"有"而导致了万有之"始",由此万有之"始"而产生了万有之"往"。这里的"往",从《恒先》行文来看,当以"归往"为

① 李学勤先生认为此处的"或"应读作"域",认为《恒先》的"域"来自《老子》,相当于《淮南子·天文》中的"宇宙"(参见李学勤:《楚简和〈恒先〉首章释义》,载《中国哲学史》2004 年第 3 期)。廖名春、朱渊清亦读作"域"(分别参见廖名春:《上博楚简竹书〈恒先〉新释》,载《中国哲学史》2004 年第 3 期;朱渊清:《"域"的形上学意义》,孔子2000 网"清华大学简帛研究"专栏,2004 年 4 月 18 日)。丁四新认为,《老子》书中的"域"与《庄子》《墨经》中的"宇""宙"皆是形而下者,而《恒先》的"或"属于形而上者,故"或"不宜读作"域"[参见丁四新:《楚简〈恒先〉章句释义》,载丁四新:《楚地简帛思想研究》(二),湖北教育出版社 2005 年版,第 89 页]。丁说有力。

② 丁四新:《楚简〈恒先〉章句释义》,载丁四新:《楚地简帛思想研究》(二),湖北教育出版社 2005 年版,第89 页。

③ 《恒先》对"恒"与"或"之关系的这种说明方式类似于《老子》中"道"与"一"的关系。从《老子》书"道生一"的角度来说,"一"在逻辑上出于"道",但从作为"道"的属性来说,"道"就是"一"。

是[①]，因为“有始，焉有往”以下，《恒先》在行文上再次阐述了“恒”的状态：

> 未有天地，未有作行，出生虚静，为一若寂，梦梦静同，而未或明，未或滋生。

这段文字与帛书《道原》篇较为接近。[②] 文中“为一”的“一”应与《道原》的“恒一”属同一性质的概念。“为一若寂”，是说此种“恒”之状态是一虚寂之整体。“梦梦”，“昏乱不明之貌”。[③] “恒”这一状态浑同而无有剖分，无物出离，故谓“梦梦静同，而未或明，未或滋生”。此处的“或”作“有”讲，不同于前文“或作”之“或”。[④] 这句话的意思是说，在“恒”这一宇宙原初阶段，物之最大者天地尚未产生，亦无任何兴作和化行活动，一切兴作和化行活动皆出于此“恒”之虚静状态。[⑤]

至此，竹简重申了“恒”这一原初状态的性状。这一行文内容

---

① 李学勤认为“往”是“终结”义（参见李学勤：《楚简〈恒先〉首章释义》，载《中国哲学史》2004 年第 3 期），丁四新认为“往”是“气有的消解、归往”[参见丁四新：《楚简〈恒先〉章句释义》，载丁四新：《楚地简帛思想研究》（二），湖北教育出版社 2005 年版，第 94 页]，廖名春赞同李学勤的观点（参见廖名春：《上海藏楚书〈恒先〉新释》，载《中国哲学史》2004 年第 3 期），庞朴则认为“往”有运动义（参见庞朴：《〈恒先〉试读》，载梁涛主编：《中国思想史前沿——经典·诠释·方法》，陕西师范大学出版社 2008 年版，第 152 页）。

② 《道原》中说：“恒先之初，迥同太虚。虚同为一，恒一而止。湿湿梦梦，未有明晦。神微周盈，精静不熙。”[裘锡圭主编：《长沙马王堆汉墓简帛集成》（肆），中华书局 2014 年版，第 189 页]

③ 丁四新：《楚简〈恒先〉章句释义》，载丁四新：《楚地简帛思想研究》（二），湖北教育出版社 2005 年版，第 97 页。

④ 参见丁四新：《楚简〈恒先〉章句释义》，载丁四新：《楚地简帛思想研究》（二），湖北教育出版社 2005 年版，第 97 页。廖名春则直接将“或”写作“有”，参见廖名春：《上博楚简竹书〈恒先〉新释》，载《中国哲学史》2004 年第3 期。

⑤ 参见丁四新：《楚简〈恒先〉章句释义》，载丁四新：《楚地简帛思想研究》（二），湖北教育出版社 2005 年版，第 95 页。

成为判断“有始，焉有往”之内涵的重要依据。《恒先》虽未明言万物“往”于何处，但从《恒先》的上述行文内容来看，“往”宜为归往义，即万有回复到“恒”这一原初状态中去。“往”字若如庞朴先生所释，则“有始，焉有往”之下这段对“恒”之状态的说明文字在文义上与上文无法接续。至此，《恒先》实际阐明了“复”的一种含义，即万有构成的世界由“恒”产生并最终归于“恒”的往复运动。图示如下：

恒→（或）→气→有（包括气本身以及气所分化的清浊之气和有形的万有）→恒

这种意义上的“复”同《老子》“反者，道之动”的内涵非常类似。只不过在《老子》那里，“道”是往复运动的起点和终点，而《恒先》则以“恒”为起点和终点。这种往复运动中的“恒”既有宇宙本原的意味，又有本体的内涵。这种往复观审视的是万有之源和由此万有之源所产生的世界之间的关系。从中可以看出《恒先》与《老子》在宇宙论、本体论上的一些共性。

简文进而阐述了“恒”与“气”的关系：“气是自生，恒莫生气。气是自生自作。”在简文的作者看来，“恒”并非是“气”之产生的外在决定者，“气”乃是自我产生。这样一来，“气”的地位在《恒先》中被大大地抬升了。这与前文由“恒”而“或”而“气”而“有”而“始”而“往”的“恒”之创生过程产生了某种抵牾。这一现象当是战国中后期气本论兴起的一种反映。《恒先》的上半部分对“气”之生化过程的阐述用力尤多，也是重视气本论的一个证明。同时，亦很有可能是《恒先》的作者把以“恒”为核心观念的思想和当时流行的气论思想相结合的产物。丁四新认为《恒先》“很可能是楚黄老道家的著作”[①]。由此，《恒先》这种杂糅诸家思想的做法在其黄老学背景下就不难得到解释。

《恒先》宇宙论的重点是“恒气”的生化过程。《恒先》认为“恒气”生化世界的过程并非单一因素起作用的结果，所谓“恒气之生，不独，有与也”。这里的“恒气之生”是指“恒气”创生万物的过程。[②] 为强调“恒气之生”并非由单一因素推动，简文进而对比了“恒气之生”与从“恒”到“或”的过程的不同：“或，恒焉，生或者同也。”“或，恒焉”，是说“或”即“恒”本身。正是因为“或”不过就是“恒”，所以说“生或者，同焉”，即“生或者”同于“或”。也就是说，与“恒气之生，不独，有与也”不同，由“恒”而“或”不过是基于“恒”本身的自我同一性的结果。

关于“恒气之生，不独，有与也”，《恒先》认为，“恒气”在创生过程中存在着两种基本的动力，即“求其所生”和“求欲自复”。

“求其所生”即《恒先》所说的“异生异，鬼生鬼，韦生韦，非生非，哀生哀”[③]。李零将“异”“鬼”“韦”“非”“哀”理解成“翼（恭敬）”“畏（畏惧）”“怜（恨）”“悲”“哀”五种情绪。从《恒先》篇首以“自厌不自忍”这种拟人手法来叙说“恒”之特性来看，这种理解有很大的合理性。“异”“鬼”“韦”“非”“哀”，应亦是以拟人化的手法表述出来的“恒气”在生物过程中所首先兴作起来的五种内在意欲，即

① 丁四新：《楚简〈恒先〉章句释义》，载丁四新：《楚地简帛思想研究》（二），湖北教育出版社 2005 年版，第 132 页。

② 曹峰认为“恒气之生”是“‘恒气’所生成之物”（曹峰：《〈恒先〉研究综述》，载《中国哲学史》2008 年第 4 期）。从下文“求其所生”和“浊气生地，清气生天”来看，此时“气”尚未有物生成，故将“恒气之生”理解成“恒气”创生万物的过程较为妥当。

③ 李零原作“异生异，鬼生鬼，韦生非，非生韦，哀生哀”。丁四新据李学勤改[参见丁四新：《楚简〈恒先〉章句释义》，载丁四新：《楚地简帛思想研究》（二），湖北教育出版社 2005 年版，第 103 页]。

"异"求生"异","鬼"求生"鬼","韦"求生"韦","非"求生"非","哀"求生"哀"。此五种意欲表达的是"恒气""生"物的可能性。"五"这个数字未必一定就是确指,也可以是一种泛称。在"异生异,鬼生鬼,韦生韦,非生非,哀生哀"的命题中,"异""鬼""韦""非""哀"分别求欲生成与自身性质相应的同类。这说明,"恒气"在"生"物过程中所内蕴并兴作起来的这五种欲求,有着生显自身之可能性并进而成为其自身的内在目的性,这就是"恒气"在创生过程中所具有的"求其所生"的趋向。

如果说"恒气"在"生"物过程中首先兴作起来的"求其所生"的意欲是"恒气之生"的第一阶段,那么《恒先》进而指出了这一过程的第二阶段:

求欲自复;复,生之生行。浊气生地,清气生天。

这里"求欲自复"的主体是"恒气"。"求欲自复",是说"恒气"在生化过程中具有向"恒气"自身复归的意欲。之所以有复归的必要,是因为"恒气"所具有的上述五种意欲相对于"恒气"本身来说毕竟亦是一种出离。"恒气"的这种"求欲自复"的自我复归运动构成了"恒气"创生事物的轨迹和道路,此谓"复,生之生行"。此处的"行"应释为"道路"义。[①] 理解"生之生行"的关键是"生之生"。这里,"生之生"是"行"的修饰语,第一个"生"字是就"恒气""生"物这一大化流行的整体过程而言的,即文中的"恒气之生",第二个"生"字是指"恒气""生"物这一整体过程中具体事物的产生,后

① 参见丁四新:《楚简〈恒先〉章句释义》,载丁四新:《楚地简帛思想研究》(二),湖北教育出版社2005年版,第103～104页。庞朴将"复,生之生行"理解为"复是生之生术"(庞朴:《〈恒先〉试读》,载梁涛主编:《中国思想史前沿——经典·诠释·方法》,陕西师范大学出版社2008年版,第152页)。赵建功将"行"释为"运行"(参见赵建功:《楚简〈恒先〉释文分章》,载《中国哲学史》2010年第2期)。诸种解释中,丁四新以"道"训"行"于文义最切。

一种意义上的“生”内含于第一种“生”当中。“复，生之生行”是说：向生化之本原处（恒气）复归是“恒气”创生世界过程中具体事物得以产生所由以的方式和道路。这是《恒先》自“复”观念的一个极为重要的方面。通过“生之生行”的自“复”运作，“恒气”得以分化出“浊气”“清气”，并在此基础上产生了地和天。地与天的产生是“恒气”创化世界的重要一环，这一环节是通过“恒气”之“求欲自复”的内在意欲和动力而实现的，这就是自“复”的第二种内涵——“恒气”之“复”。这种意义上的“复”观念在目前的先秦文献中并未见有类似者。图示如下：

恒气之生→求其所生→求欲自复→天地

“恒气”产生万物乃是“求其所生”和“求欲自复”这两种内在动力发生作用的结果。如果说“求其所生”使“恒气”“生”物得以可能，那么“求欲自复”则使“恒气”“生”物得以落实。同时亦须指出，“求其所生”和“求欲自复”这两种“恒气”“生”物的内在动力并非同时发生作用，而是存在着一种先后关系：“求其所生”在前，“求欲自复”在后。这是对前文“恒气之生，不独，有与也”的说明。有趣的是，在周敦颐的《太极图说》中，我们可以看到某种类似的观念：

> 周子曰：无极而太极。太极动而生阳，动极而静，静而生阴，静极复动。一动一静，互为其根。分阴分阳，两仪立焉。阳变阴合，而生水火木金土。五气顺布，四时行焉。[①]

《太极图说》中，“太极”由动而静，太极之动静为造化之根。“太极”之动是“太极”“感而遂通”的伸张和兴作，“太极”之静是“太极”回复到“寂然不动”的本然状态。而《恒先》的“恒气”在

① 周敦颐：《太极图说》，载《周敦颐集》，岳麓书社 2007 年版，第 5 页。

“生”物流行中，亦首先是“求其所生”的暗动，然后是“求欲自复”而复返于“恒气”本身。抛开周敦颐哲学系统中的“太极”“阴阳”概念便不难发现，“太极”之动静与“恒气”之“求其所生”“求欲自复”这两种“生”物之动力具有某种相似性。

同时值得注意的是，帛书《系辞》中有“易有大恒”一语。饶宗颐先生认为“大恒”之“恒”字非“极”字误写，并强调“楚俗对‘恒’这一观念的重视，殊非偶然”[①]。如果饶宗颐先生的观点成立，那么这似在表明，《恒先》的“恒”“恒气”等观念虽承续有道家思想，但亦可能与易学乃至楚地流传的易学存在一定的思想关联。

“恒气”产生出天地之后，便进入“恒气之生”的第三个阶段——万有的产生。对此，《恒先》指出：

> 气信神才（哉）！芸芸相生，信（伸）浧（盈）天地。同出而异生（性），因生其所欲。察察天地，纷纷而多采。

“同出而异生”的“生”，当读作“性”[②]，“察”当训“著明”义[③]。这就是说，“气”生发万有的神妙作用真实不妄，万有因“气”而得以芸芸相生，并进而伸展、充盈于天地之间。万有同出于“恒气”而有不同的物性，此是“恒气”在“生”物过程中“求其所欲”的实现，正所谓“同出而异性，因生其所欲”。“恒气”所生之万有彰明于天地之间，形成了一个多彩的世界。

在《恒先》看来，此一缤纷世界之万有，实有特定的生发次序，所谓“先有中，焉有外。先有小，焉有大。先有柔，焉有刚。先有

---

① 饶宗颐：《帛书〈系辞传〉“大恒”说》，载陈鼓应主编：《道家文化研究》第3辑，上海古籍出版社1993年版，第6～19页。

② 参见丁四新：《楚简〈恒先〉章句释义》，载丁四新：《楚地简帛思想研究》（二），湖北教育出版社2005年版，第108页。

③ 参见丁四新：《楚简〈恒先〉章句释义》，载丁四新：《楚地简帛思想研究》（二），湖北教育出版社2005年版，第109页。

圆，焉有方。先有晦，焉有明。先有短，焉有长”，即由中而外，由小而大，由柔而刚，由圆而方，由晦而明，由短而长。万有依此特定次序而渐次生作，一个有序的大宇宙得以确立，此即“天道既载”。

“天道既载”之后，《恒先》再次肯承了“复”在生化不已的大宇宙中的继续存在：

> 天道既载，唯一以犹一，唯复以犹复。恒气之生，因复其所欲。明明天行，唯复以不灋（废）。

文中“唯一以犹一”的“一”与前文“为一若寂”的“一”稍有不同。“为一若寂”的“一”是对“恒”的一种描述，而“唯一以犹一”的“一”则是指“恒”在具体事物中的落实，《恒先》此处在世界既已创生这一语境下谈论的“一”，应指“恒”之性。《老子》曾对“一”与万物的关系作出说明：“昔之得一者：天得一以清，地得一以宁，神得一以灵，谷得一以盈，万物得一以生，侯王得一以为天下贞。”[①]在《老子》那里，作为“道”之表现形式的“一”是万物保持其特性并从而是其所是的依据。《恒先》虽未像《老子》那样对“一”与万物本性的关系作出明确说明，但“唯一以犹一”所要强调的应与上述《老子》所论具有相似性。于《恒先》而言，“一”作为“恒”之性在万物创生之后内在于万物之中并使万物保持其本然正性。在此基础上，“唯复以犹复”，强调的是万物在生化不已的大宇宙中持守其本然正性的趋向，此即《恒先》“自复”观念的第三层含义——物之“复”。

《恒先》将物之“复”的原因归于“恒气”这一创化之源，所谓“恒气之生，因复其所欲”。“因复其所欲”的“其”字指“恒气”而言，“欲”字应指上文“异生异，鬼生鬼，韦生韦，非生非，哀生哀”而

① 楼宇烈：《老子道德经注校释》，中华书局2008年版，第105～106页。

言，此处意在强调“恒气”所生之万物应合其始生之时就已潜含的本然正性。这句话是说，万物既生之后，当继续审视“恒气之生”这一大化过程时，便会发现此一大化过程亦有一种规约万有向其本然正性复归的意欲。当然，这仍是以拟人化的手法来强调万物须以其正性而是其所是这一“天道既载”之后的不变法则，同时亦在说明“恒气”对其所生之物的宰制作用。“明明天行，唯复以不废”，则强调了万物于生化不已的世界中复守其本然正性的必然性。

至此，《恒先》着重阐述了以“恒”为始源、以“恒气”为创生主体的生化流行的宇宙论，在“复”观念上，涉及了“恒”之“复”“恒气”之“复”和物之“复”三个方面。自此以往，《恒先》的论述过渡到社会领域。

二、社会领域中的应然之复:“作”“为”之复

“复”是“恒气”创生世界的一个重要法则，亦是“恒气”以及“恒气”所创生之万有的存在方式。《恒先》认为，万物以“复”的方式求其自性这一“天道既载”之后的“天行”法则，于社会人事领域中的事物而言亦莫能外，此种意义上的“复”成为人事活动的应然指向。不过，与自然世界中的“自在”之“复”不同，社会领域中的“复”具有“自为”的性质，需要人的自觉之“作”与“为”方得以完成。

依《恒先》的思想发展线索，与《恒先》第二部分的思想内容相对应的文本如下：

> 知既而巟（亡）思不宎（天）。有出于或，生（性）出于有，音（意）出于生（性），言出于音（意），名出于言，事出于名。或非或，无谓或。有非有，无谓有。生（性）非生（性），无谓生（性）。音（意）非音（意），无谓音（意）。言非言，无谓言。名

非名,无谓名。事非事,无谓事。恙宜利主,采物出于作。作焉有事,不作无事。举天[下]之事,自作为,事庸以不可更也。凡言名先者有悆(埃),荒言之后者校比焉。举天下之名,虚树,习以不可改也。举天下之之作,强者果天下之大作,其竆尨不自若作,庸有果与不果。两者不灋(法)。举天下之为也,无夜(掖)也,无与也,而能自为也。举天下之生(性),同也,其事无不复。[举]天下之作也,无许(忤)恒,无非其所。举天下之作也,无不得其恒而果遂,庸或得之,庸或失之?举天下之名,无有灋(废)者欤![1] 天下之明王、明君、明士,庸有求而不虑。

"知既"的"既"当训为"已"[2],"宎",李零释作"殄","不殄"意为不灭、不绝[3]。李锐读"巟"为"亡","宎"为"天"。[4] "宎"读为"天"于义畅晓。"知既而亡思不天",是说人晓知此"唯复以不废"的天道之理,事事以本然正性处之,则社会人事中的种种思求无不合于天道、天行。达此"亡思不天"的佳境,要求人们对"唯复以不废"这一"天行"法则有透彻的领悟,唯有如此,社会人事活动之"复"才成为可能。

---

① 此处标点,丁四新《楚简〈恒先〉章句释义》一文的释文原为问号,今据文义改为感叹号。

② 参见丁四新:《楚简〈恒先〉章句释义》,载丁四新:《楚地简帛思想研究》(二),湖北教育出版社 2005 年版,第117 页。

③ 参见马承源主编:《上海博物馆藏战国楚竹书》(三),上海古籍出版社 2003 年版,第 293 页。

④ 参见李锐:《〈恒先〉浅释》,简帛研究网,2004 年 4 月 23 日。丁四新从之。丁四新列举了"知既而巟思不宎"的两种理解上的可能性:"'知既而亡思不天',意思是说,知道既成的天道,则没有什么思考不符合于天道,合乎自然的。""另外,此句的'巟',也可能读为荒,乃荒远之义。'宎',读为殄,殄灭也;不殄,指人事、人命之类不会绝。"[丁四新:《楚简〈恒先〉章句释义》,载丁四新:《楚地简帛思想研究》(二),湖北教育出版社 2005 年版,第 117 页]

为使“亡思不天”有所着落，《恒先》进而转换了自然宇宙论的视角，立足于“人”的视野，对接续自然宇宙之衍生并与之同在的人类社会的人事变衍之序作出了说明：

有出于或，生(性)出于有，音(意)出于生(性)，言出于音(意)，名出于言，事出于名。

“或”即“恒”。文中的“有”是包括“恒气”以及由“恒气”所生之万物在内的“有”。“生”，李零读作“性”。[①] “音”，季旭升释为“意”，并以《管子·内业》篇为证。[②] 丁四新认为“音”读为“意”更为恰当。[③] 宜从李零、季旭升、丁四新说。此句是说，“恒”产生出一切“有”，因此一切“有”而有了种种不同之“性”，这里的“性”尚包括物性、人性在内。由此诸种不同之“性”又分别产生各种不同之意求，这里的“意”仍可包括物之“意”在内，但更强调人的意求。自此以下，强调的则是社会领域之情形。在《恒先》看来，人因意求而产生“言”，由“言”而生“名”，由“名”而生“事”。这一过程可表示如下：

或→有→性→意→言→名→事

由“或”而“有”而“性”而“意”而“言”而“名”而“事”，这一过程对社会领域之事物的产生给出了一种逻辑上的说明。其中，“意”“言”“名”“事”构成了人类社会不同于自然世界的鲜明特征。

---

① 参见马承源主编：《上海博物馆藏战国楚竹书》(三)，上海古籍出版社2003年版，第292页。

② 参见季旭升：《〈上博三·恒先〉“意出于生，言出于意”说》，简帛研究网，2004年6月22日。另，《管子·内业》：“心以藏心，心之中又有心焉。彼心之心，音(意)以先言。音(意)然后形，形然后言，言然后使，使然后治。不治必乱，乱乃死。”同篇又说：“是故此气也，不可止以力，而可安以德；不可呼以声，而可迎以音(意)。敬守勿失，是谓成德。德成而智出，万物果得。”同篇又说：“彼道之情，恶音与声，修心静音(意)，道乃可得。”

③ 参见丁四新：《楚简〈恒先〉章句释义》，载丁四新：《楚地简帛思想研究》(二)，湖北教育出版社2005年版，第119～120页。

《恒先》认为，同自然世界中万物以求其自性为其存在方式相似，社会领域中的“意”“言”“名”“事”这些人事活动亦须合其本性才有其存在的合理价值，为此，《恒先》强调：

或非或，无谓或。有非有，无谓有。生（性）非生（性），无谓生（性）。音（意）非音（意），无谓音（意）。言非言，无谓言。名非名，无谓名。事非事，无谓事。

“或非或”，庞朴解为：“如果知道‘或’不是‘或’了，则不要再称之为‘或’”[①]，并引《公孙龙子·名实论》为证。《公孙龙子·名实论》：“夫名，实谓也。知此之非此也，知此之不在此也，则不谓也；知彼之非彼也，知彼之不在彼也，则不谓也。”庞朴先生的观点得《恒先》之要。与此处用法相同的“谓”字亦见于《墨子·经说下》[②]：“谓，有文实也，而后谓之；无文实也，则无谓也。”“或非或”以及其后一系列相同句式所表达的应是《恒先》的名实思想，并且这种名实思想已被置于《恒先》“复”之观念下予以观照。“或非或”是说，“或”这个事物如果不符合“或”之本性，则无法称之为“或”。同理，“有”“性”“意”“言”“名”“事”若不符合各自之本性，则亦无法称其为自身。这实际上是强调以“性”“意”“言”“名”“事”为表现形式的人的生存活动须契合其正性而不发生偏离，从而为人的“性”“意”“言”“名”“事”确立起应然之则。之所以如此，是因为人的出现及其生存活动往往背离“恒气之生”过程中万物“复”其自性这一事物之本然存在方式，所谓“物先者有善，有治无乱。有人，焉有不善：乱出于人”。这里的“物先”应为“在先之物”，即在人出现之前的物化流行的世界，这一世界相对于人类世

① 庞朴：《〈恒先〉试读》，载梁涛主编：《中国思想史前沿——经典·诠释·方法》，陕西师范大学出版社 2008 年版，第 153 页。

② 参见李锐：《〈恒先〉浅释》，简帛研究网，2004 年 4 月 23 日。

界而言是先在先成的,“先”仍是立足于人类世界而言的。这一相对于人类世界而言先在先成的自在世界可谓“有治无乱”,人的出现则打破了“恒气之生”这一宇宙大化之链条的进程,产生了实然与应然的分野,出现了人事活动背离其本然恒常之正性的情形,这就是所谓“有人,焉有不善:乱出于人”。

正是由于“乱出于人”,因而使人之生存活动复归其应然正性、应然之则,就显得尤为必要。具体来说,如何使人的活动维持在其应然正性之内呢?《恒先》主要从“作(为)”“事”“名”三个方面进行了说明。

人在经验生存中首先面临的是生存活动中种种的“作”和“为”。“作”与“为”互训。《尔雅·释言》:“作,造,为也。”《论语·宪问》:“子曰:作者七人。”《何晏集解》:“包曰:‘作,为也。’”[①]《恒先》认为,人事的种种“作”和“为”要遵守一个基本的法则,这就是“恒”,所谓“举天下之作也,无许(忤)恒,无非其所”[②]。“许”,李零释为处所。[③] 丁四新说:“许,当读为‘忤’。许、忤,皆从午,上古音在鱼部。忤,违逆。”[④]廖名春说:“当读为“忤”,忤逆。”[⑤]当从丁说、廖说。显然,《恒先》是以“恒”为人事活动的基本法则。这里的“恒”与“惟一以犹一”的“一”同义,是“恒”这一本体在经验世界中的具体落实,也即内在于事物中的本然恒常之性,在社会领域中

① 黄怀信主撰:《论语集校汇纂》,上海古籍出版社2000年版,第1327页。

② 文中的“举”字,简文无,庞朴据上下文补,今从庞朴改(参见庞朴《〈恒先〉试读》,载梁涛主编《中国思想史前沿——经典·诠释·方法》,陕西师范大学出版社2008年版,第154页)。

③ 参见马承源主编:《上海博物馆藏战国楚竹书》(三),上海古籍出版社2003年版,第298页。

④ 丁四新:《楚简〈恒先〉章句释义》,载丁四新:《楚地简帛思想研究》(二),湖北教育出版社2005年版,第129页。

⑤ 廖名春:《上博楚简竹书〈恒先〉新释》,载《中国哲学史》2004年第3期。

则引申为恒常的应然法则。"举天下之作也,无忤恒,无非其所"告诉人们:凡天下之作为,只要不违逆"恒"这一本然正性,则无不得其应然。

不仅如此,《恒先》亦对如何遵守"恒"这一法则提出了具体要求:"举天下之为也,无夜也,无与也,而能自为也。""夜",庞朴、丁四新读为"掖",扶持、引导义。[①] "与",《说文》:"赐予也。一勺为与。"段玉裁注:"赐予也。赐,予也。予,推予yyy人也。一勺为与。下从勺。一者,推而予之。"《说文》的"赐予"和段注的"推予yyy人"都有施与、干预义。《论语·泰伯》:"巍巍乎!舜禹之有天下也,而不与焉",杨伯峻认为"与"为参与、关联义[②]。简文"无与也"的"与",庞朴、廖名春训为"助"[③],于义也可通,但"参与""干预"于义更丰[④]。这就是说,凡天下事之作为,不要无视其应遵循的本然正性而加以人为的扶助和干预,如此,一切"作"与"为"便可依其本然正性而进行。之所以要"无掖""无与",是因为万事万物向其自性复归并保持其自性,亦可说是万事万物概莫能外的共性所在,正所谓"举天下之性,同也,其事无不复"。

如果说"无掖""无与"是从正面指出了"无忤恒"这一人事活动的基本原则,《恒先》在此基础上还列举了违逆这一原则的具体情形,并予以反对:

---

① 分别参见庞朴:《〈恒先〉试读》,载梁涛主编《中国思想史前沿——经典·诠释·方法》,陕西师范大学出版社 2008 年版,第 154 页;丁四新:《楚简〈恒先〉章句释义》,载丁四新:《楚地简帛思想研究》(二),湖北教育出版社 2005 年版,第 128 页。

② 杨伯峻:《论语译注》,中华书局 1980 年版,第 83 页。

③ 分别参见庞朴:《〈恒先〉试读》,载梁涛主编《中国思想史前沿——经典·诠释·方法》,陕西师范大学出版社 2008 年版,第 154 页;廖名春《上博楚简竹书〈恒先〉新释》,载《中国哲学史》2004 年第 3 期。

④ 丁四新已指出此处的"与"有参与、干预义[参见丁四新:《楚简〈恒先〉章句释义》,载丁四新:《楚地简帛思想研究》(二),湖北教育出版社 2005 年版,第 128 页]。

举天下之作，强者果天下之大作，其𡨾尨不自若作，庸有果与不果。两者不灋(法)。

首句李零原在“强者”后断句。上下文中多次出现“举天下之作”“举天下之为”的字句，此处应与其同，即反复阐说人事活动之“作”与“为”的原则，故首句宜在“作”后断句。“强”即用强。廖名春训“果”为“成”。[①] 句中的“果”皆宜训为“成”。《论语·子路》：“言必信，行必果”，皇侃疏引《缪协》云：“果，成也。”[②]《墨子·修身》：“言不信者行不果”，孙诒让《间诂》引毕云：“《文选注》云：‘许君注《淮南子》云：果，成也。’”[③]“大作”，廖名春训为“大事”[④]，可从。“𡨾尨”，李零认为其义待考。[⑤] 刘信芳训“尨”为“大”，并引《尔雅·释诂》证之。[⑥] 查《说文·厂部》：“厖，石大也。从厂尨声。”段玉裁注：“石大也。石大其本义也。引伸之为凡大之称。释诂曰：厖，大也。”厖声从尨，有“大”义，“𡨾尨”连用当亦有“大”义。“自若”，李零释为“保持原来的样子”[⑦]，应从李零说。“灋，即‘法’，效法；此处不当读为‘废’。”[⑧]“两者不法”的“两者”，应指“强者果天下之大作”和“其𡨾尨不自若作”两种情况。依上述训释，《恒先》的这句话是说：凡天下之作，用强者成就起天下大事，其盛

① 参见廖名春：《上博楚简竹书〈恒先〉新释》，载《中国哲学史》2004年第3期。

② 宗福邦等主编：《故训汇纂》，商务印书馆2003年版，第1080页。

③ 孙诒让：《墨子间诂》，中华书局2001年版，第10页。

④ 廖名春：《上博楚简竹书〈恒先〉新释》，载《中国哲学史》2004年第3期。

⑤ 参见马承源主编：《上海博物馆藏战国楚竹书》(三)，上海古籍出版社2003年版，第297页。

⑥ 参见刘信芳：《上博藏竹简〈恒先〉试解》，简帛研究网，2004年5月16日。

⑦ 马承源主编：《上海博物馆藏战国楚竹书》(三)，上海古籍出版社2003年版，第297页。

⑧ 丁四新：《楚简〈恒先〉章句释义》，载丁四新：《楚地简帛思想研究》(二)，湖北教育出版社2005年版，第128页。

大之状乃非基于其本然正性而作，如此，怎么能说有“成”与“不成”呢？强作和不从其本然正性而作这两情形都不应当效法。这就是说，人事活动之“作”若不依其所当依的本然正性，则此种“作”将丧失其意义。相反，如果人的一切“作”和“为”皆以其应然正性为据，则天下一切“作”与“为”皆能得其所应成，从而无有得失之患。在此意义上《恒先》强调：“举天下之作也，无不得其恒而果遂，庸或得之，庸或失之？”这里的“果”训为“能”。[①] “庸，此处不训‘乃’。庸或，何有。”[②]“举天下之作也，无不得其恒而果遂”，是《恒先》依据人事活动的本然正性所得出的结论。

“作”与“为”的直接后果是“事”的产生。关于这一点，《恒先》以“采物”的产生为例进行说明：

恙宜利主，采物出于作。作焉有事，不作无事。[③]

“恙宜”，李零读作“详察其所宜”[④]，有增字为释之嫌。廖名春说：“《左传·成公十六年》：‘德、刑、详、义、礼、信，战之器也。德以施惠，刑以正邪，详以事神，义以建利，礼以顺时，信以守物。民生厚而德正，用利而事节，时顺而物成，上下和睦，周旋不逆，求无不具，各知其极。’‘详义’即‘祥义’。也作‘义详’。《墨子·迎敌祠》：‘其人为不道，不修义详。’‘义详’即‘义祥’。所谓‘详以事神，义以建利’，‘祥义’当指礼义。”[⑤]廖说以《左传》“详”“义”为“祥

---

① 《孟子·梁惠王下》：“君是以不果来也。”赵岐注：“果，能也。”（宗福邦等主编：《故训汇纂》，商务印书馆2003年版，第1080页）

② 丁四新：《楚简〈恒先〉章句释义》，载丁四新：《楚地简帛思想研究》（二），湖北教育出版社2005年版，第129页。

③ “作焉有事”之“作”字原无，前有墨横，“作”字依廖名春补。参见廖名春：《上博楚简竹书〈恒先〉新释》，载《中国哲学史》2004年第3期。

④ 马承源主编：《上海博物馆藏战国楚竹书》（三），上海古籍出版社2003年版，第294页。

⑤ 廖名春：《上博楚简竹书〈恒先〉新释》，载《中国哲学史》2004年第3期。

义",可从。"详"可作"祥"。《大壮·象》:"视履考详。"陆德明释文:"详,郑王肃作祥,善也。"[①]《荀子·修身》:"则可谓不详少者矣",杨琼注:"详,当为祥。"[②]但廖说以"详义"为礼义则不确。《左传·成公十六年》以"德""刑""详""义""礼""信"并举,若"详义"为礼义,则"礼"字重复,故知"详义"不能为礼义。赵建功说:"据《大戴礼记·本命》'礼义者,恩之主也','恙宜利主'颇疑为'恙宜者,利之主也'之缩略,训为'详义乃成利之主要方式'。"[③]赵说对"恙宜利主"这一句式的理解可从。《说文·示部》:"祥,福也。"又《广雅·释天》:"祥,祭也。"结合《左传·成公十六年》中"详以事神"之语,"祥"应与祭祀、求神以祈福的活动有关。《乾·文言》"利者,义之和也"与《左传》"义以建利"义类似。由此,"恙宜利主"应为"祥""义"乃利之主之义。

"详义"又须借助一定的仪制即"礼"表现出来,此即下文的"采物"。"'采物'指区别等级的旌旗、衣物,也就是体现礼制的器物。"[④]"所谓'采物',就是通过'采章物色'而制作的礼教之物。"[⑤]据此,"采物出于作"即指礼制之物出于人作人为。由此人作人为即产生"事",所谓"作焉有事,不作无事"[⑥]。这里"作焉有事"的"有"是一种实存之"有",是指"事"由人作人为而产生这一客观事

① 宗福邦等主编:《故训汇纂》,商务印书馆2003年版,第2120页。

② 宗福邦等主编:《故训汇纂》,商务印书馆2003年版,第2120页。

③ 赵建功:《〈恒先〉意解》,载《华中科技大学学报》(社会科学版)2006年第2期。

④ 廖名春:《上博楚简竹书〈恒先〉新释》,载《中国哲学史》2004年第3期。

⑤ 丁四新:《楚简〈恒先〉章句释义》,载丁四新:《楚地简帛思想研究》(二),湖北教育出版社2005年版,第123页。

⑥ 《恒先》此处的"无事"不同于《老子》"为无为,事无事""以无事取天下"中的"无事"。《恒先》并不否定"事"本身,而是否定不合于其本然正性之"事"。《恒先》的"无事"只是叙述不"作"之结果的一种表达。《老子》的"无事"却是表达"无为"思想的命题。

实。其与《恒先》"事出于名"的命题并不矛盾。"事出于名",乃是从逻辑上对"事"进行的追问,此一追问的前提是以"性""意""言""名""事"来概括人事活动的基本内容。由"名"而有"事"的"有"是一种逻辑上的"有",不同于"作焉有事"中的实存之有。至此,《恒先》谈论的话题由人的"作"与"为"过渡到此种"作"与"为"之实际结果——"事"。

人之"作"与"为"形成了"事",人之所作所为之"事"亦须合乎其本然正性。对此,《恒先》指出:

> 举天下[①]之事,自作为,事庸以不可更也。

"庸"训为"乃"。[②] 这里的"自作为",是指按照"事"自身的本然正性来作为。这就是说,凡天下之事,若按其自身之本性来加以作为,则所作所为之事自会得其正性,这样就不可以随便去改变它。因为任何人为的改变皆是对其自性的破坏。这是从"事"的角度强调人事活动向本然正性的复归。

在人事活动变衍的逻辑线索中,"事出于名",因而要想确保"举天下之事,自作为",从逻辑上说就必须确保"名"合乎其本然正性。在此意义上,《恒先》特别强调"名"的重要性。《恒先》的这一思想与老庄道家不同,老庄强调"无名""不称"的"道","名"在老庄道家中是要被超越的对象。而《恒先》认为"名"是人事活动变衍的一个序列,充分肯定符合正性的"名"对于人事活动的规约作用和价值。在"名"的问题上,《恒先》首先对"名"得以产生的合法性依据和"名"之产生过程作出了说明:

---

① 此处简文无"下"字,据庞朴先生改(参见庞朴:《〈恒先〉试读》,载梁涛主编:《中国思想史前沿——经典·诠释·方法》,陕西师范大学出版社 2008 年版,第 153 页)。

② 参见马承源主编:《上海博物馆藏战国楚竹书》(三),上海古籍出版社 2003 年版,第294 页。

凡言名先者有悆(竢),荒言之后者校比焉。

“名先”即“名之先”。“凡言名先者”指人在言说名相之先。“悆”,丁四新说:“悆,读竢,即俟字。《尔雅·释诂》:‘竢,待也。’这句话是说,凡言名先者,有所依待。”[①]其说有力。由于“名出于言”,“言出于意”,“意出于性”,“性出于有”,“有出于或”,因而“名”所待者为“言”“意”“性”“有”“或”五者,其中,“或”即“恒”是“名”的终极根据。言”“意”“性”“有”不过是“恒(或)”之更加具体化的表现形式。《恒先》据此强调,人对“名”的运用过程中,要以“名”所从来的“言”“意”“性”“有”“或”为其根据,其中最主要的是“性”。这就是所谓“荒言之后者校比焉”。“荒,大也”[②],“‘荒言之后者校比焉’一句,谓广言名后者,应校订、考核名事二者的关系是否符合”[③]。如此,则人所言之“名”才能得其正性。同时亦应看到,“名”在人之“荒言”中极可能迷失其自性。为防止此种迷失,就要经常进行“名”与“实”之间的“校比”,从而使“名”得以保持其正性。否则,一旦“名”被“虚树”,即“名”丧失了其合法性依据而失其自性,此“虚树”之“名”就会由于人因袭既久而难以更改,所谓“举天下之名,虚树,习以不可改也”。这样一来,人事活动按其本性变衍的有序性链条就会中断,这是《恒先》所反对的。

由于“事出于名”,因而一旦合乎正性的“名”被确立起来,就会显示出其在社会人生中的巨大价值。这是《恒先》“名”论同时亦是《恒先》整篇思想的归宿所在。对此,《恒先》指出:

---

① 丁四新:《楚简〈恒先〉章句释义》,载丁四新:《楚地简帛思想研究》(二),湖北教育出版社2005年版,第125页。

② 丁四新:《楚简〈恒先〉章句释义》,载丁四新:《楚地简帛思想研究》(二),湖北教育出版社2005年版,第126页。

③ 丁四新:《楚简〈恒先〉章句释义》,载丁四新:《楚地简帛思想研究》(二),湖北教育出版社2005年版,第126页。

> 举天下之名，无有灋（废）者欤！天下之明王、明君、明士，庸有求而不虑。

“灋”当读为“废”，“庸”仍宜训为“乃”。[①]“这段简文的意思是说，举天下之名，如果实而立之，没有虚废的话，天下的明王、明君、明士于是就可以寻名责实以治，而不必用心于思虑、智巧了。”[②]这里强调了合乎正性之“名”对于政事、人事的规约作用，透露出了《恒先》浓厚的政治哲学意蕴。《恒先》对“名”的强调带有明显的刑名思想的色彩。至此，《恒先》对社会领域中“作”“为”之“复”的阐述，以对本然正性之“名”的高度推崇而得以完成。

总之，“复”观念是理解《恒先》“圆道”思想的一把钥匙。“恒先”的“复”观念包括自“复”和“作”“为”之“复”两个层次，自“复”又包括“恒”之“复”“恒气”之“复”和物之“复”。从宇宙论视野下的自“复”到社会领域中人事活动的“作”“为”之“复”，构成了《恒先》“复”观念发展的基本进路。“恒”之“复”以“恒”这一世界之原初状态为往复的趋向，意在说明“恒”所创生的世界之演化和“恒”之间的关系。“恒气”之“复”立足于事物的产生这一视角，以“恒气”自身为往复的对象，侧重于说明“恒气”创化万有所内蕴的动力，同时亦晓明了“恒气”这一创化之源和所创化之物的本然关联。物之“复”以感性的既生之事物为审视的对象，强调宇宙万物以向自身所涵具的本然正性复归为其存在方式。物之“复”这一“天行”法则贯通到社会领域就成为社会人生的一条价值原则。由此，社会领域中的“意”“言”“名”“事”等人事活动“复”于其本然

---

① 参见丁四新：《楚简〈恒先〉章句释义》，载丁四新：《楚地简帛思想研究》（二），湖北教育出版社2005年版，第130页。

② 丁四新：《楚简〈恒先〉章句释义》，载丁四新：《楚地简帛思想研究》（二），湖北教育出版社2005年版，第131页。

正性，就成为《恒先》“复”观念的最后归宿。《恒先》的“复”观念既上接《老子》对“复”的阐述，同时又带有鲜明的刑名思想的印记，并将“复”与“性”这一概念结合起来。《恒先》“复”观念中的“求欲自复”以及因之而被《恒先》称为“复，生之生行”的命题，更是在先秦宇宙论中独具特色。《恒先》的“复”观念成为先秦“圆道”观念发展的重要环节。

第五章

战国楚帛书、《行气铭》的“圆道”观

先秦的“圆道”观念在长沙子弹库楚帛书和《行气铭》中也有所体现。子弹库战国楚帛书的“圆道”观，主要表现为帛书边文和神像相配而形成的十二月循环的时令宜忌图式，帛书的这种图式是宗教神学和早期天文时令思想结合的产物。《行气铭》的“圆道”思想，表现为根据人天同构观念来阐述人身行气的往复循环，这是先秦“圆道”观念运用于养生理论的产物。

第一节　战国楚帛书的“圆道”观

楚帛书(蔡季襄最早称为“缯书”，后为一些学者沿用)，1942年出土于长沙市东南子弹库的一座战国中晚期之交的木椁墓中。[①] 后流失国外，现存于美国华盛顿塞克勒美术馆。[②] 楚帛书在

① 这座出土帛书的墓葬于1973年被重新挖掘。关于帛书所在墓葬的出土地点和时间以及重新挖掘的情况，参见蔡季襄：《晚周缯书考证》，中西书局2013年版，《自序》第1页；商承祚：《战国楚帛书述略》，载《文物》1964年第9期；湖南省博物馆：《长沙子弹库战国木椁墓》，载《文物》1974年第2期。关于帛书的出土时间，据李零著作所载，尚有一种观点认为是出土于20世纪30年代，参见李零：《楚帛书研究》(十一种)，中西书局2013年版，第13页。

② 关于此帛书在海外的流转情况，参见刘国忠：《古代帛书》，文物出版社2004年版，第21～22页。

内容上由图像和文字构成，中间为八行和十三行的文字，文字书写方向互为颠倒，四周是旋转状排列的十二段边文，每段配以神像一副，四方交角以青赤白黑四木相隔，帛书抄写者以朱色填实的方框将八行和十三行的文字各划为三章，十二段边文划分为十二章。[①] 关于帛书八行、十三行的文字和十二段边文，有的学者称为甲、乙、丙三篇，但因牵涉到阅读顺序的不同，学者们对甲、乙、丙三篇所具体对应的文字有所不同。[②] 李学勤为称引方便起见，曾建议将八行的文字称为《四时》，十三行的文字称为《天象》，四周的边文称为《月忌》。[③] 本书为行文方便，以李学勤的命名来指称帛书中的文字。

关于帛书的性质，研究者们有不同说法。刘国忠将其总结为文告说、巫术品说、月令说、历书历忌说、阴阳数术家说、天官书说六种。[④] 帛书本身出于墓葬，为随葬品，且放置帛书的竹匣上置一三脚龙[⑤]，1973 年重新发掘该墓时又在墓中椁盖板与外棺中间的隔板上发现一幅人物御龙帛画[⑥]，人物御龙帛画显示其具有死后灵魂升天的含义，置于竹匣上的三脚龙的内涵以及先前出土的帛书，都应与人物御龙帛画的灵魂永生观念结合起来考察。故帛书作为具有巫术性质的为死者祈祷灵魂升天的内涵，应该被肯定。又从帛书的内容上来看，帛书中间的《天象》篇非常强调敬神的重要性，其以"帝"的口吻要求人们对神灵"母弗或敬"，认为"隹(惟)

① 参见李零：《长沙子弹库战国楚帛书研究》，载李零：《楚帛书研究》(十一种)，中西书局 2013 年版，第 27～28 页。

② 参见李零：《长沙子弹库战国楚帛书研究》，载李零：《楚帛书研究》(十一种)，中西书局 2013 年版，第 28～29 页。

③ 参见李学勤：《简帛佚籍与学术史》，江苏教育出版社 2001 年版，第 37 页。

④ 参见刘国忠：《楚帛书的发现和研究》，载刘国忠：《古代帛书》，文物出版社 2004 年版，第 36～37 页。

⑤ 参见商承祚：《战国楚帛书述略》，载《文物》1964 年第 9 期。

⑥ 参见湖南省博物馆：《新发现的战国楚墓帛画》，载《文物》1973 年第 7 期。

天乍(作)福,神则各(格)之;隹(惟)天乍(作)实(妖),神则惠之"[1];至于《月忌》篇,其内容确有各月之宜忌,虽与月令之书有类似内容,但《月忌》归根到底仍是为敬神灵提供参照,所谓"下民之(式),敬之毋戈(忒)",这里的"式"为法式、准则义,实指《月忌》篇各月的宜忌而言。这样,帛书在整体上看就带有浓厚的宗教神学观念,而这种宗教神学观念又是和灵魂的永生祈盼密切联系在一起的,准确地说,是从属于这种永生观念的,故楚帛书带有明显的以灵魂升天不死为主旨的巫术性质[2],这是根据帛书出土于墓葬及其内容所得出的一种较为合理的推断。

从内容上看,战国楚帛书实际上包含着一种"圆道"图式。楚帛书的"圆道"观体现于帛书边角的神像和被称为《月忌》的边文中。帛书中间八行的文字和十三行的文字颠倒书写这一事实,说明帛书必定有两种察读的顺序,当我们将帛书中间的《天象》篇正置,这时,帛书的边文和神像就构成了一个顺时旋转往复循环的"圆道"图式,如图5-1、图5-2所示。

---

① 李零:《〈长沙子弹库楚帛书研究〉补正》,载李零:《楚帛书研究》(十一种),中西书局2013年版,第134页。

② 陈梦家既肯定了帛书作为诸侯王的时宪性质,又指出了其作为随葬品的巫术作用[参见陈梦家:《战国楚帛书考》(作于1962年),载《考古学报》1984年2期]。

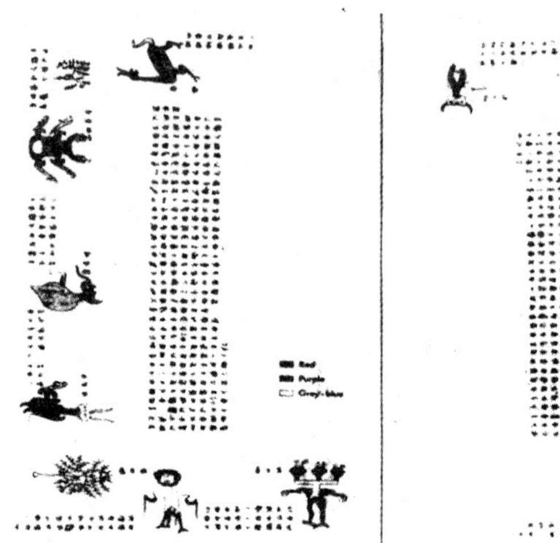

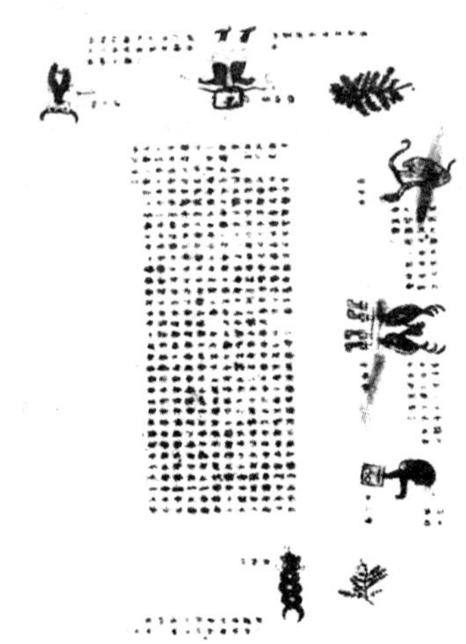

图 5-1　战国楚帛书巴纳德摹本

图像采自李零《楚帛书研究》(十一种),中西书局 2013 年版,附图五。

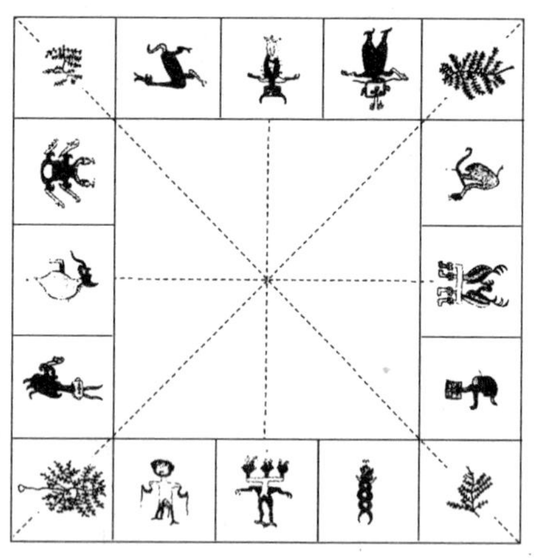

图 5-2　楚帛书十二月“圆道”图式示意图

图像采自李零《中国方术正考》,中西书局 2006 年版,第 143 页。为与图 5-1 相配使用,此图是李零书原图左旋 90 度而成。

帛书的“圆道”图式包含着神学观念、天文思想和时令宜忌，是三者的统一体。以下对此作出说明。

其一，帛书的“圆道”图式包含着浓厚的神学观念。

当《天象》篇正置，自帛书右上的青木之下始，代表十二月的神像依次排列[①]，“其中春正、二、三月居于右方，领于右上角的青木之下；夏四、五、六月居于下方，领于右下角的赤木之下；秋七、八、九月神像居于左方，领于左下角的白木之下，冬十、十一、十二月居于上方，领于左上角的黑木之下”[②]。这十二月神像，除代表四月的神像头部偏离帛书中心方向外，其余十一月的神像均朝向帛书的中心方向。神像以及与神像相配的文字构成十二章[③]，帛书与每个神像相配的文字按照三篇一组的顺序顺时针旋转排列。帛书神像一侧有三字题记，章题首字即《尔雅》十二月名[④]，帛书分别写为“取”“女”“秉”“余”“咎”“叡”“仓”“臧”“玄”“昜”“姑”“荼”[⑤]。帛书以十二月神轮流主掌十二月，四时的具体展开和往复循环通过十二月神交替表现出来，其作为月神的神怪图像，当属于《天象》篇“敬之毋戈(忒)”的神系。同时，十二月神像作为随

---

① 李零认为帛书的神像代表十二月神(参见李零:《长沙子弹库战国楚帛书研究》，载李零:《楚帛书研究》(十一种)，中西书局2013年版，第32页)。

② 李零:《长沙子弹库战国楚帛书研究》，李零:《楚帛书研究》(十一种)，中西书局2013年版，第31页。

③ 参见李学勤:《补论战国题铭的一些问题》，载《文物》1960年第7期；李学勤:《再论帛书十二神》，载李学勤:《简帛佚籍与学术史》，江苏教育出版社2001年版，第59页；李零:《长沙子弹库战国楚帛书研究》，载李零:《楚帛书研究》(十一种)，中西书局2013年版，第31页。

④ 这一观点经由李学勤揭示，获学者的广泛认同[参见李学勤:《补论战国题铭的一些问题》，载《文物》1960年第7期；李零:《长沙子弹库战国楚帛书研究》，载李零:《楚帛书研究》(十一种)，中西书局2013年版，第31页]。

⑤ 参见李零:《〈长沙子弹库楚帛书研究〉补正》，载李零:《楚帛书研究》(十一种)，中西书局2013年版，第65～73页。

葬品，当亦有巫术性的驱邪功用。[①] 这些都鲜明体现出帛书所具有的浓厚的神学观念。从这一点并结合十二月神神像的朝向来看，《月忌》篇反映的观念，当与《天象》篇构成思想上的接续关系。

其二，帛书的"圆道"图式包含着天文观念。

从内容来看，帛书中间八行的《四时》和十三行的《天象》有着丰富的天文观念。对于这一点，武家壁、冯时已有深入的揭示。[②] 整体上看，二篇所反映的是人们对于天地诞生以及日月星辰运行走向有序化的一种认识，体现了古人历法观念的演化。就帛书十二月神像和《月忌》篇的文字言，十三行的《天象》篇正置所形成的十二月顺时针旋转的图式，在方位上是上冬下夏，左秋右春，如果加之以东西南北方位，则此一图式在方位上是上北下南，左西右东[③]，帛书体现的这种方位与北斗建时的方位[④]一致[⑤]，这体现出了帛书由《月忌》篇和十二月神像构成的图式所包含的天文观念。

---

① 蔡季襄最早指出帛书的作用"盖藉以保卫死者灵魂"（李零：《晚周缯书考》，中西书局 2013 年版，第 4 页）。陈梦家引《周礼·硩族氏》说明书十二月之号的驱邪功能，强调帛书作为随葬品的巫术作用，这一观点具有很大的合理性[参见陈梦家：《战国楚帛书考》（作于 1962 年），载《考古学报》1984 年 2 期]。

② 参见武家壁：《楚帛书〈时日〉篇中的天文学问题》，载《考古学研究》（九）下册，文物出版社 2012 年版，第 729～747 页；冯时：《出土古代天文学文献研究》，台湾古籍出版社 2001 年版，第 1 章。

③ 李零认为古代的方位，一种是按照斗极和斗旋顺序的上北下南，用于天文时令；一种是按照日照而取的上南下北，用于地形[参见李零：《〈长沙子弹库楚帛书研究〉补正》，载李零：《楚帛书研究》（十一种），中西书局 2013 年版，第 123～127、165 页]。

④ 《淮南子·天文训》有言："帝张四维，运之以斗，月徙一辰，复反其所。正月指寅，十二月指丑，一岁而匝，终而复始。"（何宁：《淮南子校释》，中华书局 1998 年版，第 238 页）

⑤ 关于帛书斗柄建时的方位内涵，饶宗颐引《楚辞集注》论之："《楚辞集注》：'正月为陬，盖是月孟春昏时斗柄指寅，在东北隅，故以为名。'是图正月为取，恰位于东北隅，正月居于寅位。这可说明楚历建寅，是图与《离骚》正合。"[《饶宗颐二十世纪学术文集》第 5 册 3 卷（简帛学），（台湾）新文丰出版股份有限公司 2003 年版，第 315 页]

如果说《说卦》“帝出乎震”章是以八卦与北斗建时观念结合的产物，那么楚帛书的上述图式则反映了北斗建时与十二月神结合的观念，是天文思想和神学观念结合的产物，当然，这种带有神学色彩的天文观念更富于神秘的巫术性。无论如何，帛书这一图式构成的“圆道”模式，指示出了一个基于北斗建时观念的十二月次往复循环的四时之序，这是帛书独特的“圆道”模式的最突出表现。

其三，帛书的“圆道”模式带有时令宜忌的内容。

帛书《月忌》的文字从内容上看，有宜有忌，以忌为多。《月忌》中反映宜忌的文字如下：

取于下

曰：取，乙则至，不可𠙵𢧵杀。壬子、酉(丙)子凶。乍(作)☐北征，衜(率)又(有)咎，武𠙵☐亓(其)𣪘(歇)。

女此武

曰：女，可𠙵出帀(师)篙(筑)邑。不可𠙵豪(嫁)女取臣妾，不夹(兼)得不戚。

秉司春

[曰：秉，]☐☐□□□妾畜生(牲)分☐□。

余取(娶)女

曰：余，不可𠙵乍(作)大事。少杲亓(其)☐，☐龙亓(其)☐，取(娶)女，为邦芺。

𢼸出睹

曰：𢼸，𢧵衜(率)☐旻(得)𠙵匿。不见月才(在)𠙵☐，不可𠙵亯祀，凶。取☐☐为臣妾。

虘司顕(夏)

曰：虘，不可出帀(师)。水帀(师)不𢧵☐，亓(其)𢧵(败?)亓(其)遉(覆)，䢓(至于)亓(其)下☐，不可𠙵亯。

仓莫(?)旻(得)

曰：仓，不可，不可㠯川（穿）☐。大不训（顺）于邦，又（有）𢼸内（入）于卡。

臧杢☐

曰：臧，不可㠯籔（筑）室，不可㠯乍（作），不脨不遉，亓（其）邦又（有）大𤔔（乱）。取（娶）女，凶。

玄司昧（秋）

曰：玄，可㠯笞（筑）室（？）□□□吁☐遲（徙），乃☐□□□。

昜（阳）羕

曰：昜，不[可]㷄（毁）事，可[㠯]折，敓（除）故（去）不羛（义）于四[方]。

姑分长

曰：姑，利戠（侵）伐，可㠯攻城，可以聚众，会者（诸）候，型（刑）首（？）事，殄（戮）不羛（义）。

耋司各（冬）

曰：𢾊，不可㠯攻[城]，□☐□□□□叚☐。[①]

帛书与十二月神相配的《月忌》篇包含各月宜忌之事，这牵涉到如何看待其与《月令》类文献的关系问题。陈梦家认为楚帛书为《吕氏春秋》十二纪、《礼记·月令》和《淮南子·时则训》所从来，为诸侯王的时宪，"是较早形式的月令"。[②] 李零亦认为帛书与

① 李零：《〈长沙子弹库楚帛书研究〉补正》，载李零：《楚帛书研究》（十一种），中西书局2013年版，第142～148页。

② 陈梦家：《战国楚帛书考》（作于1962年），《考古学报》1984年2期。陈梦家作出这一推断的一个证据，是帛书中五行观念的缺乏，但从与帛书同时出土的其他帛书来看，已有五行观念的运用，故陈梦家作出这一推断的前提仍可商榷。关于子弹库墓同时出土的其他帛书的情况，参见李零：《楚帛书的再认识》，载李零：《楚帛书研究》（十一种），中西书局2013年版，第213～214页。

古代的历忌之书相近，《月令》诸书从其发展而来。[①] 应当说，这种将帛书认定为月令类文献的早期形式的观点，是针对整个帛书而言，如此则显得过于笼统和简单化，因为帛书中间的《四时》和《天象》实际上与《月忌》有着明显不同的思想主题[②]，将《月忌》篇和十二神像一起构成的图文，视为月令类文献的前身，当更为合理。但必须指出，帛书的这种性质与后来的月令类文献还是有着明显的不同，这种不同主要表现在帛书并没有像《吕氏春秋·十二纪》《礼记·月令》《淮南子·时则训》那样严格按照五行观念来推断各月的宜忌，只有春天的“不可吕𠬤杀”和秋天“敨(除)故(去)不義(义)于四[方]”，符合五行之木行的生发特性和金行的收杀特性。[③] 从该墓一起出土的“帛书群”[④]的情况来看，帛书下葬的年代

① 参见李零：《长沙子弹库战国楚帛书研究》，载李零：《楚帛书研究》(十一种)，中西书局2013年版，第43页。

② 高明看到了帛书《四时》《天象》二篇和《月忌》在内容上的区别，认为帛书(其称为“缯书”)与《月令》不是一类作品(参见高明：《楚缯书研究》，载中国古文字研究会、中华书局编辑部编：《古文字研究》第12辑，中华书局1985年版，第368页)。高明的观点是合理的。

③ 不过据《礼记·月令》“仲春之月，玄鸟至”，帛书《月忌》篇中陬月(正月)“䲨至”，与《礼记》相差一月，饶宗颐认为帛书所传月令有异本[参见饶宗颐：《长沙楚帛书研究》，载《饶宗颐二十世纪学术文集》第5册3卷(简帛学)，(台湾)新文丰出版股份有限公司2003年版，第279页]。这其中还牵涉到楚历用正问题，曾宪通论证楚历用夏正(参见曾宪通：《楚月名初探》，载饶宗颐、曾宪通：《楚地出土文献三种究》，中华书局1993年版，第344页)，李零认为楚历用正问题在睡虎地简《日书》出土后已经解决，即楚历用夏正[参见李零：《长沙子弹库战国楚帛书研究》，载李零：《楚帛书研究》(十一种)，中西书局2013年版，第29页]。

④ “帛书群”的概念为李零提出，是指其在美国所见子弹库出土的一批帛书，“它包括用墨和朱砂两种颜料书写的若干不同种类的帛书或帛书残片”，包括通常所说的帛书、朱书残帛、朱栏墨书残帛、墨书残帛、墨栏墨书残帛5种(参见李零：《楚帛书的再认识》，李零《楚帛书研究》(十一种)，中西书局2013年版，第213～214页)。

已经运用了五行观念[①]，考虑到这种情况，以及同墓出土的残帛中发现的占辞来看[②]，帛书的月忌观念与《吕氏春秋·十二纪》《礼记·月令》《淮南子·时则训》之类的月令文献，应属于不同类型[③]，疑帛书各月宜忌的断语当来源于带有巫术性的时占[④]。李零认为帛书图画与神像来源于“式”，笔者认为，帛书《月忌》篇的宜忌断语不一定来源于式占，但其应与式占同属于时占一类的范围，式占和帛书十二月的月忌观念当属于时占的不同类型，而时占又总是与天文历法、巫术神学结合在一起的。饶宗颐认为《月忌》的内容多与星占有关，从其对《月忌》的释文来看，帛书的时占更可能属于星占一类。

总之，楚帛书的图文形成了一种独特的“圆道”观念，这种“圆道”观念将天文历法、神学巫术和时令宜忌三者结合起来，上述三者中的任何一者又同其余二者交融在一起，这一特点使帛书的“圆道”观念既与其后的《月令》类文献有所不同，又不能简单地将之归为神学巫术和天文历法。帛书图文所形成的“圆道”观念的这种鲜明特色，当与楚地的文化氛围密切相关。

---

① 据李零对子弹库“帛书群”的描述来看，朱栏墨书残帛已有对五行的运用[参见李零：《楚帛书的再认识》，载李零：《楚帛书研究》（十一种），中西书局2013年版，第213页]。

② 商承祚曾指出“帛书为占卜式宗教迷信的东西”，并指出同墓出土的残帛书的内容是占辞术语（参见商承祚：《战国楚帛书述略》，载《文物》1964年第9期），李学勤也认为残帛为数术类的占书（李学勤：《试论长沙子弹库楚帛书残片》，载《文物》1992年第11期）。

③ 严一萍对比了帛书与《吕氏春秋·十二纪》《礼记·月令》《淮南子·时则训》的时令观念，认为帛书与上述月令类文献不属于同一系统，其可能属于当时楚国月令一部分（参见刘国忠：《古代帛书》，文物出版社2004年版，第36页）。

④ 饶宗颐曾认为帛书为时占类文书（参见饶宗颐《长沙楚墓时占神物图卷考释》，载《东方文化》1卷1期，香港中文大学出版社1954年版，第69页）。

第二节 《行气铭》的“圆道”观

《行气铭》[①]，又称为《刀珌铭》《行气玉佩铭》《行气玉铭》等，为刻于一十二面形玉器之上的篆体阴刻字文，现藏于天津博物馆[②]，铭文共十二行，除去重文共三十六字。[③] 关于《行气铭》玉器的年代，于省吾、郭沫若、李零皆认为属战国时期。[④]《行气铭》将“圆道”观念用于行气之理，对“气”在人身中的往复运行作了说明，是先秦“圆道”观念向养生理论发展的体现。

图 5-3 《行气铭》玉饰

图像采自黄耀明《行气玉铭探微》，载《中国国家博物馆馆刊》2012 年第 10 期。器名从此文。

① 本篇铭文的名称取自从郭沫若先生(参见郭沫若:《〈行气铭〉释文》，载《郭沫若全集·考古编》第 10 卷，科学出版社 1992 年版，第 167 页)。

② 参见黄耀明:《行气玉铭探微》，载《中国国家博物馆馆刊》2012 年第 10 期。

③ 参见李零:《中国方术正考》，中华书局 2006 年版，第 271 页。

④ 对于《行气铭》的器物年代，于省吾、郭沫若、陈邦怀尽管有不同意见，但他们都认定属于战国时期(参见李零:《中国方术正考》，中华书局 2006 年版，第 271 页)。

图 5-4 《行气铭》拓本

图像采自黄耀明《行气玉铭探微》,载《中国国家博物馆馆刊》2012 年第 10 期。

《行气铭》铭文如下:

行气:吞则畜,畜则伸,伸则下,下则定,定则固,固则萌,萌则长,长则复,复则天。天其本在上,地其本在下。顺则生,逆则死。[1]

"吞",铭文原作"[illegible]"。于省吾释为"天"。[2] 闻一多释为"居"。[3] 郭沫若先释为"阒"[4],后释为"深"[5]。陈邦怀释为"吞"。[6] 饶宗颐释为"天",读为"镇",意为动词。[7] 许国经认为"[illegible]"当释为"宊",意为

① 李零:《中国方术正考》,中华书局 2006 年版,第 271 页。此铭文是作者据于省吾、郭沫若、陈邦怀等学者的考释整理而成,本书引用时取考释之后的简写字体。

② 参见于省吾:《双剑誃吉金文选》,中华书局 1998 年版,第 385 页。

③ 参见《闻一多全集》(一),三联书店 1982 年版,第 166 页。

④ 参见郭沫若:《〈行气铭〉释文》,载《郭沫若全集·考古编》第 10 卷,科学出版社 1992 年版,第 170 页。

⑤ 参见郭沫若:《奴隶制时代》,中国人民大学出版社 2005 年版,第 203 页。

⑥ 参见陈邦怀:《战国〈行气玉铭〉考释》,载《古文字研究》第 7 辑,中华书局 1982 年版,第 187 页。

⑦ 参见饶宗颐:《剑珌行气铭与〈汉简〉引书》,载钱伯城主编:《中华文史论丛》第 51 辑,上海古籍出版社 1993 年版,第 227～228 页。

气从鼻孔深深吸入。[①] 范毓周释为“纳”。[②] 上述诸说中，以饶宗颐的释义为胜。饶宗颐认为，“[illegible]”就是“行气之时，先镇之于丹田”[③]。据此，铭文记录了以天地往来为依据和模型的人身之“行气”过程。

这一过程又包括两个方面：从“[illegible]（镇）”到“畜”“伸”“下”“定”“固”的阶段，是气行至人身之“地”的过程；从“固”到“萌”“长”“复”“天”，是气行至人身之“天”的过程。“畜”当为“蓄”，即蓄养之义，“伸”指“气”“经过蓄养之后的循行活动，“下”指明了这种循行活动的方向，从“天其本在上，地其本在下”的说法来看，这里的“下”当指人身之“地”。“气”行至人身之“地”的部位后，在此“定”与“固”。“定”与“固”可以视为“气”的归根。至此，这是“气”运行的下行阶段。“气”在人身之“地”经过“定”与“固”之后，则开始了新的运行活动，即所谓“萌”与“长”。《行气铭》认为“萌”和“长”在“气”的运行方向上与前此向“下”的归根活动相反，当指向“上”即向人体之“天”的方向运行，所谓“长则复”。“复则天”，是说“气”经过运行之后达至人体之“天”。这样，经由行气之始人的“[illegible]（镇）”之活动，“气”经历了先回到人身之“地”继而运行到人身之“天”的过程，初步完成了由人身之“地”而人身之“天”的一个循环。

由铭文可以推知，当“气”在人体内运行至人身之“天”这一阶段之后，也必然由人身之“天”再次归于人身之“地”，人的“[illegible]（镇）”不过是顺助了“气”的本然运作规律和特性。这样一来，“气”在人身之内就构成了一个类似天地往来的往复运动。“气”

---

① 参见许国经：《〈行气玉铭〉铭文新探》，载《湖北大学学报》（哲学社会科学版）1989 年第 1 期。

② 参见范毓周：《关于战国“玉行气铭杖首”的几个问题》，载《纪念徐中舒先生诞辰 110 周年国际学术研讨会论文集》，巴蜀书社 2010 年版，第 208～209 页。

③ 饶宗颐：《剑珌行气铭与〈汉简〉引书》，载钱伯城主编：《中华文史论丛》第 51 辑，上海古籍出版社 1993 年版，第 228 页。

的这一规律乃是人体生命得以存活和富有生机的必由法则，所谓“顺则生，逆则死”。“顺”即是顺应“气”的这种运行方向，“逆”则是违背之。“顺则生，逆则死”，指出了“气”的这种本然循行方向和法则对于人的生命存在的重要性。关于《行气铭》的这种行气模式，李零认为“天之本”指上丹田泥丸，“地之本”指脐下下丹田，“气”的循环过程应属于任督行气的小周天。[①] 从铭文内容和后世的养生学文献来看，将《行气铭》的行气过程视为小周天是合理的，不过铭文与人体下丹田对应的位置，应该是“吞则畜”的所“畜”之处，而由所“畜”之处下行所至的人身之“地”，当指人体的会阴穴。

《行气铭》揭示的“气”在人身之“地”与“天”之间的回环运行，构成了一个环周往复的“圆道”模式。在这一人身的行气过程中，“宲(镇)”是行气的关键，做到了“宲(镇)”，“气”便按照自己的固有规律按其本然路向运行。“宲(镇)”的存在，说明这种行气理论是与吐纳结合在一起的。同时，《行气铭》的行气理论还有一个重要的观念，即人身与天地具有同构性，“天其本在上，地其本在下”，《行气铭》认为人身有内在的“天”与“地”，人身之“气”的运行与天地之气的往复相类。此外，从《行气铭》所揭示出的“气”之运行过程和特点来看，《行气铭》的行气理论除了以天地往复为依据之外，还吸收了《老子》第十六章揭示的万物以“兴作——归根”为其存在方式的“圆道”观念，体现出对《老子》“归根复命”思想的具体运用。《行气铭》对人身之气运行规律的体察和说明，体现出对天人同构观念和《老子》“归根复命”思想的结合，“气”的环周运行，既原于天地往复之道，又体现了万物“兴作——归根”交替往复的本然存在方式。《行气铭》的行气思想，是“圆道”观念在养生方面的运用。这是先秦“圆道”观念延伸到养生层面的经典例证。

---

① 参见李零：《中国方术正考》，中华书局 2006 年版，第 272 页。

第六章

《黄老帛书》《管子》和邹衍的“圆道”观

《黄老帛书》是先秦黄老学的重要著作。在“圆道”观上，帛书首先以具有自然哲学意味的“天道”观为基础，强调天道“极而反”“环周”的特点，进而对往复天道观作了新的阐释，以阴阳、刑德思想论天道，并以之作为王者施政的依据。《管子》的“圆道”思想主要存在于《幼官》(《幼官图》)《四时》《五行》《轻重己》诸篇中，并通过不同模式的教令或时政思想体现出来。其中，《幼官》(《幼官图》)据五行将一岁分为五个时段三十一个时节，以此为据进行施政活动;《四时》“圆道”观的特色，表现为以五方为引领，四时与五行相结合，涵具天文、四时、五行、五方、政事在内的教令体系;《五行》篇将五行均分至一年三百六十天中，形成了五行御时的“圆道”教令结构。《轻重己》“圆道”教令的独特之处，是将一年中的四时进行八分，并在此基础上施行相应的政令。邹衍作为先秦阴阳家的代表人物，其“圆道”思想通过思维方式、五行相生的时政思想，以及“五德终始”循环的天道历史观表现出来。《黄老帛书》《管子》和邹衍的“圆道”观，都同阴阳家的思想有密切的关联，从《黄老帛书》到《管子》再到邹衍，体现了先秦“圆道”观念从天道观发展到教令思想，再落实为天道历史观的发展过程。

第一节 《黄老帛书》的“圆道”观

1973年,长沙马王堆3号汉墓出土了一批帛书,其中《老子》乙本卷前有四种一万余字的佚书,即《经法》《十六经》《称》《道原》。[①] 学界对于这四种帛书的名称存在不同说法,约有“《黄帝四经》”“《黄老帛书》”“马王堆《老子》乙本卷前佚书”“《经法》等四篇”“《黄帝书》”“帛书《黄帝四经》”等几种。[②] 笔者称此四种古佚书为《黄老帛书》。关于《黄老帛书》的成书时间,有战国早中期说、战国中晚期说、战国末说、汉初说等[③],此处从战国末期说[④]。关于《黄老帛书》所属的文化地域,学界也存在不同看法,主要有郑国说、楚地说、越国说、齐国说。[⑤] 在思想性质上,帛书出土后的

---

① 其中的《十六经》篇名,20世纪80年代前学界多据帛书整理者的说法称为《十大经》,1980年国家文物局研究室整理的《马王堆汉墓帛书》(壹)改为“《十六经》”,多数学者沿用这个名称至今,本书亦称“《十六经》”。此外《十六经》的篇名,李学勤称为“《经》”(参见李学勤:《简帛佚籍与学术史》,江西教育出版社2001年版,第310～320页),高正称为“《十四经》”(参见高正:《帛书〈十四经〉正名》,载陈鼓应主编:《道家文化研究》第3辑,第283～284页)。

② 参见张增田:《〈黄老帛书研究综述〉》,载《安徽大学学报》(哲学社会科学版)2001年第4期;刘国忠:《古代帛书》,文物出版社2004年版,第144～148页;李夏:《帛书〈黄帝四经〉研究》,山东大学博士学位论文,2007年,第3～4、26～30页。

③ 参见张增田:《〈黄老帛书研究综述〉》,载《安徽大学学报》(哲学社会科学版)2001年第4期;刘国忠:《古代帛书》,文物出版社2004年版,第148～150页;李夏:《帛书〈黄帝四经〉研究》,山东大学博士学位论文,2007年;袁青:《〈黄帝四经〉成书时代辨析》,载陈鼓应主编:《道家文化研究》第30辑,中华书局2016年版,第570～588页;鞠秋洋:《〈黄老帛书〉中的阴阳家思想研究》,武汉大学硕士学位论文,2017年。

④ 持战国末期说的相关观点,参见鞠秋洋《〈黄老帛书〉中阴阳家思想研究》,武汉大学硕士学位论文,2017年。鞠文亦持战国末期说。

⑤ 参见刘国忠:《古代帛书》,文物出版社2004年版,第148～150页;张增田:《〈黄老帛书研究综述〉》,载《安徽大学学报》(哲学社会科学版)2001年第4期。

一段时间内，受当时意识形态的影响，研究者多以《黄老帛书》为法家著作，20世纪80年代之后，一般将《黄老帛书》视为黄老学著作。

先秦“圆道”观的最主要来源是人们对于天文星象的观察，先秦的天道概念正是据此而来，而据天道往返之理以言治道之则，正是《黄老帛书》的重要内容。《黄老帛书》“圆道”观的特点在于对天道往返循环之理作了更为详细的说明，以阴阳、刑德论天道，并以此来为人事领域中的王者治道提供方法和依据，呈现出人事合于天道、以阴阳刑德为特色的“圆道”观，以下对此作出说明。

一、《黄老帛书》的往复天道观

《黄老帛书》的“圆道”观，首先以春秋以来具有自然哲学意味的“天道”观为基础，强调天道“极而反”“环周”的特点。“天道”是《黄老帛书》中最重要的一个概念①，帛书对天道往复特点的描述主要有②：

天稽环周。(《十六经·姓争》)③

天地有恒常……天地之恒常，四时、晦明(明)、生杀、輮

① 曹峰说：“《黄帝四经》的‘道’更多指的是‘天道或者说‘天地之道’。《黄帝四经》的理论主要是天道论’……”(曹峰：《〈黄帝四经〉所见“节”“度”之道》，载《史学月刊》2017年第5期，第31页)按照《黄老帛书》“天阳地阴”的说法，地道的特性实际上已经蕴含于四时所展现的天道阴阳之中，故天地之道仍属于天道的范围。

② 引文中()内为随文注出的帛书的异体字、通假字等，【】内为补文，□为可以确定的缺文字数，○为“书手写错后涂去或加钩、圈、点等以表作废之字以及未写全的废字”[裘锡圭主编：《长沙马王堆汉墓简帛集成》(壹)，中华书局2014年版，书前“凡例”第2页]，下同。另整理者据帛书重文符号而写出的()内的文字，因重文符号不便于排版，本书在引用时一律直接写出，去掉()。

③ 裘锡圭主编：《长沙马王堆汉墓简帛集成》(肆)，中华书局2014年版，第162页。

(柔)刚。(《经法·道法》)[①]

极而反,盛而衰,天地之道也,人之李(理)也。(《经法·四度》)[②]

极而【反】者,天之生(性)也。(《经法·论》)[③]

一立一癈(废),一生一杀,四时代正,冬(终)而复始。(《经法·论约》)[④]

天执一以明(明)三。日信出信入,南北有极,【度之稽】【也。月信生信】死,进禐(退)有常,数之謍(稽)也。列星有数,而不失亓(其)行,信之謍(稽)也。天明(明)三以定二,则一晦一明(明),【□□□□□□□□□】。(《经法·论》)[⑤]

从上文对“天”和“天地之道”的描述来看,“环周”“极而反”“终而复始”是其本性和最主要的特点,这又具体通过“四时、晦明(明)、生杀、輮(柔)刚”的交替得以展现,其中的“晦明”又表现为“天执一以明三”。“执一”的“一”即天道,“明”有彰显义,“三”指日月星三者。“日信出信入”,“月信生信死”,“列星有数,而不失其行”,日月星三者产生了天道的“度”“数”和“信”,并昭示出天道阴阳幽显之理,所谓“天明三以定二,则一晦一明”。以上《黄老帛书》所言“天”和“天地之道”是天文数度意义上的,带有明显的自

① 裘锡圭主编:《长沙马王堆汉墓简帛集成》(肆),中华书局2014年版,第127页。

② 裘锡圭主编:《长沙马王堆汉墓简帛集成》(肆),中华书局2014年版,第138页。

③ 裘锡圭主编:《长沙马王堆汉墓简帛集成》(肆),中华书局2014年版,第140页。

④ 裘锡圭主编:《长沙马王堆汉墓简帛集成》(肆),中华书局2014年版,第146页。

⑤ 裘锡圭主编:《长沙马王堆汉墓简帛集成》(肆),中华书局2014年版,第140页。

然哲学的色彩，这种意义上的"天"和"天地之道"当来源于阴阳家。[①]《黄老帛书》带有抽象普遍性意味的作为人事原理和法则的"天道"，正是建立在这种天文数度意义上的"天"的基础之上的，这种抽象普遍性意味的"天道"在帛书中又被称为"一"[②]。

整体上看，帛书的"天道"相较于《老子》作为宇宙本原、本体的抽象之"道"，其内涵显得更为具体。《黄老帛书》"天道"的这一特点，在《国语·越语下》《管子》《淮南子》《吕氏春秋》中有类似的说法。[③] 尽管帛书也谈到宇宙本原意义上的"道"[④]，但其更加强调往复循环的天道，这很可能是沿着《国语·越语下》中的天道观而来，并与《管子》《淮南子》《吕氏春秋》所言的往复天道观处于大致相近的思想脉络之中。如果说《老子》抽象的"道"论对春秋以来

① 据帛书的描述，《黄老帛书》中的黄帝与天文历法有关，《十六经·立命》："昔者黄宗质始好信……数日，磿(曆—歷)月，计岁，以当日月之行。"[裘锡圭主编：《长沙马王堆汉墓简帛集成》(肆)，中华书局 2014 年版，第 151 页]《史记·历书》亦言："太史公曰：神农以前尚矣。盖黄帝考定星历，建立五行，起消息，正闰馀，于是有天地神祇物类之官，是谓五官。"(司马迁：《史记》第 4 册，中华书局 1982 年版，第 1256 页)

② 《十六经·成法》："黄帝曰：一者一而巳(已)乎？亓(其)亦有长乎？力黑曰：一者，道亓(其)本也，胡为而无长？□□所失，莫能守一。一之解，察于天地。一之理，施于四海。何以知[illegible]之至，远近之稽？夫唯一不失，一以騶(趋)化，少以知多。夫达朢(望)四海，困极上下，四乡(向)相(抱)抱，各以亓(其)道。夫百言有本，千言有要，万【言】有蔥(总)。万物之多，皆阅一空(孔)。夫非正人也，孰能治此？"[裘锡圭主编：《长沙马王堆汉墓简帛集成》(肆)，中华书局 2014 年版，第 165 页]当然，这里和《道原》篇"一者亓(其)号也"的"一"又不相同，后者是指抽象的本原之"道"。

③ 参见陈鼓应：《黄帝四经今注今译》，商务印书馆 2007 年版，31 页。

④ 如《道原》篇："恒先之初，迵同大(太)虚。虚同为一，恒一而止。湿湿梦梦，未有明(明)晦。神微周盈，精䆳(静)不䆳(熙)。古(故)未有以，万物莫以。古(故)无有刑(形)，大迵无名。天弗能復(覆)，地弗能载。小以成小，大以成大。盈四海之内，又包其外。在阴不腐，在阳不焦。一度不变，能适规(蚑)侥(蛲)。鸟得而蜚(飞)，鱼得而流(游)，兽得而走，万物得之以生，百事得之以成。人皆以之，莫知亓(其)名。人皆用之，莫见亓(其)刑(形)。"[裘锡圭主编：《长沙马王堆汉墓简帛集成》(肆)，中华书局 2014 年版，第 189 页]

的往复天道观作了重要的思想提升，那么包括《黄老帛书》在内的战国时期大量存在的往复天道观，应是春秋以来天道观的进一步发展，这是不同于《老子》抽象“道”论的先秦天道观的一种发展方向，这一天道观的发展方向在先秦阴阳家中表现得尤为突出。

二、以阴阳刑德论天道

《黄老帛书》对往复天道观的强调，实际上构成了以天道为基础的“圆道”。这种天道（圆道）观的突出特色，在于引入了阴阳、刑德、文武等概念来加以说明。[①] 帛书以阴阳、刑德、文武论天道（圆道），主要见于以下材料：

> 黄帝曰：群群□□□□□□为一囷，无晦无明（明），未有阴阳。阴阳未定，吾未有以名。今始判为两，分为阴阳，离（離）为○四【时】，□□□□□□□□□□□因以为常，亓（其）明（明）者以为法，而微道是（行。行）法循□□□（牝牡，牝牡）相求，会刚与柔。（《十六经·观》）[②]
>
> 春夏为德，秋冬为刑。（《十六经·观》）[③]
>
> 刑德皇皇，日月相朢（望），以明（明）亓（其）当，而盈□无匡。（《十六经·观》）[④]
>
> 刑德皇皇，日月相朢（望），以明亓（其）当。朢（望）失亓（其）

---

① 《黄老帛书》的阴阳刑德思想，是治术中的刑德思想和阴阳观念相结合的产物，其阴阳刑德思想属于阴阳家的观念。关于《黄老帛书》和阴阳家的关系，参见鞠秋洋《〈黄老帛书〉中的阴阳家思想研究》，武汉大学硕士学位论文，2017年。

② 裘锡圭主编：《长沙马王堆汉墓简帛集成》（肆），中华书局2014年版，第152页。

③ 裘锡圭主编：《长沙马王堆汉墓简帛集成》（肆），中华书局2014年版，第152页。

④ 裘锡圭主编：《长沙马王堆汉墓简帛集成》（肆），中华书局2014年版，第152页。

当，环视亓(其)央(殃)。天德皇皇，非刑不行。缪缪(穆穆)天刑，非德必顷(倾)。刑德相养，逆顺若成。刑晦而德明(明)，刑阴而德阳，刑微而德章。亓(其)明(明)者以为法，而微道是行。(《十六经·姓争》)[①]

凡论必以阴阳【□】大义。天阳地阴。春阳秋阴。夏阳冬阴。昼阳夜阴……(《称》)[②]

极阳以杀，极阴以生，是胃(谓)逆阴阳之命。极阳杀于外，极阴生于内……(《经法·四度》)[③]

始于文而卒于武，天地之道也。四时有度，天地之李(理)也。日月星辰有数，天地之纪也。三时成功，一时刑(刑)杀，天地之道也。四时时而定，不爽不代(忒)，常有法式，【□□□】起，一立一癈(废)，一生一杀，四时代正，冬(终)而复始……(《经法·论约》)[④]

天固有夺有予……(《十六经·兵容》)[⑤]

通过以上文字我们可以发现，帛书的天道观是与阴阳刑德思想紧密结合在一起的。这主要包括以下几个方面：

其一，在帛书看来，阴阳刑德是天道宇宙论展开的重要环节。

---

① 裘锡圭主编:《长沙马王堆汉墓简帛集成》(肆)，中华书局 2014 年版，第 161～162 页。《国语·越语下》范蠡的言论中出现了“天道皇皇”“明者以为法”“微者则是行”等语：“臣闻古之善用兵者，赢缩以为常，四时以为纪，无过天极，究数而止。天道皇皇，日月以为常，明者以为法，微者则是行。”(徐元诰:《国语集解》，中华书局 2002 年版，第584 页)

② 裘锡圭主编:《长沙马王堆汉墓简帛集成》(肆)，中华书局 2014 年版，第 187 页。

③ 裘锡圭主编:《长沙马王堆汉墓简帛集成》(肆)，中华书局 2014 年版，第 138 页。

④ 裘锡圭主编:《长沙马王堆汉墓简帛集成》(肆)，中华书局 2014 年版，第 146 页。

⑤ 裘锡圭主编:《长沙马王堆汉墓简帛集成》(肆)，中华书局 2014 年版，第 164 页。

“群群□□□□□□□为一囷”的“群群”，陈鼓应读为“混混”[①]；“囷”，整理者读为“圈”[②]。“囷”，《说文》：“囷，廩之圜者。从禾在口中。圜谓之囷”，“囷”为仓廩，帛书以“囷”来说明宇宙初始，当取其含藏万有之义，且“囷”有“圜”义，正与帛书反复强调的天道往复的特点相应，这说明帛书《十六经》的宇宙论更多的是一种天道论，是以天道为始源的。以具有“圜”义的“囷”来描述宇宙源初状貌，不仅说明了宇宙始源的含藏特点，亦为其后支配人事领域的往复“圆道”观念奠定了前提。“群群”，不必读为“混混”，二字差别较大，“群群”当读如字，为万有之端的总称，“群群□□□□□□□为一囷”，是指彼时宇宙一切万有的可能性含藏于宇宙大“囷”之中。尽管此时宇宙大“囷”已含藏万有，但彼时仍是一片混沌，未有一物呈现，即所谓“无晦无明，未有阴阳”。

宇宙大“囷”在生化中首先产生阴阳二者，这里的阴阳二者是指抽象的作为宇宙论环节的“阴”与“阳”，阴阳二者又进一步分化为春夏秋冬四时。注家据《国语·越语下》“德虐之行，因以为常”句，在上引第一段文中“因以为常”前所缺十一字的最后，补入“德虐之行”四字[③]，其说可从。“德虐”的“虐”与“德”相对，指“刑”而言。[④]“刑”“德”的原意当指王者的治术行为[⑤]，帛书的“德虐”即“德刑”，是对四时更替的一种人文观照，“德虐之行”即春夏秋冬

① 参见陈鼓应：《黄帝四经今注今译》，商务印书馆，2007 年版，第 210 页。

② 参见裘锡圭主编：《长沙马王堆汉墓简帛集成》（肆），中华书局 2014 年版，第 153 页。

③ 参见陈鼓应：《黄帝四经今注今译》，商务印书馆 2007 年版，第 211 页。

④ 参见裘锡圭主编：《长沙马王堆汉墓简帛集成》（肆），中华书局 2014 年版，第 153 页注三。

⑤ 《韩非子·二柄》：“何谓刑德？曰：杀戮之为刑，庆赏之谓德。”（王先慎：《韩非子集解》，中华书局 1998 年版，第 39 页）

之四时更替,此是天道之"常"。据帛书,"春夏为德,秋冬为刑","刑晦而德明,刑阴而德阳,刑微而德章(彰)",故"明者以为法"的"明者"是指"德"言,"微道是行"的"微道"是指"刑"言,"明者以为法""微道是行",是以刑德来说明四时更替表现出来的不易法则、法度。至此,本为人文领域中王者治事行为的"刑"与"德"就在帛书中获得了天道内涵,"刑""德"成为天道宇宙论展开的环节,获得了来自天道的依据,并且是天道法则的具体体现。帛书的"刑""德",主要是将原指人事活动的刑德内涵提升到了天道层面,据出土的《黄老帛书》来看,其"刑德"还不具有汉代刑德学说包含的阴阳家属性和数术内涵。①

其二,帛书强调阴阳刑德通过实然宇宙中的阴阳、日月、四时构成了一个往复循环的"圆道",并且帛书亦强调此一"圆道"中阴阳刑德转化的时机、节度和法度。

在帛书中,四时与日月是阴阳刑德"圆道"观的最主要符示者,故帛书主要借助于四时、日月来阐发阴阳刑德为特征的"圆道"模式。在帛书看来,阴阳不仅是宇宙论上具有肇始功能的两大要素,而且在实然的宇宙中,天地、四时、昼夜乃至人事领域中的事物和活动莫不具有阴阳属性,均可以阴阳言之,所谓"天阳地阴,春阳秋阴,夏阳冬阴,昼阳夜阴"。阴阳作为帛书审视万物的重要视角,其中,"春阳秋阴,夏阳冬阴",这样,"四时代正,终而复

---

① 《汉书·艺文志·兵书略》于兵阴阳有言:"顺时而发,推刑德,随斗击,因五胜,假鬼神为助者也。"(班固:《汉书》第6册,中华书局1962年版,第1760页)《艺文志·数术略》五行类录《刑德》七卷、《五音奇胲刑德》二十一卷(参见班固:《汉书》第6册,中华书局1962年版,第1768～1769页)。《数术略》中的刑德学说属于数术,《兵书略》的刑德学说则是兵学思想和数术的结合,但《数术略》和《兵书略》中的刑德学说都应与阴阳有关。另马王堆汉墓出土了《刑德》甲、乙、丙本,其思想大致属于天文数术类[参见裘锡圭主编:《长沙马王堆汉墓简帛集成》(伍),中华书局2014年版,第1～2页]。

始"的四时更替,约而言之就是一个阴阳往复的过程。又"春夏为德,秋冬为刑",四时更替的阴阳往复过程又可以"刑""德"来表示。"刑"主死而"德"主生,四时更替就是"一立一废,一生一杀"的往复交替。除四时外,日月更是生动而直观地彰显着阴阳刑德的往复交替,所谓"刑德皇皇,日月相望,以明其当,而盈□无匡"。《说文》:"皇,大也。""刑德皇皇,日月相望",就是说日月运行乃是刑德之显见者;"以明其当,而盈□无匡",是说日月交替运行向人明示出了天道阴阳刑德往复的当然之则(帛书又称此为"天当"),"盈□无匡"中的缺字当补入"绌"字[①],"匡"即"亏损"[②],"盈[绌]无匡",是说日月交替所体现出来的阴阳刑德之赢缩作为一种客观的规律和法则在起作用。相反,如果日月运行失序即"望失其当"则会招致灾祸,即所谓"环视其央(殃)","环视其央(殃)"是指人将反受日月失序之殃害[③],这里的"望失其当",当指异常天象即日食和月食而言。

在通过四时、日月具体晓明了天道阴阳刑德为特征的"圆道"法则之后,帛书对此阴阳刑德的法则又作出了概论性的说明。

其一,阴阳刑德的交替是一个往复的过程,帛书称为"极阳以杀,极阴以生"。

"杀"针对的对象指"阳"言,即"阳"之杀,也即阳极而生阴,

---

① 此句中"盈"下残字,整理者蔡伟据残存笔画疑为"者"字,从文义来看,"盈者无匡"与前文文义不符[参见裘锡圭主编:《长沙马王堆汉墓简帛集成》(肆),中华书局2014年版,第154页],故不取。陈鼓应据下文的"赢而事绌""绌而事赢"及《称》篇中的"赢绌变化",补为"绌"字(参见陈鼓应:《黄帝四经今注今译》,商务印书馆2007年版,第220页),可从。

② 参见裘锡圭主编:《长沙马王堆汉墓简帛集成》(肆),中华书局2014年版,第154页。

③ 陈鼓应释"环"为"反"(参见陈鼓应:《黄帝四经今注今译》,商务印书馆2007年版,第266页)。

“生”指“阳”之生,“极阳以杀,极阴以生”,就是强调阴阳的往复转化,阴极而阳生,阳极而阴生,二者处于交替循环之中。“极阳”所生之阴和“极阴”所生之阳,于其所由生的“极阳”之阳和“极阴”之阴而言,是一种否定,帛书称此为“逆阴阳之命”。这里的“逆”是指阳极生阴和阴极生阳的现象而言,这里的“命”是指阴阳的常态变化言。“逆阴阳之命”,指出了阴阳在生化中以否定自身的方式向对方转化。不仅如此,帛书还指出了“极阳”而生“阴”和“极阴”而生“阳”的特点,即“极阳杀于外,极阴生于内”。也就是说,“阳”发展到极致,其自身的衰败以及“阴”的生发是从事物外部开始的,“阴”发展到极致所生之“阳”,是在事物内部孕育的。

其二,在阴阳刑德的往复模式中,阴阳和刑德构成不可或缺的双方。

“天德皇皇,非刑不行;穆穆天刑,非德必倾”,指出阴阳刑德共同作用构成了天道的本质内容。“天德”是指构成天道作用两个方面的刑德之“德”而言,“天刑”与“天德”相对,指“刑”言,“刑德”是天道发生作用的两个互生互化的方面。若只有“德”而无“刑”,即只有主阳、主生的方面而无主阴、主杀的方面,则天道生发万物的盛大之“德”用便无法产生和发挥作用,此即“天德皇皇,非刑不行”;同样,若只有“刑”而无“德”,即只有主杀、主阴之“刑”的方面而无主阳、主生之“德”的方面,则天道肃穆之“刑”终将使事物趋于倾覆,此即“穆穆天刑,非德必倾”。这是告诉人们,天道之“刑”与“德”二者相互依赖以存在,为不可或缺的两个方面,二者共同作用方构成天道的本质内容,用帛书的话说就是“刑德相养,逆顺若成”,这里的“逆”和“顺”分别指“刑”与“德”。

其三,阴阳刑德的往复交替是不可移易的恒常法则。

帛书认为阴阳刑德通过“四时有度”“日月星辰有数”体现出来。“四时有度”“日月星辰有数”乃“天地之理”“天地之纪”,“理”

为理则，“纪”为纲纪。“三时成功，一时刑杀，天地之道也”，是说春夏秋三时为天道之“德”，冬之时为天道之“刑”，这与帛书所言“春夏为德，秋冬为刑”是两种视角。“春夏为德，秋冬为刑”是从阴阳言，据帛书，“春阳秋阴，夏阳冬阴”，“刑阴而德阳”，故言“春夏为德，秋冬为刑”。“三时成功，一时刑杀”，是从事物之生成与毁败言，春夏秋为事物生、长、成的阶段，冬为事物杀藏的阶段，故称“三时成功，一时刑杀”。将阴阳刑德称为“天地之理”“天地之纪”“天地之道”，这些都强调了阴阳刑德作为法则的恒常性，所谓“不爽不代(忒)，常有法式”，“法式”即指作为天道恒常法则的阴阳刑德言，亦与《经法・道法》篇“天地有恒常”[①]的说法相一致。

其四，阴阳刑德又被帛书称为“文武”“顺逆”“夺与”。

“始于文而卒于武，天地之道也”，即是说阴阳刑德乃天地之道，“文”指“德”，“武”指“刑”，四时循环始于春夏而卒于秋冬，故帛书称为“始于文而卒于武”。“文”和“武”本是描述人事领域中的两种行为的概念[②]，帛书以之来论说天道，丰富了阴阳的表征方式。除“文武”外，阴阳刑德又被表示为“顺”“逆”。“逆顺若成”“逆阴阳之命”的“逆”，指“阴”“刑”言，“顺”则指“阳”与“德”。此外，帛书还将阴阳刑德称为“夺”和“与”，“天固有夺有予”的“夺”

---

① 裘锡圭主编：《长沙马王堆汉墓简帛集成》(肆)，中华书局 2014 年版，第 127 页。饶宗颐注意到了“恒”这一概念在楚文化中受到重视和普遍使用的现象(参见饶宗颐：《帛书〈系辞传〉“大恒”说》，载《道家文化研究》第 3 辑，上海古籍出版社 1993 年版，第 12 页)。曾春海认为帛书“‘天地有恒、常、贵贱有恒立(位)’的思想可推测为皆立基于远方以来楚文化所深信的恒理恒律传统”[曾春海：《帛书〈易传〉与〈黄老帛书〉的阴阳观》，载(台湾)《哲学与文化》第 42 卷第 10 期，2015 年 10 月，第 32 页]。

② 《黄老帛书》仍保留了“文武”的这一用法，如《经法・君正》：“天有死生之时，国有死生之正(政)。因天之生也养生，胃(谓)之文，因天之杀也伐死，胃(谓)之武。【文】武竝行，则天下从矣。”[裘锡圭主编：《长沙马王堆汉墓简帛集成》(肆)，中华书局 2014 年版，第 132 页]

指“阴”与“刑”，“与”指“阳”与“德”，“天固有夺有予”仍是以阴阳刑德论说天道。帛书以“文武”“顺逆”“夺与”来指称阴阳刑德，进一步丰富了先秦以来的阴阳学说。

三、阴阳刑德的“圆道”观在治术中的落实

《黄老帛书》以阴阳刑德为特色的“圆道”观，不仅展现为天道，而且还落实为王者的施政法则，推天道以明人事是帛书阴阳刑德“圆道”观的最显著特点，正如丁原明所言：“通观帛书四篇，其宗旨就是把环周往复、交替不已的天道作为人道、人伦和人群社会秩序的本体论依据，教人从天道的赢缩、正反、动静变化过程中领悟治国治民、统一天下进而为人处世所应当遵循的原则和范式。”[①]《黄老帛书》阴阳刑德的“圆道”观落实到人事，就是王者的治道原则。这主要包括以时为用和文武刑德并重两个大的方面。

（一）以时为用

帛书的天道观基于“天稽环周”“四时代正，终而复始”的“圆道”观念，如此则必然要求人的活动适应这一“极而反”的“圆道”观念造就的不同时遇，“以时为庸（用）”的因时、应时思想就成为帛书的基本要求。关于这一点帛书指出：“极而反，盛而衰：天地之道也，人之李（理）也。逆顺同道而异理，审知逆顺，是胃（谓）道纪。”[②]“极而反，盛而衰”不仅是“天地之道”，亦为“人之理”，“逆顺同道而异理”的“逆”是指“阴”与“刑”，“顺”指“阳”与“德”，阴阳刑德的转化是同一天道的往复变化，故称逆顺“同道”，“异理”则是指阴阳刑德一生一杀，其理不同。帛书认为人应“审知逆顺”即审知阴阳刑德的转化及其所造就的不同时境，并使人的活动与之相

---

① 丁原明：《黄老学论纲》，山东大学出版社 1997 年版，第 96 页。

② 陈鼓应：《黄帝四经今注今译》，商务印书馆 2007 年版，第 109 页。

应，如此方能遵循“道纪”。“以时为用”，约而言之就是做到“时若可行，亟应勿言；[时]若未可，涂其门，勿见其端”[①]。

对于“以时为用”的重要性，帛书还从正反两个方面加以强调：

> 明明（明明）至微，时反以为几（机）。天道环（还）于人，反为之客。争（静）作得时，天地与之。争不衰，时靜（静）不靜（静），国家不定。可作不作，天稽环周，人反为之【客】。靜（静）作得时，天地与之。靜（静）作失时，天地夺之。（《十六经·姓争》）[②]

“明明至微”的“明”，即《十六经·观》中“其明者以为法”的“明”，指天道意义上的“阳”和“德”言；“微”即“微道是行”的“微”，指天道意义上的“阴”与“刑”而言。“明明至微”是指从“明”至“微”的过程，即从阳到阴或者从春夏到秋冬的过程，此一过程内蕴着以“天稽环周”为特点的天道阴阳的往返之机，所谓“时反以为几（机）”。相对于外在的天道，帛书充分肯定了人在天道面前的主体性，帛书认为人在“天稽环周”的天时、天机流转中可以变被动为主动，此即“天道环（还）于人，反为之客”。“天道环（还）于人”，是指人在认识天道规律之后对外在的天道加以利用，天道规律内化于人的行为之中；帛书称此为“反为之客”，即人在天道面前反客为主。[③]“反为之客”就要做到“静作得时”，使人的活动与天时相应，如此则“天地与之”。反之，若人失时而动，“争不衰，时

---

① 陈鼓应：《黄帝四经今注今译》，商务印书馆2007年版，第362页。类似的说法还见于《称》：“圣人不为始，不剸（专）己；不豫谋，不弃时；不为得，不辞福。因天之则。”（陈鼓应：《黄帝四经今注今译》，商务印书馆2007年版，第348页）

② 裘锡圭主编：《长沙马王堆汉墓简帛集成》（肆），中华书局2014年版，第162页。

③ 参见陈鼓应：《黄帝四经今注今译》，商务印书馆2007年版，第267～268页。

静不静”,“可作不作”,“静作失时”,则人只能在天道规律面前充当被动的“客”的角色,帛书称此为“人反为之【客】”,如此则招致“国家不定”“天地夺之”的结果。帛书通过正反对比强调了应时而动的重要性。以上是帛书阴阳刑德的“圆道”观在治道中落实的基本原则,即“以时为用”。

“以时为用”“审知顺逆”,在《黄老帛书》中还表现为一些更为具体的法则。这就是要知“天极”,明“天当”。《黄老帛书》有关“天极”“天当”的论述有:

> 国失亓(其)次,则社稷(稷)大匡。夺【之】而无予,国不遂亡。不尽天极,衰者复昌。诛禁不当,反受亓(其)央(殃)。禁伐当罪当亡,必虚(墟)亓(其)国。兼之而勿擅,是胃(谓)天功。天地无私,四时不息。天地立(位),耶(圣)人故载。过极失【当】,天将降央(殃)。人强朕(胜)天,慎辟(避)勿当。天反朕(胜)人,因与俱行。先屈后信(伸),必尽天极,而毋擅天功。(《经法·国次》)①

> 兼人之国,脩(修)亓(其)国郭,処(处)其郎(廊)庙,聽(听)亓(其)钟鼓(鼓),利亓(其)齍(资)财,妻其子女。是胃(谓)【□】逆以芒(荒),国危破亡。故唯耶(圣)人能尽天极,能用天当。天地之道,不过三(功。功)成而不止,身危又(有)央(殃)。(《经法·国次》)②

> 毋先天成,毋非时而荣。先天成则毁,非时而荣则不果。日为明(明),月为晦。昏(昏)而休,明(明)而起。毋失(轶)天

① 裘锡圭主编:《长沙马王堆汉墓简帛集成》(肆),中华书局 2014 年版,第 130 页。

② 裘锡圭主编:《长沙马王堆汉墓简帛集成》(肆),中华书局 2014 年版,第 130 页。

极，廄(究)数而止。(《称》)[1]

称以权衡，参以天当，天下有事，必有巧(考)验。事如直木，多如仓粟，斗石已(已)具，尺寸已(已)陈，则无所逃亓(其)神。(《经法·道法》)[2]

顺治亓(其)内，逆用于外，功成而伤。逆治亓(其)内，顺治亓(其)外，功成而亡。内外皆逆，是胃(谓)重央(殃)，身危为僇(戮)，国危破亡。外内皆顺，命曰天当，功成而不废，后不奉(逢)央(殃)。(《经法·四度》)[3]

“天极”一词在《国语·越语下》中就已经出现：“范蠡曰：‘臣闻古之善用兵者，赢缩以为常，四时以为纪，无过天极，究数而止。’”[4]从《越语》的描写来看，其所言“天极”既是一个从属于“天道”的概念，指天道赢缩的数度和节点，又是用于指导兵事活动的参照。[5] 从《黄老帛书》上文“不尽天极”“过极失当”“毋失(铁)天极，究数而止”的说法来看，《黄老帛书》的“天极”主要也是用于军事领域，但相对于《越语》又有所推进，还包括战后对战败国的处置问题。这说明《黄老帛书》和《越语》的思想关系非常紧密，应是《越语》相关思想的发展。结合《黄老帛书》以阴阳刑德论天道的

---

① 裘锡圭主编：《长沙马王堆汉墓简帛集成》(肆)，中华书局 2014 年版，第 182 页。

② 裘锡圭主编：《长沙马王堆汉墓简帛集成》(肆)，中华书局 2014 年版，第 127 页。

③ 裘锡圭主编：《长沙马王堆汉墓简帛集成》(肆)，中华书局 2014 年版，第 138 页。

④ 徐元诰：《国语集解》，中华书局 2002 年版，第584 页。

⑤ 这里的人事活动专指兵事，对此，陈鼓应指出《国语·越语下》和《经法·国次》的“过极失当”是就用兵征国而言，《管子·势》有“成功之道，赢缩为宝，毋亡天极，究数而止”之语，陈鼓应认为是泛指(参见陈鼓应：《黄帝四经今注今译》，商务印书馆 2007 年版，第 374 页)。陈说是正确的。

思想，其所言“天极”，在天道意义上当指天道阴阳刑德往复循环的节点和数度而言，是天道阴阳刑德转化的拐点，与帛书所言“几（机）”的概念相类。[①]

《黄老帛书》“参以天当”的“天当”，则是指天道的法则。相较于“天极”这一概念，“天当”则更为宽泛，“天当”实际是包含“天极”在内的。“外内皆顺，命曰天当”，强调的是治道要和顺于天道动静之时[②]，此句中的“天当”仍指天道、天时言。《黄老帛书》中存在的“天极”“天当”概念，表明其所言天道论较其前的往复天道观更为精细化。

当然，帛书所言“天极”“天当”更多的是在推天道以明人事的意义上使用的，在《黄老帛书》看来，人事活动做到“以时为用”，其中很重要的一点就是使人的行为“参以天当”，合于“天极”。

“参以天当”就是要效法天道的往复转化，使人的活动及时把握和调整事物发展过程中态势的转化，做到“上明于天之反”[③]，以时为用。这种意义上的“参以天当”和“以时为庸（用）”在实质上是一致的，不过“参以天当”的说法更凸显了天道的至上性。

合于“天极”，落实到人事活动中，就是要敏锐把握事物转化的节点。对此，帛书从“尽天极”和“毋失天极”两个方面进行了说明。

---

① 《十六经·姓争》：“明明至微，时反（返）以为几（机）。”[裘锡圭主编：《长沙马王堆汉墓简帛集成》（肆），中华书局 2014 年版，第 162 页]

② 《经法·四度》“外内皆顺，命曰天当”前有如下文字：“动静不时胃（谓）之逆。”[裘锡圭主编：《长沙马王堆汉墓简帛集成》（肆），中华书局 2014 年版，第 138 页]从这种说法来看，帛书“外内皆顺，命曰天当”的“顺”当指顺于天道动静之时。帛书有时也将“刑德”分别称为“逆”和“顺”，如“刑德相养，顺逆若成”[裘锡圭主编：《长沙马王堆汉墓简帛集成》（肆），中华书局 2014 年版，第 162 页]。

③ 裘锡圭主编：《长沙马王堆汉墓简帛集成》（肆），中华书局 2014 年版，第 127 页。

"尽天极"是指对于所兼并的国家,要采取措施消解其对自身统治的不利影响,帛书称此为"天功",即要求人主对于战败国"必虚(墟)其国,兼之而勿擅"。

帛书对于"天功"有具体的说明:"故聖(圣)人之伐殹,兼人之国,隋(堕)亓(其)城郭,棼(焚)亓(其)钟鼓,布亓(其)齍(资)财,散亓(其)子女,列(裂)亓(其)地土,以封贤者。是胃(谓)天功。"[①]帛书强调"兼之而勿擅"的"天功",与其所理解的天道特性有关,"天地无私,四时不息",因天道以明人事,故帛书强调"天地立(位),圣人故载"。与帛书所言"勿擅天功"的做法相反,如果人主"夺而无予,国不遂亡",那将会导致"不尽天极,衰者复昌"的结果,这里的"夺而无与",具体表现为"兼人之国,修其国郭,处其郎(廊)庙,听其钟鼓,利其齑(资)财,妻其子女"。这在帛书看来是"谓[重]逆以荒"[②],即大逆天道转化之则,从而导致"国危破亡","荒"即败亡义[③]。帛书强调"唯圣人能尽天极",反对"不尽天极",都是强调对战败国要防止不裂地分封而致其复国而昌,或者以人主之私欲擅占其国而危及自身统治。从"天极"的角度看,这都是要把握和控制事物的转化之机。当然,在"尽天极"之前,对于征伐之事要坚持"人强胜天,慎避勿当。天反胜人,因与俱行"的原则,这里的"人强胜天",是指所征讨之国的现实实力超过了征讨的天时条件,此时应"慎避勿当",当"天反胜人"之时,即天时的因素超过了所征讨之国的现实力量,应"因与俱行"即与天时偕行而采取行动。这里所说的"天"带有星占学的意味,可能与星占学中

① 裘锡圭主编:《长沙马王堆汉墓简帛集成》(肆),中华书局 2014 年版,第 130 页。

② 陈鼓应:《黄帝四经今注今译》,商务印书馆 2007 年版,第 41 页。

③ 参见陈鼓应:《黄帝四经今注今译》,商务印书馆 2007 年版,第 42～43 页。

的分野[①]有关。这种将“天”与“人”作为进行战争的两种考量要素的思想，在强调“天”之重要性的同时，也使“人”的要素得以凸显，这与帛书“兵不刑天，兵不可動(动)。不法地，兵不可昔(措)；刑法不人，兵不可成”[②]的思想是一致的，但帛书整体上仍表现出了依天道而言人事的特点[③]。

除“尽天极”外，合于“天极”的另一个要求——“毋失(轶)天极”，就是要求准确把握并及时根据事物发展转化的极点采取相应的行动，从而做到“究数而止”，“轶”即“佚”，义为“过”[④]，“数”则是指促使事物发展转化的数度，这种数度亦即帛书所言“正”[⑤]。“毋失(轶)天极，究数而止”的原意，当来源于以阴阳数度之学为内容的阴阳家思想[⑥]，帛书在此将这种法天的原则贯彻到人事活动中。“毋失(轶)天极”的原则，要求做到“时极未至，而隐于德；

① “分野”就是将天上的星座、星象和地上的国家相配合的一种学说。参见陈遵妫：《中国古代天文学简史》，上海人民出版社1955年版，第89～91页；徐斌：《秦咸阳—汉长安象天法地规划思想与方法研究》，清华大学博士学位论文，2014年，第134～138页。

② 裘锡圭主编：《长沙马王堆汉墓简帛集成》(肆)，中华书局2014年版，第164页。

③ 这方面的说明在帛书中多见，如《经法·四度》有言：“周遷(迁)動(动)作，天为之稽(稽)”，“天道不远，人与処(处)”[裘锡圭主编：《长沙马王堆汉墓简帛集成》(肆)，中华书局2014年版，第138页]。

④ 陈鼓应：《黄帝四经今注今译》，商务印书馆，2007年版，第373页。

⑤ 《称》：“天贵正，过正曰诡。”《经法·君正》：“法度者，正之至也。”“天贵正”的“正”指天之法度，即阴阳刑德的交替。关于这一点郭梨华指出：“《称》这一脉络是与‘法天’之说联系，是以此一‘过正’之说，虽与人之取法有关，但所取法者乃‘天’之‘正’。”[郭梨华：《从〈称〉中之阴阳思想论其根源及其在兵法思想上的运用》，载(台湾)《哲学与文化》第42卷第10期，第121页]郭说指出了“天贵正，过正曰诡”中“正”的内涵。

⑥ 《经法·论》：“日信出信入，南北有极，【度之稽】【也，月信生信】死，进退(退)有常，数之稽(稽)也。”[裘锡圭主编：《长沙马王堆汉墓简帛集成》(肆)，中华书局2014年版，第140页]

既得其德，浅[致]以力；既成其功，环(还)复其从”[①]。这句话指出了在事物发展的不同节点上人们的相应处事之道：当事物发展变化的极点——“时极”未至之时，则隐而修德；自身力量达到一定程度时机到来之时，则努力践行[②]；成功之后，则隐没其踪[③]。如此则“人莫能代”，即不陷入危殆之中。[④]

帛书还据天道阴阳往复互化的天道、“天极”原则，引申出了守“雌节”的思想。在天道意义上，“春阳秋阴，夏阳冬阴”，四时阴阳处于往复交替之中，本着“凡论必以阴阳□大义”的思想逻辑，人事活动中可谓“伸者阳而屈者阴”[⑤]，以此为基础，帛书强调守“雌节”以使事物向有利自身的方向发展。关于“守雌节”，帛书指出：

> 皇后屯磿(历)吉凶之常，以辩(辨)雌雄之节，乃分祸福之乡(向)。宪敖(傲)骄居(倨)，是谓雄节；□□共(恭)验(俭)，是胃(谓)雌节。夫雄节者，浧(盈)之徒也。雌节者，兼(谦)之徒也。……凡人好用雄节，是胃(谓)方(妨)生。大人则毁，小人则亡。以守不宁，以作事【不成。以求不得，以战不】克。厥身不寿，子孙不殖。是胃(谓)凶节，是胃(谓)散德。凡人好用【雌节】，是胃(谓)承禄。富者则昌，贫者则谷。以守则宁，以作事则成，以求则得，以单(战)则克。厥身【则

---

① 陈鼓应：《黄帝四经今注今译》，商务印书馆 2007 年版，第 362 页。

② 陈鼓应认为“浅[致]以力”句中，“疑‘浅’读为‘践’，二字古通”(陈鼓应：《黄帝四经今注今译》，商务印书馆 2007 年版，第 364 页)。

③ 陈鼓应认为“‘从’读为‘踪’。‘还复其踪’，即收踪敛迹，还归其最初的静隐”(陈鼓应：《黄帝四经今注今译》，商务印书馆 2007 年版，第 364 页)。

④ 陈鼓应说：“‘代’，疑读为‘殆’。”(陈鼓应：《黄帝四经今注今译》，商务印书馆 2007 年版，第 364 页)

⑤ 陈鼓应：《黄帝四经今注今译》，商务印书馆 2007 年版，第 394 页。

寿,子孙则殖。是谓吉】节,是胃(谓)绔德。故德积者昌,【殃】积者亡。观其所积,乃知【福祸】之乡(向)。(《十六经·雌雄节》)[①]

上文指出了人事活动中存在的两种处事之道:“雄节”和“雌节”。雌雄两节本为古代符信的两部分[②],在此取“雄强”与“雌柔”的抽象义。帛书的“雌节”在根本上乃是取法于“阴”与“地”之柔弱义的产物,“雌节”在帛书中又被称为“柔节”,其本性是“不争”。[③]文中的“‘皇后’即皇帝,也指黄帝”[④],“‘屯历’读为‘洞历’”[⑤]。在帛书看来,“雄节”为“盈”,“雌节”为“谦”,“雄节”凶而“雌节”吉,故帛书反对“雄节”,强调守“雌节”的重要性,认为守“雌节”可使事物向有利自身的方向发展,“雄节”致福而“雌节”致祸。

《十六经》守“雌节”以使事物向有利自身的方向发展的思想,可以视为对天道转化之机——“天极”在人事领域中的运用,是帛书合于“天极”的途径。帛书守“雌节”的观点相较《老子》的守柔处弱思想,在论述上更为详细,表现出了明显的道家倾向。同时,《十六经》以“不争”为特点的守“雌节”的处事之道,其根本目的乃在于“争”[⑥],这是和《老子》思想的不同。

---

① 裘锡圭主编:《长沙马王堆汉墓简帛集成》(肆),中华书局 2014 年版,第 163 页。

② 参见国家文物局古文献研究室编:《马王堆汉墓帛书》(壹),文物出版社 1980 年版,第 70 页。

③ 《称》有言:“诸阴者法地,地[之]德安徐正静,柔节先定,善予不争。此地之度而雌之节也。”[裘锡圭主编:《长沙马王堆汉墓简帛集成》(肆),第 187 页]帛书还有类似的表述:“以强下弱,何国不克;以贵下贱,何人不得;以贤下不肖,何事不治。”(陈鼓应:《黄帝四经今注今译》,商务印书馆 2007 年版,第 109 页)

④ 陈鼓应:《黄帝四经今注今译》,商务印书馆 2007 年版,第 271 页。

⑤ 陈鼓应:《黄帝四经今注今译》,商务印书馆 2007 年版,第 271~272 页。

⑥ 关于这一点,曹峰已经指出(参见曹峰:《〈黄帝四经〉所见“节”“度”之道》,载《史学月刊》2017 年第 5 期)。说明此一观点的材料见于《十六经·五正》。

(二)阴阳、文武、刑德并用

除了"以时为用"之外,阴阳、文武、刑德并用,是《黄老帛书》以阴阳刑德为特色的"圆道"观在人事上加以运用的另一个重要方面,这种意义上的刑德属于治道的范围。

帛书治道意义上的"刑"与"德"有两种内涵:一种是与天道阴阳相应的阴阳时政思想,另一种是社会治理中的具体杀伐和德教、庆赏行为。刑德在治道中的这两种内涵,在下列文字中有明确的说明:

> 是□□赢阴布德,□□□□民功者,所以食之也。宿阳脩(修)刑,童(重)阴○长夜气闭地绳(孕)者,【所】以继之也。不靡不黑,而正之以刑与德。春夏为德,秋冬为刑。先德后刑以养生。姓生巳(已)定,而适(敌)者生争,不谌不定。凡谌之极,在刑与德。(《十六经·观》)[①]

这段文字中的"赢阴布德""宿阳修刑"的"赢阴"和"宿阳"指天道言,"布德"和"修刑"指人事言。"赢"为盈满[②],"赢阴布德"是指天道阴极生阳的变化,由帛书"春夏为德,秋冬为刑"的说法推断,"赢阴"于时为冬末春初,此时万物开始生长萌发,天道往复中的这种阳气萌动的变化正是民众因时耕作以"食之"的条件,此时人主应顺时而行"德"政,即禁止杀伐,指导民众进行"民功"即农业生产活动。"宿阳修刑"的"宿"为"久"义[③],"宿阳"则是指天道阴阳往复循环中阳尽阴生之时,于时为夏末秋初,这一阶段以"长

① 裘锡圭主编:《长沙马王堆汉墓简帛集成》(肆),第152页。

② "赢,盈也。"[国家文物局古文献研究室编:《马王堆汉墓帛书》(壹),文物出版社1980年版,第63页]

③ "宿,久也。"[国家文物局古文献研究室编:《马王堆汉墓帛书》(壹),文物出版社1980年版,第63页]

夜”和“气闭地孕”[①]为显著特征，此时天地的刑杀开始，一阴孕于阳中，此一阶段为下一个万物生长的过程做准备，帛书称为“所以继之也”。这里的“继”非指人口的繁衍，而是指再次接续万物在春天开始生长至秋季成熟的这一过程。此时人主于施政而言当注意“修刑”。这里所谓德“修刑”，就是要适应“气闭地孕”的天道而不再进行农业生产活动。“不靡不黑”的“靡”和“黑”，“二者皆绳索之名”[②]，“不靡不黑，而正之以刑与德”，是说当以天道刑德往复的周期变化为据来施政，而不施加人为的约束。

从天道循环的春夏秋冬过程来看，可以说是先“德”后“刑”，人主施政亦当效法天道，先德后刑以养育生民，所谓“先德后刑以养生”。不同种姓的民众得以出现之后，其内部会产生利益的敌争，所谓“姓生巳(已)定，而适(敌)者生争”。面对如此局面，帛书强调“不谌不定”，“谌疑读为勘，胜也”[③]，“谌”有勘正义。帛书认为“谌”的最高标准就是“刑”和“德”，所谓“凡谌之极，在刑与德”。这里的“刑”与“德”是治道意义上的，指杀伐和庆赏，不同于阴阳时令中的“德”政和“刑”政。

总之，上述文字实际指出了两种治道意义上的“刑”和“德”：一种强调的是时政观念，要求做到“毋乱民功，毋逆天时”[④]，这种“顺于天”的时政思想指向的对象是农业生产；另一种则指治道中

---

① 帛书“童(重)阴长〇夜气闭地绳(孕)者”句，陈鼓应断为“重阴长，夜气闭地孕者”(陈鼓应：《黄帝四经今注今译》，商务印书馆 2007 年版，第 217～218 页)。“长夜”一词在马王堆帛书《要》篇中出现，据此“长夜”当指夏至后至次年春分前的阶段，属于《黄老帛书》“宿阳”的时段，从文义来看，上文断句当从整理者，陈说误。

② 国家文物局古文献研究室编：《马王堆汉墓帛书》(壹)，文物出版社 1980 年版，第63 页。

③ 国家文物局古文献研究室编：《马王堆汉墓帛书》(壹)，文物出版社 1980 年版，第 63 页。

④ 陈鼓应：《黄帝四经今注今译》，商务印书馆 2007 年版，第 223 页。

的杀伐和庆赏，其指向的对象是社会人群。前者乃阴阳政令思想，整体上属于阴阳家的观念，后者则带有更为强烈的政治哲学的色彩，属于治道的范围。以下对这两种治道意义上的“刑”和“德”的内涵作进一步的说明。

1. 阴阳政令意义上的刑德说

关于阴阳政令意义上的刑德说，帛书有专门的说明：

> 夫并时以养民功，先德后刑，顺于天。亓(其)时赢而事绌，阴节复次，地尤(疣)复收。正名脩(修)刑，执(蛰)虫(蟲)不出，雪霜复清，孟谷乃萧(肃)，此材(灾)□生，如此者举事将不成。亓(其)时绌而事赢，阳节复次，地尤(疣)不收。正名施(弛)刑，执(蛰)虫(蟲)发声，草苴复荣。巳(已)阳而有(又)阳，重时而无光，如此者举事将不行。(《十六经·观》)①

“顺于天”“并时以养民功”的因时之政是帛书所强调的。帛书还指出了与此相反的两种情形并加以反对，这两种情形就是“其时赢而事绌”和“其时绌而事赢”。据《淮南子·时则训》，“时赢”和“时绌”有特定的含义，当分别指春夏和秋冬。②“阴节”“阳节”与“时绌”“时赢”相对应，指表征天道阴阳的秋冬之节和春夏之节。③“其时赢而事绌”，是说于春夏之时行秋冬之政，此时在时节上相当于重复了春夏之前的秋冬时节，即所谓“阴节复次”，“时

---

① 裘锡圭主编：《长沙马王堆汉墓简帛集成》(肆)，中华书局 2014 年版，第 152 页。

② 参见陈鼓应：《黄帝四经今注今译》，商务印书馆 2007 年版，第 225 页。

③ “阳节”“阴节”二词见于《国语·越语下》：“古之善用兵者，因天地之常，与之俱行。后则用阴，先则用阳；近则用柔，远则用刚。后无阴蔽，先无阳察，用人无艺，往从其所。刚强以御，阳节不尽，不死其野。彼来从我，固守勿与。若将与之，必因天地之灾，又观其民之饥饱劳逸以参之。尽其阳节、盈吾阴节而夺之，宜为人客，刚强而力疾；阳节不尽，轻而不可取。宜为人主，安徐而重固；阴节不尽，柔而不可迫。”(徐元诰：《国语集解》，中华书局 2002 年版，第 585 页)陈鼓应认为“阴节”指秋冬季节(参见陈鼓应：《黄帝四经今注今译》，商务印书馆 2007 年版，第 225 页)。

赢”是说春夏之时应是地气生发、万物复苏生长之时，但由于“事绌”即行秋冬之政，则地气在本应伸张生发之时再次收缩，所谓“地尤(旡)复收”，这里的“尤”，依帛书整理者当为“炁”或“氣”的假借。[①] 这种春夏之时行秋冬之政的政令反映在刑德观上就是“正名修刑”。“正名”当指政令之名[②]，“修刑”是指行秋冬之政令。帛书认为这样导致的后果是“执(蛰)虫(蟲)不出，雪霜复清，孟谷乃萧(肃)，此材(灾)□生”，即蛰虫闭藏不出，清冷之雪霜复现，春谷肃杀不生，灾害发生，这是一种“举事将不成”的局面。

如果说“其时赢而事绌”是指春夏行秋冬之政，那么“其时绌而事赢”则指秋冬行春夏之政的政令，这是“阳节复次”的过程，这种政令使得地气该收缩之时却生发开张，所谓“地尤(旡)不收”，本来在秋冬之时应当据阴阳刑德的天道观而行“刑”之政，但“事赢”的举动却以“正名弛刑”为特点，人事无法与天道的刑杀之气相应，故帛书认为会导致“执(蛰)虫(蟲)发声，草苴复荣。巳(已)阳而有(又)阳，重时而无光”的后果，“无光”即“无功”[③]，这同样是“举事将不行”的一种局面。

帛书批判两种错误的政令的目的，无非在于强调人事活动应坚持“顺于天”的法则，即因时而行刑德之政，这与《经法·四度》“毋[止死以生]，毋御死以生”[④]的思想是一致的。《十六经·观》

① 帛书整理者指出：“颇疑尤乃旡之误，旡与炁、氣音近假借。”[裘锡圭主编：《长沙马王堆汉墓简帛集成》(肆)，中华书局2014年版，第154页]

② 参见陈鼓应：《黄帝四经今注今译》，商务印书馆2007年版，第226页。

③ 参见陈鼓应：《黄帝四经今注今译》，商务印书馆2007年版，第227页。

④ 此据陈鼓应补文(参见陈鼓应：《黄帝四经今注今译》，商务印书馆2007年版，第109～110页)。《长沙马王堆汉墓简帛集成》(肆)中的帛书原文为：“毋【□】□□□以死，毋御死以生。”[裘锡圭主编：《长沙马王堆汉墓简帛集成》(肆)，中华书局2014年版，第138页]

的这种阴阳时令思想透露着天人感应的观念，其与《吕氏春秋》十二纪、《礼记·月令》及《淮南子·时则训》的月令思想在观念上具有一致性，在思想上属于同类文献，不过《黄老帛书》由于仅强调春夏秋冬四时之政，其只能称作“时令”，它不像《吕氏春秋》《礼记》《淮南子》那样将天时划分到一年十二月中，故《黄老帛书》的时令思想当为后者的前身。

2. 杀伐和庆赏意义上的阴阳刑德之政

治道中的“刑”与“德”不仅是指广义上代表天道之“阳”与“阴”的“德”“刑”之政令，还是指上述政令中具体的杀伐和德教、庆赏的行为。帛书与此相关的论述有：

> 因天时，伐天毁，胃（谓）之武。武刃而以文随亓（其）后，则有成功矣。用二文一武者王。（《经法·四度》）[①]
>
> 天制寒暑，地制高下，人制取予。取予当，立为□王。取予不当，流之死亡。天有环（还）刑，反受亓（其）央（殃）。（《称》）[②]
>
> 凡犯禁绝理，天诛必至。（《经法·亡论》）[③]
>
> 毋【□】□□□，毋御死以生……（《经法·四度》）[④]
>
> 文德廄（究）于轻细，武【刑】刃于当【罪】，王之本也。（《经法·

① 裘锡圭主编：《长沙马王堆汉墓简帛集成》（肆），中华书局2014年版，第138页。

② 裘锡圭主编：《长沙马王堆汉墓简帛集成》（肆），中华书局2014年版，第178页。

③ 裘锡圭主编：《长沙马王堆汉墓简帛集成》（肆），中华书局2014年版，第143页。

④ 裘锡圭主编：《长沙马王堆汉墓简帛集成》（肆），中华书局2014年版，第138页。

六分》)①

生杀不当谓之暴。(《经法・四度》)②

诛□时当谓之武。(《经法・四度》)③

作为具体的杀伐和德教、庆赏行为意义上的“刑”与“德”,在帛书中亦以“文武”④“取与”称之。“刑”与“德”两种手段的并用,是帛书所强调的重要治术,正所谓“文德究于轻细,[武]刃于[当罪],王之本也”。“天制寒暑,地制高下,人制取予”,就是强调人主对于杀伐和德教、庆赏两种手段的合理运用,帛书认为这事关生死成败,所谓“取予不当,流之死亡。天有还刑,反受其殃”。在兵战观上,帛书反对单纯用杀伐的武力行为,强调“刑”与“德”的配合,所谓“武刃而以文随其后,则有成功矣。用二文一武者王”。帛书强调杀伐当与德教相配合,从“用二文一武者王”的说法来看,帛书的确有强调以“文”为重的思想,这说明帛书对文教在社会治理中的重要性给予了肯定,这是吸收儒学观念的黄老学的应

① 《长沙马王堆汉墓简帛集成》(肆)原文为:“文德〼(究)于轻细,武【□】衙于□【□】,王之本也。”[裘锡圭主编:《长沙马王堆汉墓简帛集成》(肆),中华书局 2014 年版,第 134 页]“衙”字,1980 年版的《马王堆汉墓帛书》(壹)直接作“刃”[参见国家文物局古文献研究室编:《马王堆汉墓帛书》(壹),文物出版社 1980 年版,第 49 页]。从《经法・四度》“武刃”的说法来看,“衙”当释为“刃”。陈鼓应将上句补为“[武]刃于[当罪]”(陈鼓应:《黄帝四经今注今译》,商务印书馆 2007 年版,第 90~91 页),陈说中的“武”字不应为补文,补文“[当罪]”于义可通。据《长沙马王堆汉墓简帛集成》(肆)原文及陈鼓应的补文,本书将帛书此句的缺文定为“武【刑】刃于当【罪】”。

② 裘锡圭主编:《长沙马王堆汉墓简帛集成》(肆),中华书局 2014 年版,第 138 页。

③ 裘锡圭主编:《长沙马王堆汉墓简帛集成》(肆),中华书局 2014 年版,第 138 页。

④ 《黄老帛书》中的“文”有时是指除杀伐之外的人主合于天道、天时的活动,这种意义上的“文”较之于文教、庆赏意义上的“文”,其内涵较为丰富,如“动静参于天地胃(谓)之文”[裘锡圭主编:《长沙马王堆汉墓简帛集成》(肆),中华书局 2014 年版,第 138 页]中的“文”便是。

有之义。刑德并用、"文武并立"是帛书的基本立场[①]，在此基础上帛书强调刑德与生杀应坚持基本的原则，所谓"生杀不当胃(谓)之暴"[②]。从《黄老帛书》的内容来看，刑德、生杀是否得当的法则便是天道、天时[③]，无论是"因天时，伐天毁，谓之武"，还是帛书表现出的阴阳时令思想，都表现了这一点，正所谓："阳纪伐死而阴纪建生，当者有数……"[④]

第二节 《管子》"务时而寄政"的"圆道"观

《管子》一书，刘向校书时整理为86篇[⑤]，现仅存76篇。关于《管子》的成书问题，晋代傅玄就已经对管仲为其作者的观点表示怀疑[⑥]，关于该书的作者和成书时间，是一个长期争论的问题[⑦]。《管子》成书问题的研究史表明，将《管子》一书作为整体来考察其作者和时间，是

---

① 当然，在刑德运用的理想状态上，《黄老帛书》主张"善为国者，大(太)上无刑"(陈鼓应：《黄帝四经今注今译》，商务印书馆2007年版第388页)，这是对《老子》"常有司杀者杀，夫代司杀者杀，是谓代大匠斲，代大匠斲者，希有不伤手矣"(楼宇烈：《老子道德经注校释》，中华书局2008年版，第183页)的继承。

② 《经法·四度》，见裘锡圭主编：《长沙马王堆汉墓简帛集成》(肆)，中华书局2014年版，第138页。

③ 此外还有"诛禁当罪而不私其利""禁罚当罪，必中天理"(陈鼓应：《黄帝四经今注今译》，商务印书馆2007年版，第95、107页)等。

④ 帛书原文作"□□□【□□□】□𠰰建生"[裘锡圭主编：《长沙马王堆汉墓简帛集成》(肆)，中华书局2014年版，第138页]，缺七字，残一字，从残字的左边偏旁来看，该残字似当为下文"是胃(谓)道纪的""紀(纪)"字，陈鼓应补缺文为"故因阳伐死，因阴建生"(陈鼓应：《黄帝四经今注今译》，商务印书馆2007年版，第111～112页)，但陈氏补文的不足在于忽略了原文中的"𠰰"字，结合陈氏补文，笔者补为"故阳纪伐死而阴纪建生"。

⑤ 参见梁翔凤：《管子校注》，中华书局2004年版，书前《刘向叙录》。

⑥ 参见姜涛：《管子新校》，齐鲁书社2009年版，《前言》第3页。

⑦ 参见杨帆：《〈管子〉成书问题研究史》，西南大学硕士学位论文，2015年。

难以得出结论的。[①] 一般认为,《管子》非一人一时之作,其主体部分应与齐国学者或稷下学派有关[②],其主要内容的成书时间应在战国末期以前。

《管子》的"圆道"观,主要表现为"务时而寄政"的教令思想,这种思想是在先秦往复天时、天道观的基础上,将阴阳五行、天文历法、物候、先秦的"时禁"观念[③]、音律等诸要素相结合并进一步

① 参见杨帆:《〈管子〉成书问题研究史》,西南大学硕士学位论文,2015 年。

② 参见白奚:《〈管子〉的成书年代和作者》,载《中国哲学史》1997 年第 4 期。

③ 先秦的"时禁"观念,较为详细地记载见于《国语·鲁语上》。

发展的产物。《管子》的“圆道”观主要体现在《幼官》《幼官图》[①]《四时》《五行》《轻重己》这五篇文献中，其中《幼官》和《幼官图》的文字基本一致，只是叙述顺序存在差异。刘向《管子叙录》言其校雠《管子》时参考的书目有“太史书九十六篇”[②]。“太史”的职责，《大戴礼记·保傅》有言：“不知日月之时节，不知先王之讳与大国

① “幼官”，何如璋、闻一多、郭沫若皆考证为“玄宫”之误（郭沫若：《管子集校》，载《郭沫若全集·历史编》第5卷，人民出版社1984年版，第188～190页）。张佩伦总结了对“幼官”的三种理解，即“幽宫”“黝宫”“玄宫”（参见郭沫若：《管子集校》，载《郭沫若全集·历史编》第5卷，人民出版社1984年版，第189页）。梁翔凤认为“幼官”篇名二字皆误，于情理必无，“幼”通“幽”，“幼官”即“幼馆”，齐人遵殷制，别于周之明堂，重北宫，故曰幼官（参见梁翔凤：《管子校注》，中华书局2004年版，第134～135页）。学者多从之。张富祥认为“幼官”本指祭官，“幼官图”就是为官方四时祭祀及相关生产、政教活动而绘制的图式，不需要改字为释。其理由有四：一是《幼官》（《幼官图》）及《管子》全书的内容不言青阳、明堂、总章、玄堂之名，此二篇独以“玄宫”为篇名，令人生疑。二是甲骨文中的“幼”字几乎全用作祭名，盖指献丝而祭。三是作者怀疑春秋时期齐人仍流行用“幼”字指祭祀，义近于“羞”，二字古音相近。四是《管子·轻重己》中“乘幼”的“幼”指祭祀（参见张富祥：《〈管子〉中的“幼官”和有关节气问题》，载《民俗研究》2012年第5期）。在上述观点中，张富祥的观点很具有启发性，不过其第一条理由所言《管子》书中未出现“玄宫”一词则误，《幼官》（《幼官图》）中“以尔壤生物共玄官，请四辅，将以礼上帝”句中的“玄官”，即指“玄宫”言（张佩伦持此说，见郭沫若《管子集校》，载《郭沫若全集·历史编》第5卷，人民出版社1984年版，第219页）。第三条理由多出于臆测，第二条和第四条证据较为有力。《幼官》（《幼官图》）有言：“八会诸侯，令曰：立四义而毋议者，尚之于玄官，听于三公。”“尚之于玄官”的“尚”，郭沫若释为“赏”，本段文字在内容上为冬政，按照《幼官》（《幼官图》）的教令说，“下爵赏”属夏季教令，另《管子·禁藏》也有“夏赏五德”的说法，《四时》篇“号令爵赏”的时节亦为夏季，故郭氏读“尚”为“赏”误。《幼官》（《幼官图》）北方方图外文字中两现的“玄官”，旧注：“玄官，主礼天之官也。”（梁翔凤：《管子校注》，中华书局2004年版，第158页）此释用于“尚之于玄官”的“玄官”是正确的，“立四义而毋议者，尚之于玄官”当是说确立四时之义而勿倾邪。结合旧注以“礼天之官”释“玄官”以及张富祥的观点来看，“幼官”于义与文中的“玄官”同，皆指职掌天时的礼天之官，释为“玄宫”当非《管子》书本义。故本书从《管子》“幼官”原貌以称之。

② 梁翔凤：《管子校注》，中华书局2004年版，书前所收《刘向叙录》。

之忌，不知风雨雷电之眚，凡此其属太史之任也。"[①]于此，"知日月之时节"是太史的重要职责，故刘向所言"太史书九十六篇"当以日月时节为内容。这样看来，上述《管子》中言务时寄政的文献，应即刘向校书时参考的"太史书"。整体上看，这几篇与阴阳家的关系非常紧密，可视为战国时期阴阳家的著作。[②]

一、《幼官》(《幼官图》)的"圆道"观

《幼官》和《幼官图》的"圆道"观表现为时节往返的天道观念

---

① 王聘珍:《大戴礼记解诂》，中华书局 1983 年版，第 58 页。

② 司马谈《六家要旨》论阴阳家:"夫阴阳四时、八位、十二度、二十四节各有教令，顺之者昌，逆之者不死则亡。未必然也，故曰'使人拘而多畏'。夫春生夏长，秋收冬藏，此天道之大经也，弗顺则无以为天下纲纪，故曰'四时之大顺，不可失也'。"(司马迁:《史记》第 10 册，中华书局 1982 年版，第 3290 页)从司马谈对阴阳家特点的概括来看，《管子》上述几篇内容与阴阳家相类。学者也多认为上述《管子》中的几篇文献为阴阳家思想。比如:顾颉刚指出《幼官》《四时》《五行》为阴阳家言(参见《顾颉刚集》，中国社会科学出版社 2001 年版，第 198 页);郭沫若认为《玄宫》(即《幼官》，笔者加)为《吕氏春秋》十二纪之雏形(参见郭沫若:《管子集校》，载《郭沫若全集 · 历史编》第 5 卷，人民出版社 1984 年版，第 190 页);白奚认为"《管子》中的《幼官》《四时》《五行》《轻重己》一组文章是较成熟的阴阳五行家的作品"(白奚:《中国古代阴阳与五行说的合流——〈管子〉阴阳五行思想新探》，载《中国社会科学》1997 年第 5 期);彭华认为《幼官》《四时》《五行》诸篇属于阴阳家中的"月令"派[参见彭华:《阴阳五行研究(先秦篇)》，华东师范大学博士学位论文，2004 年];刘文英、殷南根将《管子》中的上述文献作为阴阳家的思想资料来看待(参见刘文英:《阴阳家的生态观念及其历史地位》，载《文史哲》2005 年第 1 期;殷南根:《五行之理与战国秦汉人的四时教令说》，载《中国农史》1990 年第 1 期);鄢良认为《管子》的《四时》属于阴阳家文献(参见鄢良:《阴阳家思想之分析》，载《孔子研究》1988 年第 1 期);刘毓璜亦以《玄宫》《四时》《五行》篇为阴阳家学说(参见刘毓璜:《先秦诸子初探》，江苏人民出版社 1984 年版，第 338～339 页);美国学者马克劢认为公元前 250 年前后吕不韦门客收集的稷下学宫学者的论集属于《管子》的原貌，公元前 26 年刘向编订的《管子》版本则为通行本，马克劢认为《管子》原貌的核心部分体现于若干与天文历法相关的篇章中，它们在内容上是第一代阴阳家的作品，具体包括《幼官》《幼官图》《四时》《五行》《轻重己》(参见[美]马克劢:《〈管子 · 幼官〉中的时间、空间与统治:阴阳家之研究》，郭鼎玮译，载《管子学刊》2017 年第 4 期)。

及与之相应的教令。从两篇的描述来看，教令文字是与“图”相配的，从“图方中”“图东方方外”等说法来看，“图”应是以方框为形式，但“图”今已不存。教令涉及的内容包括时令划分，与时令相应的农事，君王在不同时节中的衣食住行规范、政治活动和兵旗、兵器、兵事等。这些教令依据对文字方位的标示可分为十组文字，这十组教令文字在《幼官》和《幼官图》中均被分为两大部分，专言兵事教令的那部分文字与其余有关教令的文字在整体上被分开叙述。有关春夏秋冬的教令文字皆有相应的方位，分别与东南西北四方相配，皆居于图之外侧，春夏秋冬四时分别被称为“八举时节”“七举时节”“九和时节”和“六行时节”。此外，还有一段文字被置于图中央的图方之内，此段文字对应的时节为“五和时节”。“八、七、九、六、五”这五个数字，显然属于五行配数[①]，与五个时节相配。但是，《幼官》和《幼官图》在文字叙述的顺序上并不相同。《幼官》是先按照中、东、南、西、北的方向叙述言兵事之外的那部分文字，然后再按相同的方位顺序叙述言兵事的文字，并分别于每段教令文字之后说明其方位。《幼官图》则有明确区分“本图”和“副图”的意识，将兵事教令视为与“副图”相配的文字，其余教令则为与“本图”相配的文字，在叙述顺序上，则以“本图”文字和“副图”文字两两一组进行叙述，今本的叙述顺序为中、东、

① 《墨子·迎敌祠》即以八七九六配四方，其文曰：“敌以东方来，迎之东坛，坛高八尺，堂密八，年八十者八人，主祭青旗，青神长八尺者八，弩八，八发而止，将服必青，其牲以鸡。敌以南方来，迎之南坛，坛高七尺，堂密七，年七十者七人，主祭赤旗，赤神长七尺者七。弩七，七发而止，将服必赤，其牲以狗。敌以西方来，迎之西坛，坛高九尺，堂密九，年九十者九人，主祭白旗，素神长九尺者九，弩九，九发而止，将服必白，其牲以羊。敌以北方来，迎之北坛，坛高六尺，堂密六，年六十者六人，主祭黑旗，黑神长六尺者六，弩六，六发而止。将服必黑，其牲以彘。”（孙诒让：《墨子间诂》，中华书局2009年版，第573～574页）庞朴认为该篇出于《吕览》之后（参见庞朴：《先秦五行说之嬗变》，载庞朴：《稂莠集》，上海人民出版社1988年版，第466页）。

南、西、北，宋本则按照“西方本图→西方副图→南方本图→中方本图→北方本图→南方副图→中方副图→北方副图→东方本图→东方副图”的顺序叙述十组文字。[①]《幼官》和《幼官图》文字之始，皆有“如图”二字，这说明现在看到的这两篇文字都应是对“图”的一种说明，原来确是有“图”的。梁翔凤认为宋本这种“由左而上中下”的顺序，合乎绘画之顺序，以此推测“幼官图”当为画于壁上之图。[②] 梁说是一种较为合理的推测。但问题在于，《幼官图》作为一篇说明“图”的文字，其说明顺序完全有理由不以绘画顺序来进行。

从《幼官》和《幼官图》的文字叙述顺序来看，后者在说明教令文字时将其与主副图结合起来，并且两两一组按照方位进行说明，《幼官》篇则没有主副图之说，更侧重于文字说明，《幼官图》的这种方式使文字与天时流转的关系变得更为紧密，时令色彩更为浓厚，考虑到《幼官》和《幼官图》在思想上为时令之书，故《幼官图》相较《幼官》而言当更为原始，更能反映“幼官图”的原貌。或者说，《幼官图》的整理者，其阴阳家的思想倾向更为明显。《刘向叙录》中言“校除重复四百八十四篇”[③]，由此看来，刘向所录《幼官》和《幼官图》篇必有所异[④]，其时《幼官图》当包含“图”在内。梁翔凤据《幼官》《幼官图》所用数字，推测其图当为黑白点的洛书[⑤]，

---

① 参见王叔岷：《管子斠证》，中华书局 2007 年版，第 396 页；郭沫若：《管子集校》，载《郭沫若全集·历史编》第 5 卷，人民出版社 1984 年版，第 246 页。

② 参见梁翔凤：《管子校注》，中华书局 2004 年版，第 182 页。

③ 梁翔凤：《管子校注》，中华书局 2004 年版，书前《刘向叙录》。

④ 关于这一点，梁翔凤说：“幼官图与幼官篇文字相同，重复不合理，古人决不如是之愚蠢。”（梁翔凤：《管子校注》，中华书局 2004 年版，第 182 页）刘宁亦据《刘向叙录》强调此二篇是不同的篇目（参见刘宁：《由上古历法推考〈管子〉之〈幼官〉与〈幼官图〉原貌》，载《管子学刊》2013 年第3 期）。

⑤ 参见梁翔凤：《管子校注》，中华书局 2004 年版，第 182 页。

从二篇与“五和时节”对应的文字“居于图方中”来看，中间的方图内为填实的文字，因而若依梁说，表示数字的黑白点在中央的方图中将无处可放，如此，梁说当非。

具体而言，《幼官》和《幼官图》的“圆道”观，在天文时令上是将春夏秋冬四时区分为三十时节，春季和秋季各含八个时节，夏季和冬季各含七个时节，每一时节跨十二日，往复一岁为三百六十日。需要注意的是，二篇分别以“八举时节”“七举时节”“九和时节”和“六行时节”指称春夏秋冬四时，这四种称呼中的数字，不能被理解为四时所涵括的时节数，并由此得出“九和时节”的秋季少一个时节（秋季有八个）、“六行时节”的冬季多一个（冬季有七个时节）的结论。[①] 实际上《幼官》和《幼官图》以“八举时节”“七举时节”“九和时节”和“六行时节”言春夏秋冬四时，以及以“土”在图中配以五数而居中央，称为“五和时节”，只是对一年中不同时段的另一种称谓，其根本目的乃在于将时日与五行数相配，并以此来强调各个时段的特征，这些数字不能理解为与一岁中某季的时节数相对应，因为“五和时节”在这两篇文献中显然不是包括五个时节，《幼官》和《幼官图》中的这一现象，已经否认了那种将“八、九、七、六”这四个数字与四时所包含的节数相对应的观点。

还需要强调的是，在《幼官》和《幼官图》的教令文字中，“五和时节”明显是被作为一年中的一个时段来看待，在这一时段内，有详细的君王行为法则，由此，“五和时节”在《幼官》和《幼官图》中是与春夏秋冬四时相并立的时段。从四时的三十时节包括三百

① 此种观点的错误之处，在于据“八举时节”“七举时节”“九和时节”和“六行时节”的说法中四个数字之和为三十，而四时的节数之和与此相等，故将“八举时节”“七举时节”“九和时节”和“六行时节”中的数字与四时的节数进行一一对应。李零持此种观点，认为秋季少了一个时节，冬季多了一个时节（参见李零：《〈管子〉三十时节与二十四节气》，载《管子学刊》1988 年第2 期）。

六十天来看，“五和时节”当属于三十时节外的一个时节，内含五日(准确地说是五日或六日)，与四时的三百六十日共合为三百六十五日，近于一个回归年的日数，这五日应是过年日[①]，其居于一岁之终和一岁之始，是连接二岁的中间点，这应是二篇将有关“五和时节”的教令置于中央方位的原因。也就是说，《幼官》和《幼官图》是将一年划分为包括三十时节的四时和过年日五到六天的“五和时节”，实际上共三十一个时节，这三十一个时节被划分为五个时段，并与五行数相配(见表6-1)，构成了一个天文时令意义上的“圆道”。以往将二篇的时令说视为三十时节、“五和时节”对应的日数为零的观点，当非《幼官》和《幼官图》的原貌。[②] 与此不同，银雀山汉简的《三十时》，才是一种真正将一年三百六十日划分为三十时节的时令说。[③]《幼官》(《幼官图》)这种将一年四时分为五个时段的做法，当与《左传·昭公元年》中“分为四时，序为五节”[④]的历法制度相一致，这也说明《幼官》(《幼官图》)的成书时间不会太晚。

---

① 陈久金注意到了《幼官》(《幼官图》)在三百六十日之外还应有五天的过年日，但他没有看到这五天就是《幼官》(《幼官图》)的“五和时节”(参见陈久金:《中国少数民族天文学史》，中国科学技术出版社2008年版，第232、247页)。

② 将《幼官》《幼官图》的时令理解为三十时节的观点，参见李零:《〈管子〉三十时节雨二十四节气》，载《管子学刊》1988年第2期；刘宁:《由上古历法推考〈管子〉之〈幼官〉与〈幼官图〉原貌》，载《管子学刊》2013年第3期；马涛:《先秦“五行时令”探赜——论〈月令〉所言“中央土”》，载《史学月刊》2017年第10期；张富祥:《〈管子〉中的“幼官”和有关节气问题》，载《民俗研究》2012年第5期；[美]马克劢:《〈管子·幼官〉中的时间、空间与统治:阴阳家之研究》，郭鼎玮译，载《管子学刊》2017年第4期。

③ 参见银雀山汉墓竹简整理小组:《银雀山汉墓竹简》(贰)，中华书局2010年版，第211～222页。

④ 杨伯峻:《春秋左传注(修订本)》(四)，中华书局2009年版，第1222页。

表 6-1

时节	五行	五行配数	四时	节气	节气数	天数
五和时节	土	5				5～6 天
八举时节	木	8	春	地气发 小卯 天气下 义气至 清明 始卯 中卯 下卯	8	96 天
七举时节	火	7	夏	小郢 绝气下 中郢 中绝 大暑至 中暑 小暑终	7	84 天

续表

时节	五行	五行配数	四时	节气	节气数	天数
九和时节	金	9	秋	期风至 小酉 白露下 复理 始节 始酉 中酉 下酉	8	96 天
六行时节	水	6	冬	始寒 小榆 中寒 中榆 大寒 大寒之阴 大寒终	7	84 天

刘尧汉、卢央从彝族的十月太阳历出发,认为"《幼官图》是属于十月太阳历系统"[①]。陈久金进一步强调《幼官》(《幼官图》)中的时令是源于古西羌族的十月太阳历[②],一月三节三十六天,"与

① 刘尧汉、卢央:《文明中国的彝族十月历》,云南人民出版社 1986 年版,第 53 页。

② 参见陈久金:《中国少数民族天文学史》,中国科学技术出版社 2008 年版,第 246 页。

《夏小正》是同一种历法，一个是记星象物候，一个是记节气，正好互为补充”[①]。将《幼官》(《幼官图》)的时令思想归属于十月太阳历，是一种合理的说法，在《幼官》(《幼官图》)的四时系统中，春季和秋季各为96天，夏季和冬季各为84天，整体上看，它仍是以四时为主，其中的“三十时节”也“与二十四节气仍有大致对应的关系”[②]。二篇中的节气名称多数是本于天地阴阳之气的观念来命名的[③]，相比以物候为描述对象的二十四节气，《幼官》(《幼官图》)的节气同天道的联系更为紧密，就节气的演变而言，它应该是二十四节气产生的源头，属于二十四节气正式形成之前的阶段。

《幼官》(《幼官图》)将一年划分为与五行对应的五个时段，又将这五个时段划分为三十一个时节，其中表示四时的三十时节主要据天地阴阳二气的情状来命名，从这些因素考虑，《幼官》(《幼官图》)的时令称为“五行阴阳时令”更为准确[④]，这种时令是五行思想结合传统十月太阳历的产物，但阴阳内涵在其中表现得较弱。这也表明五行思想和阴阳观念在《幼官》(《幼官图》)中开始融合，成为思想史发展的一个环节。[⑤]

《幼官》(《幼官图》)的“圆道”观包括天道和人事两个层面，天

---

① 陈久金：《中国少数民族天文学史》，中国科学技术出版社2008年版，第248页。

② 李零：《〈管子〉三十时节与二十四节气》，载《管子学刊》1988年第2期。

③ 参见李零：《〈管子〉三十时节与二十四节气》，载《管子学刊》1988年第2期。

④ 刘尧汉、卢央认为“幼官图”的正副图具有阴阳特征(参见刘尧汉、卢央：《文明中国的彝族十月历》，云南人民出版社1986年版，第53页)。陈久金也注意到了《幼官》(《幼官图》)中阴阳的内涵，认为“由正副五方组成的十图，实即由阴阳与五行相配组成的十个月”，并将《幼官》(《幼官图》)的时令称为“阴阳五行历的月令”(陈久金：《中国少数民族天文学史》，中国科学技术出版社2008年版，第244、247页)。

⑤ 白奚认为《管子》中《幼官》《四时》《五行》《轻重己》各自配成了不同的阴阳五行图式，标志着阴阳与五行合流的实现(参见白奚：《中国古代阴阳与五行的合流——〈管子〉阴阳五行思想新探》，载《中国社会科学》1997年第5期)。

道层面的三十一时节是人们行为的依据，本此依据，《幼官》(《幼官图》)阐述了与之相应的具体行为法则，形成了因应天时往复的教令思想。这主要包括与时节、四季、五行相应的用数、君王服色与饮食、所用音乐、政事、兵旗颜色、所用兵器和刑具等，如表 6-2 所示。

表 6-2

时节	四季	五行	方位	五行数	君服颜色	君王饮食	五音	兵旗颜色	兵器种类	刑具
五和时节	5～6 日	土	中	五	黄	饮于黄后之井，以倮兽之火炊	宫			
八举时节	春	木	东	八	青	味酸味	角	青	矛	交蹇害钛
七举时节	夏	火	南	七	赤	味苦味	羽	赤	戟	烧交疆郊
九和时节	秋	金	西	九	白	味辛味	商	白	剑	绍昧断绝
六行时节	冬	水	北	六	黑	味咸味	徵	黑	胁盾	游仰灌流

以上是《幼官》(《幼官图》)教令的主要内容。《幼官》(《幼官图》)的五行阴阳教令使人的活动也形成了一个因应天时往复的“圆道”模式，这使人的活动和天时流转形成了紧密的契合，体现出五行阴阳教令带有的高度天人之学的特质。在这种“圆道”模式中，天时往复以及据此而为的人的行为，构成了一个闭合的圆，这在高扬天道运化的同时，也使人的存在从根本上缺乏一种线性

的历史尺度。这或许正是先秦思想中历史循环论得以产生和存在的一种思想根源。

由表6-2所列内容来看,《幼官》(《幼官图》)的教令主要是针对君王而言的,它是一种政令而非普通民众所遵循的时令,这反映了早期时令之学的性质,因应天时的教令之学在来源上当属于官方把持的王官之学的系统。真正走入民间大众的则是建立在此种天文时令基础之上的秦汉间兴起的数术之学。以政令为性质的《幼官》(《幼官图》)的教令,同时亦应是适应齐国称帝运动的产物。[①] 值得注意的是,从《幼官》(《幼官图》)的教令内容来看,五行的地位被极大地抬升了,五行观念在教令中占据了核心的地位,五行已成为一种普遍适用的法则支配着人们的各项活动。

《幼官图》的篇名以及《幼官》和《幼官图》表示方位的文字表述方式,都说明以上依据天时的五行阴阳教令在直观形式上是以“图”的形式存在的。郭沫若、陈梦家、李零、张固也等都对“幼官图”进行过复原,分别见图6-1～图6-7。

① 胡家聪认为《幼官》是齐国由称王到称帝的帝国运动的产物(参见胡家聪:《〈管子·幼官篇〉新考——兼论〈吕氏春秋·十二纪〉的年代》,载《社会科学战线》1981年第2期)。

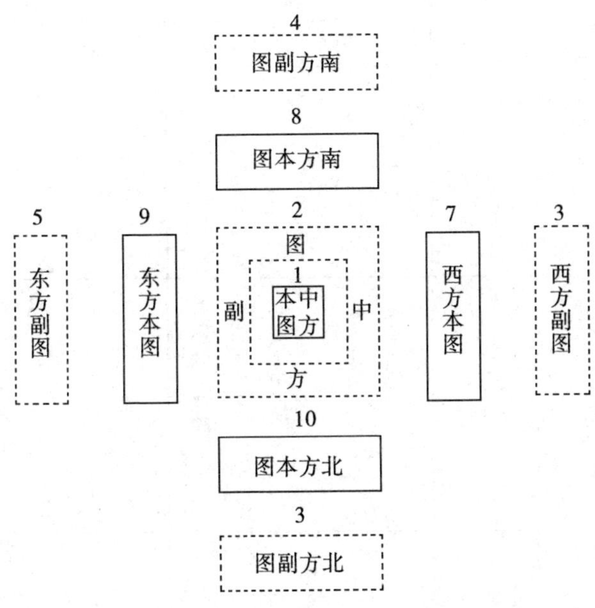

图 6-1 郭沫若复原的“幼官图”(经李零整理)

图像采自李零《长沙子弹库楚帛书研究》,载李零:《楚帛书研究》(十一种),中西书局 2013 年版,第 39 页。

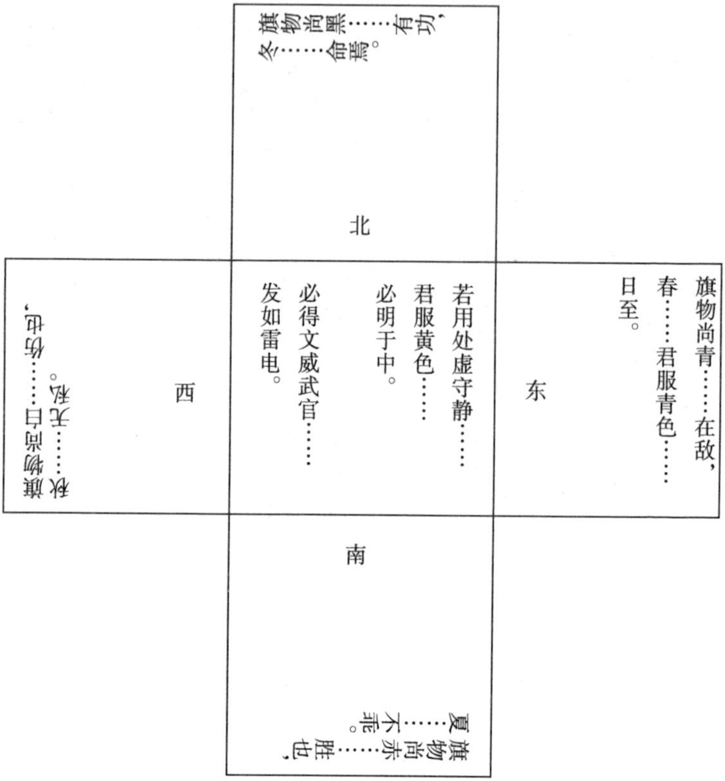

北

冬……命焉。
旗物尚黑……有功，

东

旗物尚青……在敌，
春……君服青色……
日至。

若用处虚守静……
君服黄色……
必明于中。
必得文威武官……
发如雷电。

西

秋……无私。
旗物尚白……白也，

南

夏……不乖。
旗物尚赤……胜也，

图 6-2　陈梦家复原的幼官图(其称“玄宫时令”)

图像采自陈梦家《战国楚帛书考》,载《考古学报》1984 年第 2 期。

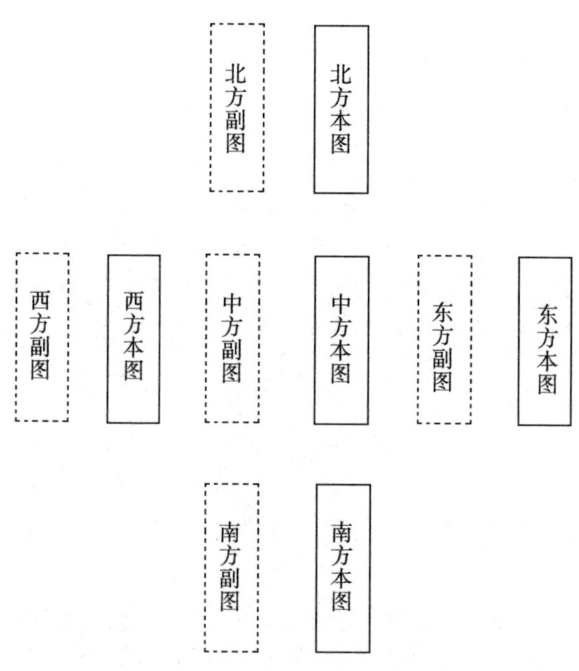

图 6-3 李零所见陈梦家复原的"幼官图"

图像采自李零《长沙子弹库楚帛书研究》，载李零：《楚帛书研究》（十一种），中西书局 2013 年版，第 40 页。

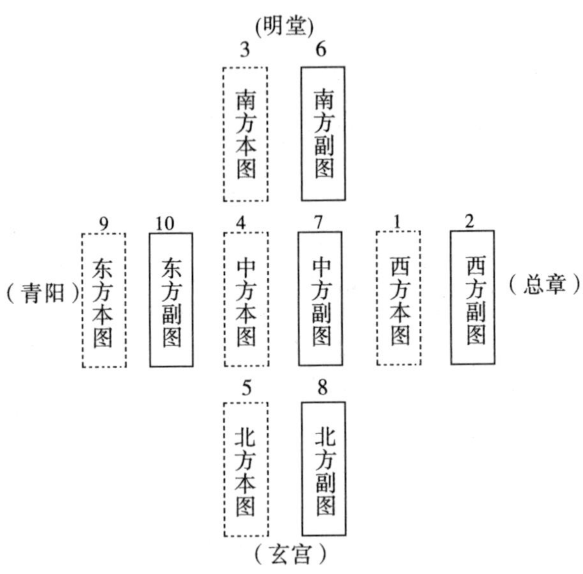

图 6-4　李零复原的“幼官图”(其称“玄宫图”)之一
图像采自李零《〈管子〉三十时节与二十四节气》,载《管子学刊》1988 年第 2 期。

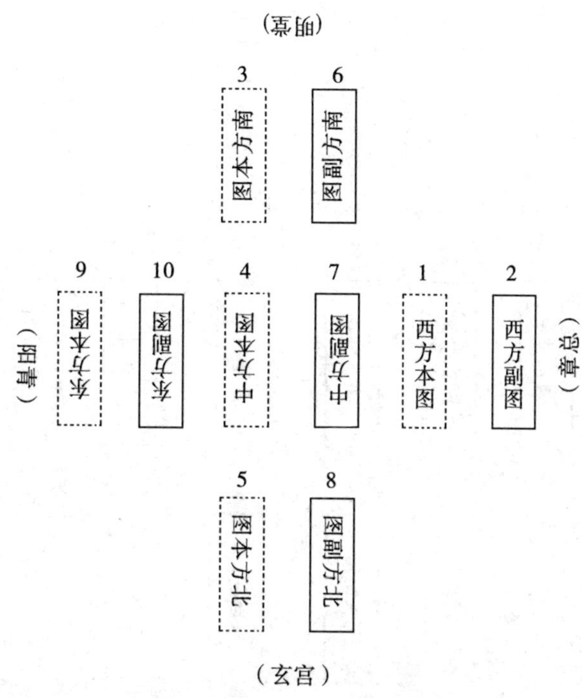

图 6-5　李零复原的“幼官图”(其称“玄宫图”)之二

图像采自李零《长沙子弹库楚帛书研究》,载李零:《楚帛书研究》(十一种),中西书局 2013 年版,第 40 页。其在 1985 年版的《长沙子弹库楚帛书研究》中的复原图(原图中的中方本副二图的顺序当调换,作者在《〈管子〉三十时节与二十四节气》一文的注释中已经说明)同于此图,唯图标文字顺序皆为由上而下排列。

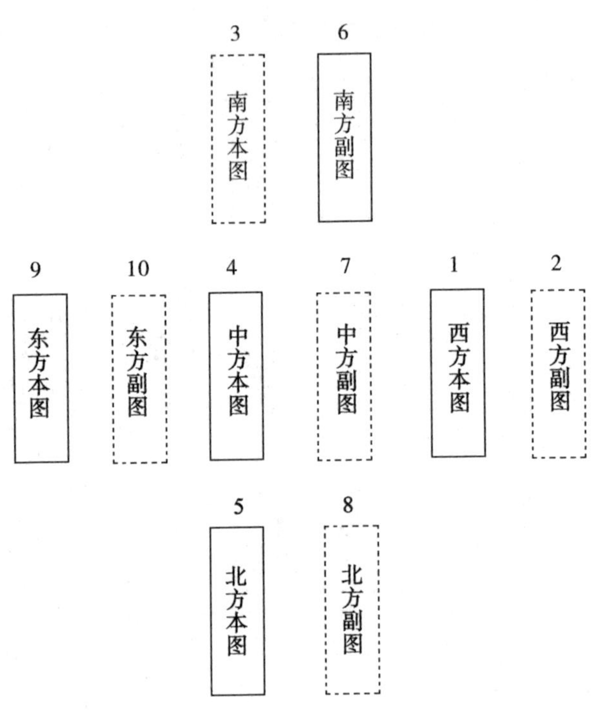

图 6-6　李零据《幼官图》整理的“玄宫图”之三

图像采自李零《长沙子弹库楚帛书研究补正》，载李零:《楚帛书研究》（十一种），中西书局 2013 年版，第 124 页。

图副方南　图本方南

图副方东　图本方东　图副方中　图本方中　图副方西　图本方西

图副方北　图本方北

图 6-7　张固也复原图的“幼官图”

图像采自张固也《管子研究》,齐鲁书社 2006 年版,第 115 页。

郭沫若的复原图(见图 6-1)在方位上是上北下南,左东右西。李零已经指出了这个复原图的缺陷,即与《幼官》和《幼官图》二者的文字叙述顺序都不符合。[①] 在陈梦家的复原图(见图 6-2)中,文字顺序左旋排列,这受到了子弹库楚帛书的影响,这个复原图四个方位的文字嵌入了四方图之中,这与《幼官图》的描述不符,《幼官图》四方的文字是居于图方之外的。

李零所见陈梦家的复原图(见图 6-3),本图在右,副图在左,李零据《管子》中的《版法解》,强调言兵事的副图作为“武事”当居右,而非如陈梦家复原图那样将言兵事的副图居左[②],这是正确的。这种关于本、副图左右次序的论述对于复原“幼官图”是非常有价值的。[③]

李零共有三种复原图,即图 6-4、图 6-5、图 6-6。这三幅图在

① 参见李零:《长沙子弹库楚帛书研究》,载李零:《楚帛书研究》(十一种),中西书局 2013 年版,第 39 页。

② 参见李零:《长沙子弹库楚帛书研究》,载李零:《楚帛书研究》(十一种),中西书局 2013 年版,第 41 页。

③ 但李零复原的“幼官图”在方位上南北倒置了。“幼官图”的方位当遵循天文时令图的方位。造成这一失误的原因,在于将“幼官”视为“玄宫”,并且以“四方之位”来理解“幼官图”的方位。

方位上皆上南下北，左东右西，图中的数字是布图的顺序号，这种顺序同于宋本《幼官图》的文字叙述顺序。图 6-5 的文字并非按照同一方向排列，目的是为了使其倒转，以便与《幼官》篇的顺序相同。图 6-4 和图 6-6 体现的是《幼官图》篇中的“图”。在李零的三个复原图中，最具代表性的是图 6-5。李零的三个复原图贯穿着一个不变的思想，那就是据《幼官图》的文字顺序而体现的“图”，倒转之后即为《幼官》篇文字顺序所体现的“图”，这样的思路是为了解决两篇在文字顺序上的差异。以李零最具代表性的复原图即图 6-5 为例，该图经倒转使其成为他所说的《幼官》（其称《玄宫》）篇的斗建授时的月令图①之后，本图和副图的左右顺序颠倒，这样就不再符合其所说言兵事的副图应据“武事在右”的原则而居于本图之右，事实上这是倒转之后必然面临的问题；并且按图 6-5 标注的数字顺序读图的话，读完图 1 到图 10 需连续将图翻转 900 度，即两周半，如此复杂的读图程序在实际使用中极为不便，恐非古人原意。也就是说，李零最具代表性的图 6-5 同样存在问题。造成这一问题的原因，在于其据《幼官》和《幼官图》两篇在文字顺序上的差异并试图解决这种差异。

张固也的复原图（见图 6-7）在方位上与李零相同，但没有按照李零揭示出来的本图和副图的左右顺序进行排列，而是将本图居右，副图居左，这一复原图的缺陷在于它只能适应《幼官图》篇

---

① 李零指出：“我们的看法是，《玄宫》和《玄宫图》方向相反，前者是按中、东、南、西、北，先本图而后副图排列，与月令类古书相似，代表的是‘四时之序’，而后者则是从右到中到左，按西（右）、南、中、北（中）、东（左）排列，是一种布图顺序，与中山王墓出土的《兆域图》和马王堆出土的《驻军图》方向相同，代表的是‘四方之位’。”［李零：《〈长沙子弹库战国楚帛书研究〉补正》，载李零：《楚帛书研究》（十一种），中西书局 2013 年版，第 123 页］

的文字顺序，而无法与《幼官》的文字顺序相符合。[①]

以上几种“幼官图”的复原图为进一步的思考奠定了基础。今天我们看到的《幼官》和《幼官图》皆为内容相同的文字，只是文字叙述顺序不同，但刘向当时校书所见，《幼官》当为文字，《幼官图》当为“图”，这应该是刘向保存二篇的原因。也就是说，早期《管子》文本中的《幼官》和《幼官图》应该分别为文本和“图”的形式。那么是什么原因使我们今天看到的《幼官图》无图而仅以文字形式存在呢？

关于《幼官图》有文而无图的现象，安井衡说：“此篇名图，则当陈列《幼官》所不及以为十图。今不惟无图，其言又与前篇无异；盖原图既佚，后人因再抄《幼官》以充篇数耳，非管子之旧也。”[②]安井衡的上述观点应该是错误的，因为今本《幼官图》在叙述十组文字时，除了同《幼官》一样有指示文字方位的说明之外，还明确指出每组文字所归属的本图和副图，如“右中方本图”“右中方副图”“右东方本图”“右中方副图”等，这一现象说明今本《幼官图》篇的整理者必定是看到“幼官图”的，否则不可能如此清晰地指明图中文字与本、副图的归属关系。安井衡关于《幼官图》篇乃是“幼官图”佚失后将《幼官》篇的文字补入的说法，应该不能成立。“幼官图”的佚失当在今本《幼官图》篇整理完成之后。今本《幼官图》篇应是将“幼官图”转写为文本的结果，至于为何要将“幼官图”撰写为文字，可能是出于将《管子》书的文本和“图”编连成册的需要。梁翔凤认为“幼官图”当初可能绘于壁上，指出宋刊

① 张连伟已经指出了张固也复原图的这一缺陷（参见张连伟：《〈管子〉哲学思想研究》，巴蜀书社2008年版，第78页）。

② 梁翔凤：《管子校注》，中华书局2004年版，第181～182页。

本《幼官图》的文字叙述顺序应是绘图的顺序。[①] 梁翔凤以绘图之序解读宋刊本《幼官图》的文字顺序，是一种很有见地的观点。当然，“幼官图”作为“图”的形式存在，也可能绘于帛卷之上，以帛书的形式存在，但无论如何，绘图顺序并不等于阅读顺序。

前文已指明“幼官”当非“玄宫”，而是职掌天时的礼天之官，按照其职守，“幼官”所绘的“幼官图”当按照天文时令方位进行审读是没有问题的。也就是说，今本《幼官图》篇的文字方位应是合理的，至于今本《幼官》和《幼官图》在十组文字叙述上的不同，反映的当是二篇整理者的观念差异，是整理者的不同观念造成的。二篇首文“若图”二字，已经表明它们皆是对“幼官图”整理的结果，这种整理文本的不同观念，表现为《幼官》是按照先本图后副图的顺序进行的，《幼官图》篇则是将本图和副图合并叙述。尽管今本《幼官》和《幼官图》两篇的文字叙述顺序有差异，但二篇体现的方位皆为上北下南，左西右东，这已经能够说明“幼官图”本身是按照天文时令模式来确定方位的，真实的“幼官图”只有一种方位，而非如李零所说可以倒转而变为《幼官》篇所呈现的图式。将“幼官图”还原为可以倒转而变为今本《幼官》篇的图式，是受楚帛书样式影响的结果，这种将“图”倒转以适应《幼官》和《幼官图》两篇不同文字顺序的做法，在事实上也是无法办到的。

以上说明了今本《幼官图》篇是以文字转写“幼官图”的产物，“幼官图”方位的确定依据的是天文时令模式，两篇在文字叙述顺序上的差异，是整理者的不同观念造成的，并且今本《幼官》和《幼官图》篇文字叙述顺序的差异不影响我们依据时间更早的《幼官图》篇来理解亡佚的“幼官图”，又从《幼官图》将本副二图为一组

① 参见梁翔凤：《管子校注》，中华书局2004年版，第182页。

依次进行叙述的特点来看,“幼官图”只可能是一幅而不是两幅。①

在以上几点的基础上,我们可以据《幼官图》篇再次尝试画出“幼官图”,如图 6-8 所示。

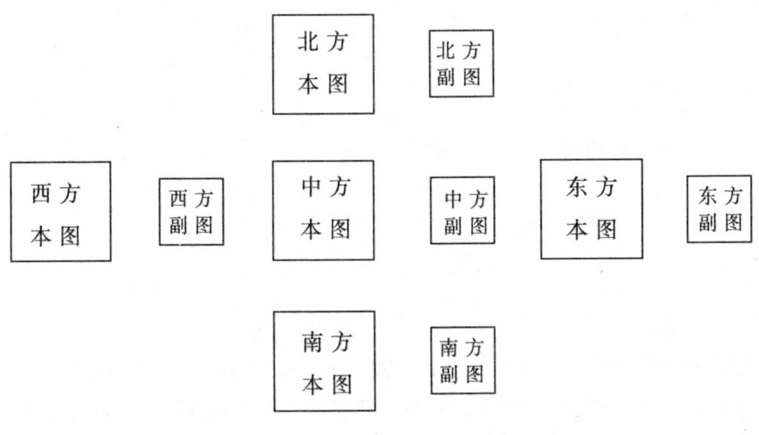

图 6-8 “幼官图”复原图

在以上画出的“幼官图”中,本图和副图的次序遵循李零的观点,即本图在左,副图在右,但在方位上与李零的方位不同,而是取天文时令图的方位,即上北下南,左西右东,这种方位同于陈梦家复原图中的方位。为便于排版,这里省去了与图相配的文字,实际上在中央本、副二图图方内应嵌有相应的文字,其余文字则居于四方图方的外侧,文字全部按照南北方向右起竖排。

上述“幼官图”居于五方方位的图方的含义,是需要说明的一个问题。从《幼官图》篇的文字内容来看,除了说明中央位置的本、副二图内嵌有文字外,并没有对其余四方方位的图方内的内

① 张连伟也对“幼官图”进行了复原,他据本图和副图将的“幼官图”分为了两幅(参见张连伟:《〈管子〉哲学思想研究》,巴蜀书社 2008 年版,第 79 页)。

容作任何说明，按照该篇对各方位方图位置的精准描述来看，其没有指明四方方图内含有内容，应是符合对其所见"幼官图"的描述，即居于四方的方图之内是空白，其并不像长沙子弹库帛书那样绘有神兽或树木，故单就时令而言，这是两种不同特点的时令图。

"幼官图"中居于五方的图方，应是取于五室明堂及其方位。准确地说，是四堂一太室的明堂形制[①]，称"五室"是据明堂房间数的一种称谓。《太平御览》礼仪部十二的《三礼图》有言："明堂者，布政之宫。周制五室……秦制九室。"[②]同书《礼记·明堂阴阳录》："明堂阴阳，王者之所以应天也。明堂之制，周旋以水，水行左旋以象天。内有太室，象紫宫。南出明堂，象太微。西出总章，象五潢，北出玄堂，象营室。东出青阳，象天市。上帝四时各治其宫，王者承天统物，亦于其方以听国事"[③]，这里的明堂是依天文星象和四时往复而建的王者的听政之所，已经兼具治朝和时令的意味。[④] 薛梦潇认为，"'周人明堂'有治朝与太庙二义，均与'周公故事'相涉。战国秦汉之际，月令文献又构设出一种'亞'式形式制的明堂"，强调月令明堂"最初是先秦阴阳五行家的发明……'月

---

① 关于这一点，可参见王国维对明堂的说明（参见王国维：《明堂庙寝通考》，载王国维：《观堂集林》，中华书局1959年版，第125页）。

② 李昉：《太平御览》，河北教育出版社1994年版，第229页。

③ 李昉：《太平御览》，河北教育出版社1994年版，第225页。

④ 《汉书·艺文志》录"《明堂阴阳》三十三篇"，"《明堂阴阳说》五篇"（班固：《汉书》第6册，中华书局1962年版，第1709页）。关于《明堂阴阳》，班固言："及明堂阴阳、王史氏记所见，多天子诸侯卿大夫之制，虽不能备，犹瘉仓等推士礼而致于天子之说。"（班固：《汉书》第6册，中华书局1962年版，第1710页）从班固的说法来看，《艺文志》所录《明堂阴阳》当属于礼制而非时政。这与《礼记·明堂阴阳录》所言又有差异。

令明堂’不具有‘朝诸侯’与‘宗祀文王’的功能”。[①] 据此，古代明堂的功能由单一的布政之宫逐渐与祭祀、颁布时政相结合，其形制也由五室发展到九室。《礼记·月令》中的明堂就已经是九室明堂。《管子》中的“幼官图”应是时政思想和五室明堂制度相结合的产物。实际上，早期以治朝为特质的明堂和时政思想的结合是一种必然，因为因应天时而发布政令，本身就是中国古代政治活动的最重要依据。“幼官图”对时政和明堂制度的结合，可谓是明堂月令[②]的早期形式。在“幼官图”对时政和明堂制度的这种结合中，五行的观念借助于明堂五室、五方、四季五节得到了凸显，时令思想具有的官方色彩也得以进一步强化。“幼官图”对时政和明堂制度的结合，显然应是《礼记·月令》中月令明堂的前身。

“幼官图”以分别指称春夏秋冬的“八举时节”“七举时节”“九和时节”“六行时节”以及一年中的“五和时节”分居四方和中央，这五个与五行相配的数字排列成一个图式，如图 6-9 所示。

6

9 5 8

7

图 6-9 “幼官图”的数字排列图式

上图若去掉中央的数字 5，则四方的数字阵列与后世《河图》的外圈相同。但我们还不能据此就笼统地认为“幼官图”的这种数字阵列

① 薛梦潇：《“周人明堂”的本义、重建与经学想象》，载《历史研究》2015 年第 6 期。

② 葛志毅说：“所谓明堂月令主要是利用明堂作为布政之宫的性质，提出一套在天人感应理念指导下法天施治、顺时发政的政教合一主张，是具有浓厚阴阳五行色彩的政治理想模式。”（葛志毅：《明堂月令考论》，载《求是学刊》2002 年第 5 期，第 106 页）关于明堂月令在秦汉之际的情形，参见此文的有关论述。

是后世《河图》的前身。必须指出，与“幼官图”中央的数字5不同的是，后世《河图》内圈中央的数字虽为5，但外圈居于中央的数字是10。在“幼官图”中，5、8、7、9、6这五个数字所构成的阵列及其所表征的五方、四时将本图与副图共同涵摄于其中，本图和副图以及二者中的任何一者所排列而成的图方还原为数字，只有一种，即上述图6-9的数字阵列。“幼官图”的这种数字排列只是据五行方位和五行配数得出的，也仅仅是在五行方位和五行配数的意义上，我们才可以说“幼官图”是后世《河图》的思想来源之一。

二、《四时》《五行》《轻重己》的“圆道”思想

（一）《四时》的“圆道”观

《四时》也是一篇“务时而寄政”“合于天地之行”的重要时政文献。“时”在《四时》中是一个很重要的概念，所谓“令有时”，“唯圣人知四时。不知四时，乃失国之基”。[①]《四时》篇“圆道”观的特点，主要表现在以下几个方面：

第一，《四时》建立在天文时令基础上“务时而寄政”的教令，将日月星辰岁、四时、四时之德、阴阳二气、干支日、不同时节的“五政”结合起来，形成了一个涵具天文、四时、五行、五方、政事在内的“圆道”。

《四时》篇描述“圆道”的文字主要包括：

> 然则春夏秋冬将何行？东方曰星，其时曰春，其气曰风，风生木与骨，其德喜嬴，而发出节时。其事：号令修除神位，谨祷弊梗，宗正阳，治堤防，耕芸树艺。正津梁，修沟渎，甃屋行水，解怨赦罪，通四方。然则柔风甘雨乃至，百姓乃寿，百虫乃蕃，此谓星德。星掌发，发为风，是故春行冬政则雕，行

① 姜涛：《管子新注》，齐鲁书社2009年版，第317页。

秋政则霜,行夏政则欲。是故春三月以甲乙之日发五政。一政曰:论幼孤,赦有罪;二政曰:赋爵列,授禄位;三政曰:冻解修沟渎,复亡人;四政曰:端险阻,修封疆,正千伯;五政曰:无杀麑夭,毋蹇华绝萼。五政苟时,春雨乃来。①

南方曰日,其时曰夏,其气曰阳,阳生火与气。其德施舍修乐。其事:号令赏赐,赋爵受禄,顺乡,谨修神祀,量功赏贤,以助阳气。大暑乃至,时雨乃降,五谷百果乃登,此谓日德。日掌赏,赏为暑。夏行春政则风,行秋政则水,行冬政则落。是故夏三月以丙丁之日发五政。一政曰:求有功发劳力者而举之;二政曰:开久积,发故屋,辟故窌以假贷;三政曰:令禁扇去笠,毋扱免,除隐漏田庐;四政曰:求有德赐布施于民者赏之;五政曰:令禁罝设禽兽,毋杀飞鸟。五政苟时,夏雨乃至也。②

中央曰土,土德实辅四时入出,以风雨节,土益力。土生皮肌肤。其德和平用均,中正无私,实辅四时:春嬴育,夏养长,秋聚收,冬闭藏。大寒乃极,国家乃昌,四方乃服。此谓岁德。岁掌和,和为雨。③

西方曰辰,其时曰秋,其气曰阴,阴生金与甲。其德忧哀、静正、严顺,居不敢淫佚。其事:号令毋使民淫暴,顺旅聚收,量民资以畜聚,實彼群干,聚彼群材,百物乃收,使民毋怠;所恶其察,所欲必得,义信则克。此谓辰德。辰掌收,收为阴。秋行春政则荣,行夏政则水,行冬政则耗。是故秋三月以庚辛之日发五政:一政曰:禁博塞,圉小辩,译跽斗;二政曰:毋见五兵之刃;三政曰:慎旅农,趣聚收;四政曰:补缺塞

① 姜涛:《管子新注》,齐鲁书社 2009 年版,第 318 页。

② 姜涛:《管子新注》,齐鲁书社 2009 年版,第 319 页。

③ 姜涛:《管子新注》,齐鲁书社 2009 年版,第 319～320 页。

坼;五政曰:修墙垣,周门闾。五政苟时,五谷皆入。[①]

北方曰月,其时曰冬,其气曰寒,寒生水与血。其德淳越、温怒、周密。其事:号令修禁徙民,令静止,地乃不泄;断刑致罚,无赦有罪,以符阴气。大寒乃至,甲兵乃强,五谷乃熟,国家乃昌,四方乃备,此谓月德。月掌罚,罚为寒。冬行春政则泄,行夏政则雷,行秋政则旱。是故冬三月以壬癸之日发五政:一政曰:论孤独,恤长老;二政曰:善顺阴,修神祀,赋爵禄,授備位;三政曰:效会计,毋发山川之藏;四政曰:捕奸遁,得盗贼者有赏;五政曰:禁迁徙,止流民,圉分异。五政苟时,冬事不过,所求必得,所恶必伏。[②]

据上引文,从内容上看,《四时》的“圆道”观所阐述的是针对王者的政令指南,相较《幼官》(《幼官图》)的教令而言,《四时》政令的内容更为详细。以下从四个方面对该篇的“圆道”教令的思想内容作出说明。

(1)《四时》篇形成了以五方为引领的“圆道”结构

在叙述顺序上,《四时》大致先言五方之位,然后依次配之以“时(季节)”“气”、方位之“德”[③],再分列各种政事,论与本季相配的天文(日月星辰岁)之“德”,指出依政令行事的结果,强调政令不当的后果,最后指明与各时节相应的“五政”。其中,除秋季之外,《四时》还指出了一些具有标志性的节气物候,如春季的“柔风甘雨”,夏季的“大暑”“时雨”,冬季的“大寒”“五谷乃熟”等。各季节对应的日、月、星、辰、岁的“德”,正是通过这些标志性的节气和

---

① 姜涛:《管子新注》,齐鲁书社 2009 年版,第 320 页。

② 姜涛:《管子新注》,齐鲁书社 2009 年版,第 321 页。

③ 从“东方曰星,其时曰春,其气曰风,风生木与骨,其德喜赢”的说法来看,文中的“其”指方位言,因而“其德喜赢”的“其”首先是指方位之“德”,当然由于方位所在之“气”之“时”与五行对应,方位之“德”亦是季节之“德”。

物候体现出来的。这种将五方与日、月、星、辰、岁对应起来进而引出春夏秋冬四时的叙述顺序，不仅有强调方位重要性的意涵，也强化了《四时》篇教令的天道论色彩，从而使《四时》的"圆道"教令思想表现出更为浓厚的阴阳家的思想色彩。

(2)注重以"德"来划分和阐述四时的特征

《四时》篇实际上是将四时的特性归为某种"德"，这种"德"与对应的方位、五行、"气"、天体的"德"是同一的，当然，"德"的来源首先是五方之位。四时的政令正是根据这些不同的"德"的特性来安排的。《四时》所言各季节之"德"与"星德""日德""辰德""月德""岁德"之"德"同义，这里的"德"为性质、属性义。① "岁德"的"岁"指标识一年岁时的岁星而言。从《四时》对"德"的描述来看，除春政中的"德"外，其余的"德"都具有某种人格化特征，这实际上是一种拟人化的描述，这种拟人化的描述更多的应该是暗示着君王的具体行为特点。由于这些"德"的始出者在《四时》中被归为五方之位，当这种具有人格化特征的五方之"德"与上古传说中的帝王结合起来并加以神化，五方与五帝的相配②就成为一件自然而然的事情了。同时，以某种具体的"德"来阐述五方、四时及与之相对应的五行，为其后邹衍"五德终始"说的产生提供了思想资源。

(3)在"土"与四季的匹配关系上，《四时》作了新的尝试

《四时》将五行之"土"置于夏秋之间，实际上也是四时循环的中间，这仍然是取"土"的中央义。尽管如此，"土"行并不占据一

---

① 先秦文献中的"德"有性质、属性义，这在《国语》《老子》《庄子》《管子》《易传》中都有表现(参见孙功进:《从"德"之"性"义看〈易传〉的几个相关命题》，载《周易研究》2016 年第 2 期)。

② "五方""五行"配"五帝"，见于《吕氏春秋》十二纪、《礼记 · 月令》和《淮南子 · 天文训》。

岁的具体时日，而是以“辅四时入出”的方式存在，“土”的功用在于以其“和平用均，中正无私”的本性“辅四时”，使四时各自保持其在天道往复之“圆道”中的应有本性。具体来说，就是通过“春蠃育，夏养长，秋聚收，冬闭藏”的过程，依次循环而构成一岁。正是在此意义上，《四时》以“岁德”和“土”相对应。《四时》对“土”的处理方式不同于《幼官》(《幼官图》)，《幼官》(《幼官图》)中的“土”有特定的时日与之相对应(即“五和时节”)，也有具体的行为指南；与此不同，“土”在《四时》中却不占据任何时日，而是融入了与其他四行对应的四时之中，并通过其他四时得以表现出来。这种处理方式巧妙地解决了将四时与五行匹配存在的难题，是以五行配四时的一种可能的途径。

(4)五行观念在《四时》的教令中得到了强化

《四时》的五行配属情况见表 6-3。《四时》篇中各季发布“五政”的时间分别在甲乙、丙丁、庚辛、壬癸日，其干支的五行属性皆与本季的五行属性相合，《四时》篇强调于此日颁布“五政”，当取其在时日上代表本季之“德”而言，《四时》的教令在时日上已精确到了据五行而言的时日干支。从《四时》对教令的描述来看，当所行之政与所值季节之“德”不符时所出现的现象，也主要是据实际行政的五行属性进行推论的。每个季节各有相应的“五政”，这种出现于四时中的“五政”，应是有意强化五行观念的一种反映。以上都表明五行观念在《四时》中得到了进一步的贯彻。当然，从对“德”的描述来看，《四时》的五行属性在特点上已经相较《洪范》的五行说[①]有了更宽广的含义。同时，由于“四时者，阴阳之大经

---

① 《尚书·洪范》:“五行:一曰水，二曰火，三曰木，四曰金，五曰土。水曰润下，火曰炎上，木曰曲直，金曰从革，土爰稼穑。”(王世舜、王翠叶译注:《尚书》，中华书局 2012 年版，第 146 页)

也”，故《四时》篇以五行配四时，实际已经使阴阳与五行实现了合流。[①]

表 6-3

方位	五行	天体	季节	气	德	天干
东	木	星	春	风	嬴	甲乙
南	火	日	夏	阳	施舍修乐	丙丁
中央	土	岁			和平用均、中正无私	
西方	金	辰	秋	阴	忧哀、静正、严顺	庚辛
北方	水	月	冬	寒	淳越、温怒、周密	壬癸

(5)《四时》篇中与四季五方有紧密关联的“气”的种类有多种

《四时》谈到了四方之“气”，东方之气为“风”，南方之气为“阳”，西方之气为“阴”，北方之气为“寒”。“阴”和“阳”即阳气和阴气，相对于阴阳二气，东方的“风”气和北方的“寒”气，其抽象性较低。《四时》中的阴阳已是一个具有抽象内涵的概念，如“日掌阳，月掌阴”“阳为德，阴为刑”等，但《四时》的作者并没有把四方之“气”统一划分为阴气和阳气，这里的四方之“气”不是宇宙论意义上的，而是指实然宇宙中不同方位、季节的风气而言，与《楚辞》

① 白奚认为《管子》中《幼官》《四时》《五行》《轻重己》各自配成了不同的阴阳五行图式，标志着阴阳与五行合流的实现（参见白奚:《中国古代阴阳与五行的合流——〈管子〉阴阳五行思想新探》，载《中国社会科学》1997 年第 5 期）。李震强调了阴阳五行在《管子・四时》中实现合流的意义（参见李震:《先秦阴阳五行观念的政治展开:以稷下为中心》，载《管子学刊》2017 年第 3 期）。

天地有六气的“六气”[①]的层次大略相同。

第二,《四时》存在以刑德论天时的观念。

《四时》以刑德论天时有两个方面的表现:一是以阴阳论刑德,所谓“阳为德,阴为刑”[②],这与《黄老帛书》“刑阴而德阳”的思想是一致的。二是以刑德论四时:“德始于春,长于夏;刑始于秋,流于冬。刑德不失,四时如一。刑德离乡,时乃逆长”[③],“四时者,阴阳之大经也,刑德者,四时之合也”[④],这些以刑德论四时的观念,与《黄老帛书》“春夏为德,秋冬为刑”的说法如出一辙。这说明二者的刑德论是出于同一思想系统。从《国语·越语》中范蠡的“德虐之行”,到《黄老帛书》和《管子·四时》的刑德论,这是先秦刑德思想发展的基本脉络。以刑德论天时,是在天人观念支配下将人事活动与天道相比附的结果,它强调的是人的活动与天道、天时的同步性,并将人的活动的合理性奠基于天道的基础之上,其中“刑”与“德”是天道、阴阳观念发展中阴阳、四时的新的表征形式。阴阳刑德和四时刑德的观念,在《淮南子·天文训》、马王堆汉墓帛书、董仲舒和道教典籍《太平经》那里都有进一步的发展。[⑤]

---

① 《楚辞·远游》:“吾将从王乔而娱戏!餐六气而饮沆瀣兮,漱正阳而含朝霞。”王逸注:“《陵阳子明经》言:‘春食朝霞;朝霞者,日始欲出赤黄气也。秋食沦阴;沦阴者,日没以后赤黄气也。冬饮沆瀣;沆瀣者,北方夜半气也。夏食正阳;正阳者,南方日中气也。并天地玄黄之气,是为六气。’”[(汉)王逸注,(宋)洪兴祖补注:《楚辞章句补注》,吉林人民出版社 2005 年版,第 167、167～168 页]

② 姜涛:《管子新注》,齐鲁书社 2009 年版,第 322 页。

③ 姜涛:《管子新注》,齐鲁书社 2009 年版,第 322 页。

④ 姜涛:《管子新注》,齐鲁书社 2009 年版,第 317 页。

⑤ 可参见陈松长:《马王堆〈刑德〉甲、乙本的比较研究》,载《文物》2000 年第 3 期;段致成:《〈太平经〉思想研究》(下),(台湾)花木兰出版社 2011 年版,第 206～207 页;曹胜高:《阴阳刑德与秦汉秩序认知的形成》,载《古代文明》2017 年第 2 期。

第三，《四时》的教令思想体现出一定程度的灾异和天人感应观。

“灾异”是汉代文献中大量存在的词汇，指天地间的灾变和异象。灾异在汉代不是一种纯粹外在的自然现象，而总是被裹上浓厚的天人感应的神学色彩。《四时》篇在强调“知四时”“令有时”的同时，也对失时之政的后果作了说明。如《四时》篇认为“春行冬政则雕，行秋政则霜，行夏政则欲”，“冬行春政则泄，行夏政则雷，行秋政则旱”[①]，这主要是从五行属性上对不遵循五行时政的后果作出理论推导的。此外，《四时》还强调“刑德合于时则生福，诡则生祸”[②]，认为“刑德离乡”则“作事不成，必有大殃”，“刑德易节失次，则贼气遬至，贼气遬至，则国多灾殃”[③]。《四时》对时政不当之后果的说明，其目的是为了强调务时寄政的必要性，其中透露着汉代灾异思想的萌芽，它的灾异思想主要是一种“五行灾异说”[④]。

不仅如此，《四时》对时政不当之后果的说明，还表现出同天人感应观念结合在一起的特征。对于日月星辰之变，《四时》指出：“日掌阳，月掌阴，星掌和。是故日食，则失德之国恶之；月食，则失刑之国恶之；彗星见，则失和之国恶之；风与日争明，则失正之国恶之。是故，圣王日食则修德，月食则修刑，彗星见则修和，

① 姜涛：《管子新注》，齐鲁书社 2009 年版，第 318、321 页。对比《四时》和《幼官》(《幼官图》)关于时政不当引发的灾异的描述，在特征上大体相同，如《幼官》(《幼官篇》)言：“夏行春政风，行冬政落，重则雨雹，行秋政水。”“冬行秋政雾，行夏政雷，行春政蒸泄。”(姜涛：《管子新注》，齐鲁书社 2009 年版，第 58、59 页)但《幼官》(《幼官图》)对灾异的描述内容相对较少。

② 姜涛：《管子新注》，齐鲁书社 2009 年版，第 317 页。

③ 姜涛：《管子新注》，齐鲁书社 2009 年版，第 321 页。

④ 关于先秦及汉代的五行灾异说，参见冯鹏：《西汉经学灾异思想研究》，武汉大学博士学位论文，2016 年。

风与日争明则修生,此四者,圣王所以免于天地之诛也。"[①]《四时》认为日食的出现乃是人间与"阳"相对应的"德"政有失的结果,月食是与"阴"相应的"刑"政失时的结果,"彗星见"是国政失"和"的表现,"风与日争明"则是国家治理失去正确法度的结果,这里表现出了明显的天人感应观念,并且有"谴告"的意味。针对这种时政不当引发的天地灾异现象,《四时》认为于日食时圣王当修"德"政,月食时当修"刑"政,彗星出现时应注意政事和调,"风与日争明"则应保持正确的施政法度。这是天人之间的双向互动过程。早期的时令思想更加强调天人同步,在《幼官》(《幼官图》)中虽然也有对时政不当后果的说明,但其内容相对较少,至《四时》篇则强化了对时政不当引发的灾异的说明,从天人同步到天人感应,是《管子》时令思想发展的内在逻辑。

(二)《五行》篇的"圆道"观

《五行》篇的时政思想也体现出了据岁时往复的"圆道"观念。《五行》时政思想的特点,在于将五行均分至一年三百六十天中,形成了一个五行与三百六十日相配的五行御时的"圆道"教令体系。对此,《五行》篇指出:

> 日至,睹甲子木行御,天子出令……七十二日而毕。
>
> 睹丙子火行御,天子出令……七十二日而毕。
>
> 睹戊子土行御,天子出令……七十二日而毕。
>
> 睹庚子金行御,天子出令……七十二日而毕。
>
> 睹壬子水行御,天子出令……七十二日而毕。[②]

文中的"日至",旧注"谓春日既至",张佩伦释为"冬至",梁翔

① 姜涛:《管子新注》,齐鲁书社 2009 年版,第 322 页。

② 姜涛:《管子新注》,齐鲁书社 2009 年版,第 325~327 页。

凤同张佩伦。[1] 事实上判断“日至”的内涵，应注意从本段其后的文字入手。在对“火行御”“土行御”“金行御”“水行御”初始之日的描述中，该篇皆以与火土金水四行相应属性的天干配以地支之“子”，“子”为十二地支之始，遵循这种思想逻辑，这里的“日至”当为一年之始，并且其计算方法亦当遵循各行开始日期的算法。从这一点判断，“日至”当为《五行》视界中一年之始的建子之冬至之后的甲子日。“睹”，当如梁翔凤所言，释为“见”义[2]，“睹”的主语当是与天时密切相关的史官或者礼官。“睹甲子”，“言冬至后见甲子日”，即为木行开始之日。[3] 余仿此。“御”的主语是当令之五行，为统御、主宰义，“木行御”“火行御”“土行御”“金行御”“水行御”，即指五行依次当令。《五行》的“圆道”时令观是从冬至日后的甲子日开始的[4]，从木行开始，按照五行相生的次序顺次将一年区分为五部分，每一行占据七十二日，共合三百六十日，在天道观上，形成了五行配日合一岁的“圆道”模式。同时，在此天道模式之下，发布与五行属性相应的政令。这些政令的内容，同样是据各行的属性来安排的。

《五行》篇以五行御时的观点值得注意。在《左传·昭公二十九年》中我们可以看到据五行设置五官的做法：“故有五行之官，是谓五官，实列受氏姓，封为上公，祀为贵神。社稷五祀，是尊是奉。木正曰句芒，火正曰祝融，金正曰蓐收，水正曰玄冥，土正曰

① 参见梁翔凤：《管子校注》，中华书局2004年版，第868～869页。

② 参见梁翔凤：《管子校注》，中华书局2004年版，第869页。这里的“睹”字还存在不同的解释，俞樾疑“睹”当为“都”，戴望疑“睹”当为“诸”，义为“于”（参见梁翔凤：《管子校注》，中华书局2004年版，第869页）。

③ 此从张佩伦、梁翔凤说（参见梁翔凤：《管子校注》，中华书局2004年版，第869页）。

④ 在《淮南子·天文训》中我们也可以看到有关五行分一岁的时令学说，与《管子·五行》篇相比，《淮南子》的五行时令对起止日期和一岁的周期作了更为精确的推算。

后土。”[①]《左传》中的“五正”作为五行之官是管理五行的官长，这些五行之官的始祖，实际上是以神灵的面目出现的。《管子·五行》中五行依次“御”时的思想，应是将《左传》“五行之官”的观念运用于天道时令思想的结果，其中《左传》五行之官所具有的官制内涵被过滤掉了，以“御”字保留了五行的统领、主宰意味。同时，《管子·五行》篇五行分岁御时的思想，应是《白虎通》“五行更王”说[②]的前身。不过《白虎通》所言的“五行更王”说，强化了“土王四时”的观念，这在《管子·五行》中是看不到的，《管子·五行》只是将“土”置于五行轮转的中间，取“土”在方位上的中央意涵。在具体时节安排上，《管子·五行》将一年三百六十日据五行相生之序分而为五，以冬至日的甲子日为木行之始，木行御时七十二天之后，以丙子日为火行之始，火行御时七十二天，之后依次是戊子日“土行御”始，壬子日“水行御”始，从而完成一岁之期。

《管子·五行》篇以土行御七十二日，不再如同书的《四时》篇那样以“辅四时”的功能论将土行置于四时流转之中，这在弱化“土”对其余四行的主宰义的同时，将五行与年岁之日完整地契合起来。同时，在《管子·五行》的五行御时思想中，五行在时令中取得了支配性地位，五行因此而成为天时往复的直接展现形式，体现出了该篇作者对五行观念的高度推崇，这也是五行的地位在《管子》书中获得抬升的典型表现。

在《五行》篇的时政“圆道”体系中，还增加了时日禁忌的内容。《五行》有言：

---

① 杨伯峻：《春秋左传注（修订本）》（四），中华书局2009年版，第1502页。

② 《白虎通·五行》：“木王所以七十二日何？土王四季各十八日，合九十日为一时，王九十日。土所以王四季何？木非土不生，火非土不荣，金非土不成，水无土不高。土扶微助衰，历成其道，故五行更王……”［（清）陈立撰、吴则虞点校：《白虎通疏证》，中华书局1994年版，第190页］

睹甲子木行御。天子不赋不赐赏，而大斩伐伤，君危。不然太子危，家人夫人死；不然，则长子死。七十二日而毕。睹丙子火行御，天子亟行急政，旱札，苗死，民厉。七十二日而毕。睹戊子土行御。天子修宫室，筑台榭，君危；外筑城郭，臣死。七十二日而毕。睹庚子金行御。天子攻山击石，有兵作战而败，士死，丧执政。七十二日而毕。睹壬子水行御。天子决塞，动大水，王后夫人薨。不然则羽卵者段，毛胎者膭，臞妇销弃，草木根本不美。七十二日而毕。[①]

从以上时令禁忌来看，除“火行御”反对“敬行急政”与五行属性的关系不明显之外，“木行御”反对“大斩伐伤”，强调“不杀”，“土行御”反对“修宫室，筑台榭”，“水行御”要防止“决塞动大水”，都与当令的五行属性有直接关系，这种直接关系表现为不能做与当令五行属性相关的事情。之所以如此，可能是因为在《五行》的作者看来，在每行当令之时，做与当令五行属性相关的事务，会削弱当令五行的力量。此外，《五行》篇还指出了违反一系列禁忌的后果，这同《四时》一样也多少流露出了一些天人感应观念下五行灾异思想的萌芽。所不同的是，《五行》违反禁忌的后果包括了王室成员和大臣的死亡，以及禽卵难以孵化，兽胎和孕妇的流产，草木之根不全等，从而带有了神秘的数术色彩。这也从一个方面说明《五行》篇的时令思想在来源上可能与数术特别是天文数术有关。

(三)《轻重己》的“圆道”教令思想

《管子·轻重己》也是一篇言及时令思想的阴阳家文献，《轻重己》的“圆道”观同样是通过其时政思想来体现的。《轻重己》“圆道”教令的独特之处，是将一年中的四时进行八分，并在此基

① 姜涛:《管子新注》，齐鲁书社 2009 年版，第 328 页。

础上施行相应的政令。关于这种“圆道”教令,《轻重己》指出:

以冬日至始,数四十六日,冬尽而春始,天子东出其国四十六里而坛……天子之春令也。

以冬日至始,数九十二日,谓之春至。天子东出其国九十二里而坛……天子之春令也。

以春日至始,数四十六日,春尽而夏始,天子服黄而静处……天子之夏禁也。

以春日至始,数九十二日,谓之夏至,而麦熟。天子祀于太宗……天子之所以主始而忌讳也。

以夏日至始,数四十六日,夏尽而秋始,而黍熟。天子祀于太祖……天子之所以异贵贱而赏有功也。

以夏日至始,数九十二日,谓之秋至,秋至而禾熟。天子祀于太惢。西出其国百三十八里而坛……天子之秋计也。

以秋日至始,数四十六日,秋尽而冬始,天子服黑絻黑而静处……天子之冬禁也。

以秋日至始,数九十二日,天子北出九十二里而坛……谓之大通三月之蓄。[①]

《轻重己》从“冬日至”即冬至开始,将四时构成的一岁八分,八分而成的每一时段为四十六日,共合三百六十八日。这八个时段的划分与四时联系在一起,春夏秋冬四时分别以“始”“至”“尽”为三个区分点而分为两个时间段,每季合九十二日。在一岁四时八节形成的往复天时观中,每一时段皆有相应的教令,内容主要涉及朝仪、祭祀、农事等,时令禁忌亦有所言及。其中,对天子着服颜色和时令禁忌的说明也参照了五行。文中特别提到了天子依时进行的祭坛方位和所出距离。“春始”“春至”“秋至”“冬至”

① 姜涛:《管子新注》,齐鲁书社2009年版,第580~583页。

这四个时段中的祭坛，其方位分别与该时节的五行方位对应，其中，“春始”“春至”这两个时日的祭坛所出都城的距离，分别为四十六里和九十六里，这两个数字分别与该时段的起点距冬至的天数相同，“秋至”时段中祭坛的所出距离为一百三十八里，这个数字与该时段初始之日距“夏至”的天数相同，“冬至”时段中祭坛所出距离在数字上与该时段的起点距“秋至”的天数相同。《轻重己》的“圆道”教令，本质上仍是一种四时教令，只不过对四时中的每一时进行了二分。这种“圆道”教令在天时上的最大特点，是凸显四十六日在一岁四时往复中的阶段性意义。

《轻重己》以四十六日为单位来划分一岁的时段，“四十六”这个数字应是该篇将四时的划分和一年的日数进行匹配而得出的一个数值。在将四时八分的情况下，如果取四十五这个数字，则一年为三百六十日，但该篇并没有采用四十五而是取四十六这个数字，说明该篇作者意识到了一个回归年的天数要大于三百六十天。[①] 这比《五行》篇一岁三百六十天的周期要更加准确。《轻重己》将四时分为八节，应是出于细化四时的需要，但其并没有分为十二个月，这是不同于将一年分为十二月的阴阳合历的一种时令。《轻重己》以四十六日为单位划分天文时令的做法，在汉代思想中以天文数术的形式得到了某种重现，这通过《灵枢经・九宫

① 张富祥认识到了这一点（参见张富祥：《〈管子〉书中的“幼官”和有关节气问题》，载《民俗研究》2012年第5期）。

八风》的"太一行九宫"和出土的九宫式盘得以表现出来。[①]

第三节　邹衍的"圆道"观

邹衍(亦名驺衍),战国后期齐国人,生卒时间后于孟子[②],为先秦阴阳家的著名代表人物。《史记·孟子荀卿列传》言"驺子重于齐"[③],邹衍游学稷下学宫时曾位列当时著名的七十六稷下先生之首[④],《史记·封禅书》言"驺衍以阴阳主运说显于诸侯"[⑤],可见

① 《灵枢·九宫八风》:"太一常以冬至之日居叶蛰之宫四十六日,明日居天留四十六日,明日居仓门四十六日,明日居阴洛四十五日,明日居天宫四十六日,明日居玄委四十六日,明日居仓果四十六日,明日居新洛四十五日,明日复居叶蛰之宫,曰冬至矣。"[(清)张志聪:《黄帝内经灵枢集注》,载张继禹主编:《中华道藏》第 20 册,华夏出版社 2004 年版,第 519 页]1977 年安徽阜阳双谷堆 M1 出土的漆木式盘铭文:"冬至:汁蛰,簟六日废,明日立春。立春,天溜,簟六日废,明日春分。春〔分〕:仓门,簟六日废,明日立夏。〔立夏〕:阴洛,簟五日,明日夏至。夏至:上天,〔簟〕六日废,明日立秋。立〔秋〕:玄委,簟六日废,明日秋分。秋分:仓果,簟五日,明日立冬。立冬:新洛,簟五日,明日冬至。"(李零:《中国方术正考》,中华书局 2015 年版,第 98～99 页)张富祥据九宫式盘刻文和《灵枢·九宫八风》的上述资料,猜测性地认为《轻重己》的四时八节时令有其来历(参见张富祥:《〈管子〉书中的"幼官"和有关节气问题》,载《民俗研究》2012 年第 5 期)。这三者的关系,应该是汉代的式盘及《灵枢》的"太一行九宫"吸收和改造了《轻重己》的天文时令思想,至于三者是否有共同的来源,尚难判明。

② 邹衍的具体行状可参见孙开泰《邹衍年谱》(载《管子学刊》1990 年第 2 期)一文。

③ 司马迁:《史记》第 7 册,中华书局 1982 年版,第 2345 页。

④ 《史记·田敬仲完世家》载:"宣王喜文学游说之士,自如驺衍、淳于髡、田骈、接予、慎到、环渊之徒七十六人,皆赐列第,为上大夫,不治而议论。是以齐稷下学士复盛,且数百千人。"(司马迁《史记》第 6 册,中华书局 1982 年版,第 1895 页)《汉书·楚元王传》载:"上复兴神仙方术之事,而淮南有《枕中鸿宝苑秘书》。书言神仙使鬼物为金之术,及邹衍重道延命方,世人莫见……"(班固:《汉书》第 7 册,中华书局 1962 年版,第1928 页)

⑤ 司马迁:《史记》第 4 册,中华书局 1982 年版,第 1369 页。

其学在当时产生了很大的社会影响。《史记·孟子荀卿列传》载邹衍作“《终始》《大圣》之篇十余万言”[①]。《汉书·艺文志》录“《邹子》四十九篇,《邹子终始》五十六”[②],今已佚。对比《史记》和《艺文志》的记载,《终始》和《大圣》当为邹衍所著,《邹子》当为邹子后学或邹衍学派所辑。邹衍思想对后世产生了深远的影响,除影响最大的“五德终始”说外,邹衍后学的一部分还流入方术之中。[③]

邹衍的思想也包含着鲜明的“圆道”色彩,这主要通过三个方面体现出来,即思维方式上的“圆道”回环模式、天道观上的阴阳主运说、历史观上的“五德终始”说,以下分述之。

一、思维方式上的“圆道”回环

邹衍学说的特点,以《史记·孟子荀卿列传》记载为详:

> ……其次驺衍,后孟子。驺衍睹有国者益淫侈,不能尚德,若大雅整之于身,施及黎庶矣。乃深观阴阳消息而作怪迂之变,终始、大圣之篇十余万言。其语闳大不经,必先验小物,推而大之,至于无垠。先序今以上至黄帝,学者所共术,大并世盛衰,因载其禨祥度制,推而远之,至天地未生,窈冥不可考而原也。先列中国名山大川,通谷禽兽,水土所殖,物类所珍,因而推之,及海外人之所不能睹。称引天地剖判以来,五德转移,治各有宜,而符应若兹。以为儒者所谓中国者,于天下乃八十一分居其一分耳。中国名曰赤县神州。赤县神州内自有九州,禹之序九州是也,不得为州数。中国外

① 司马迁:《史记》第7册,中华书局1982年版,第2344页。

② 班固:《汉书》第6册,中华书局1962年版,第1733页。

③ “邹衍以阴阳主运显于诸侯,而燕齐海上之方士传其术不能通,然则怪迂阿谀苟合之徒自此兴,不可胜数也。”(司马迁:《史记》第4册,中华书局1982年版,第1369页)

如赤县神州者九，乃所谓九州也。于是有裨海环之，人民禽兽莫能相通者，如一区中者，乃为一州。如此者九，乃有大瀛海环其外，天地之际焉。其术皆此类也。然要其归，必止乎仁义节俭，君臣上下六亲之施始也滥耳。王公大人初见其术，惧然顾化，其后不能行之。①

上文对邹衍学说特点的说明中，司马迁强调其“先验小物，推而大之，至于无垠”，这是对邹衍思维方式的一种概括。“先验小物”，是指把从日常经验事物入手所归纳、概括出的相对抽象的原理放到可经验的事物中去检验和核实，“推而大之”，则是根据此前所检验、核实的论断对人的认识能力所不及的事物进行新的解释和论证，以使此前“先验小物”所得出的相对抽象的原理成为一种普遍适用的宇宙规则。这里的“推而大之”，在邹衍的学说中主要表现为两个方面。一是在时间维度的古今历史观上“先序今以上至黄帝”，然后在此基础上进行“推而远之”的溯源，最终达至“窈冥不可考而原”的“天地未生”的宇宙原初状态。在这里，邹衍显然是将“今以上至黄帝”这一当时为“学者所共术”的古史观视为可以把握的历史时段。邹衍在历史观上“推而大之”所得出的抽象原理，是“天地剖判以来，五德转移，治各有宜，而符应若兹”。二是在空间地理观上，“先列中国名山大川，通谷禽兽，水土所殖，物类所珍”，然后“因而推之”，至“海外人之所不能睹”。这一“因而推之”的结果，是得出了地理观上的大九州理论。对时间和空间进行的“先验小物”后“推而大之”的理论建构，是邹衍学术的最主要的两个方面，其“十余万言”的学术思想在思维方式上的特点与此并无不同，所谓“其术皆此类也”。

邹衍学说这种由经验事物(或其认为属于人类经验的历史时

① 司马迁:《史记》第7册，中华书局1982年版，第2344页。

段)进行推究,进而以其所得结论来解释和论证世界的思维方式,遵循着如下的过程:

现有或初步预设的原理 —验之小物→ 现象(小物) —推而大之→ 抽象普遍性原理(五德转移、大九州)

这一从理论回到理论的过程,构成了一个认识过程中的圆周回环,只不过终点的结论相对于起点的结论更具有抽象普遍性。这一圆周回环,可以说是邹衍在思维方式上的“圆道”。邹衍的这一思维方式,是将存在于可把握的认识领域中的事物之特征、原理推展到人类未知领域中并提升为普遍规则的过程,其在开阔人们的狭隘经验视界的同时[①],也因其在一定程度上运用了从归纳到演绎的思维方法,而带有某种合理性,但若其给出的作为起点的原理本身就是错误的,则不可能得出正确的结论,这正是其学说在当时的人们看来“宏大不经”的原因所在。

二、天道观上的“圆道”观

《史记·历书》有如下文字:

> 先王之正时也……其后战国并争,在于疆国禽敌,救急解纷而已,岂遑念斯哉!是时独有驺衍,明于五德之传,而散

① 《盐铁论·论邹》中载有一段对邹衍学说的评价,这段文字对邹衍学说所具有的宏大视野给予了肯定,其文曰:“大夫曰:‘邹子疾晚世之儒墨,不知天地之弘,昭旷之道,将一曲而欲道九折,守一隅而欲知万方,犹无准平而欲知高下,无规矩而欲知方圆也。于是推大圣终始之运,以喻王公,先列中国名山通谷,以至海外。所谓中国者,天下八十一分之一,名曰赤县神州,而分为九州。绝陵陆不通,乃为一州,有大瀛海圜其外。此所谓八极,而天地际焉。《禹贡》亦著山川高下原隰,而不知大道之径。故秦欲达九州而方瀛海,牧胡而朝万国。诸生守畦亩之虑,闾巷之固,未知天下之义也。’”[王利器:《盐铁论校注》(定本),中华书局1992年版,第551页]

> 消息之分，以显诸侯。而亦因秦灭六国，兵戎极烦，又升至尊之日浅，未暇遑也。而亦颇推五胜，而自以为获水德之瑞，更名河曰“德水”，而正以十月，色上黑。然历度闰馀，未能睹其真也。[①]

《历书》中的这段文字指出战国之时的邹衍独能“明于五德之传，而散消息之分”，并因之而“显诸侯”。从本段文字开始的描述来看，邹衍“明于五德之传，而散消息之分”的学说显然属于以“正时”为内容的天文历法的范围，司马迁是将邹衍视为战国后期天文学的重要代表人物，并且“明于五德之传”说明邹衍的这种学说并非其所独创，而是传承有自。据此，邹衍之学当包含有天道、历法的内容。在其后的叙述中，司马迁还强调秦始皇于邹衍学说虽“亦颇推五胜”，但对于“历度闰馀”则“未暇遑”，“未能睹其真也”。司马迁在这里明确区分了以五行相胜为内容的“五德终始”学说和“历度闰馀”之学，而“历度闰馀”乃“正时”之学的应有之义，由此可见，在司马迁看来，邹衍的五行相胜学说并不能被等同于此段文字中“明于五德之传，而散消息之分”的“正时”之学。当然，司马迁仍是将“五德终始”学说视为与历法具有相关性的理论，在《历书》的上述文字之前，司马迁有言：“王者易姓受命，必慎初始，改正朔，易服色，推本天元，顺乘厥意。”[②]这里的“天元”即指“五德终始”说而言，“天元”的说法，表明司马迁是将“五德终始”说看作历学之本，这反映了“五德终始”学说在汉代学术中的巨大影响力。

根据《史记·历书》的表述，我们可以发现邹衍学说包含有天道、历法之学，这种学说的特点是“明于五德之传，而散消息之

---

① 司马迁：《史记》第4册，中华书局1982年版，第1259页。

② 司马迁：《史记》第4册，中华书局1982年版，第1256页。

分”，带有以“正时”为旨归的天道历学色彩。① 司马迁是将邹衍视为有关历学的“五德”之学和阴阳消息之学在战国后期的传人。在《史记·孟子荀卿列传》中，司马迁对邹衍学说的特点有如下评价：“乃深观阴阳消息而作怪迂之变，《终始》《大圣》之篇十余万言”，这里司马迁所言的“作怪迂之变”，是指邹衍所独创的“五德终始”学说，而这一学说的产生是建立在“深观阴阳消息”的基础之上的，“阴阳消息”即此前业已存在的天时之学。《史记》“深观阴阳消息而作怪迂之变”的记载，指出了邹衍的学术演变轨迹，作为“怪迂之变”的“五德终始”学说是邹衍在已有的“阴阳消息”之学基础上加以“深观”的产物，结合上文言及的邹衍的思维方法，这里的“深观”当是将“阴阳消息”的天时之学“推而大之”，提升为更加宏大的天道支配下的历史演进之道，“五德终始”学说就是这种“推而大之”的产物。

结合《史记·孟子荀卿列传》对邹衍学术的说明，和《史记·历书》对邹衍“明于五德之传，而散消息之分”的肯定，邹衍“深观”并据以创立“五德终始”学说的“阴阳消息”，与“明于五德之传，而散消息之分”，所言为同一内容。

这里有必要对邹衍“明于五德之传，而散消息之分”的学说内容作出具体的分析。邹衍曾游学于稷下，而《管子》一书作为与稷

① 《汉书·艺文志》录“《邹子》四十九篇，《邹子终始》五十六”，事实上从《艺文志》所录上述二书的篇数——“四十九”和“五十六”来看，其中已经带有天道意涵。“四十九”和“五十六”皆为七的倍数，而“七”这个数字据《易传》“‘反复其道，七日来复’，天行也”的说法来看，当有其天道内涵。《邹子》和《邹子终始》的篇数应该也不是随意而为，而是作者刻意为之，以使其带有天文、天道的意涵。

下学有密切关联的著作[1]，其《四时》篇有言：“是故阴阳者天地之大理也，四时者阴阳之大经也”[2]，该篇将四时视为阴阳的展现形式，而且还将四时与五方、五行、日月星辰岁等相结合，依木火土金水五行顺生之序具体阐明了五行与春夏秋冬四时的关系，土则“辅四时入出”，这是一种天时历法意义上的“五德”学说，是天道阴阳的具体展现。《管子》中具有阴阳家色彩的《幼官》《五行》《轻重己》篇并未出现这种以“五德”为表征方式的天道观念。而《管子·四时》的“五德”学说与《史记》所言邹衍“明于五德之传，而散消息之分”的天道思想非常相似，《四时》与邹衍的天道学说当有着密切的关联。[3]《管子·四时》篇所反映的即使不是邹衍本人的思想，那么邹衍“明于五德之传”的“圆道”天时观，在内容上亦应类似于《管子·四时》体现的五行顺生说。[4]

《周礼·夏官·司爟》郑玄注引用了《邹子》的一段话：“春取

---

① 参见顾颉刚：《“周公制礼”的传说和〈周官〉一书的出现》，载《顾颉刚集》，中国社会科学出版社 2001 年版，第 198 页；冯友兰：《中国哲学史新编》第 1 册，载《冯友兰文集》第 8 卷，长春出版社 2017 年版，第 75～76 页。

② 姜涛：《管子新注》，齐鲁书社 2009 年版，第 315 页。

③ 日本学者邦岛男推测性地认为《管子·四时》篇的祖本为邹衍所作（参见［日］邦岛男：《五行思想と礼记月令の研究》，汲古书院 1971 年版，第 44 页）。

④ 侯外庐据《周礼·夏官·司爟》郑玄注引《邹子》语，认为邹衍有五行相生的思想（参见侯外庐：《中国思想通史》第 1 卷，新知书店 1936 年版，第 548 页）。庞朴、孙开泰认为《史记·封禅书》集解引如淳所言的邹衍《主运》篇，当属五行相生说（参见庞朴：《先秦五行说之嬗变》，载庞朴：《稂莠集》，上海人民出版社 1988 年版，第 47 页；孙开泰：《邹衍与阴阳五行》，齐鲁书社 2004 年版，第 84～85 页）。孙开泰还强调：“邹衍的五行相生说是继承《管子》的《四时》《五行》《幼官》等篇关于五行相生说并加以发展而成的，其目的是为黄帝的后裔田氏应当位居中央、成为天子制造舆论。”（孙开泰：《邹衍与阴阳五行》，齐鲁书社 2004 年版，第 75 页）蔡德贵也强调邹衍有五行相生说（参见蔡德贵：《简说邹衍》，载《文史哲》1984 年第 6 期）。白奚论证了邹衍有建立在五行相生基础上的四时教令思想，该思想存在于《主运》篇中（参见白奚：《邹衍四时教令思想考索》，载《文史哲》2001 年第 6 期）。

榆柳之火，夏取枣杏之火，季夏取桑拓之火，秋取柞楢之火，冬取槐檀之火。”[①]《邹子》的这段话所反映的“圆道”天时观是以土配季夏[②]，这与《管子·四时》土“辅四时入出”不同。《邹子》“土”配季夏的做法见于《吕氏春秋》的十二纪中。《邹子》一书当为邹衍学派的思想汇集，从邹衍“五德终始”说以土配黄帝来看，“土”在邹衍“明于五德之传”的“圆道”天时观中应具有主宰和统领性的地位，从这一点考虑，以上郑玄所引《邹子》的那段话更可能属于邹子后学的观点，这种观点可能是对《管子·四时》的五德天时观的发展，《管子·四时》五德天时观可能更接近于邹衍天道观的原貌。

《盐铁论》曾言及邹衍的学术转变：“邹子以儒术干世主，不用，即以变化终始之论。”[③]据《盐铁论》，邹衍在创立“五德终始”说之前，其学说的内容是“干世主”的“儒术”。上文已揭示出邹衍在创立“五德终始”说之前，其思想包含类似《管子·四时》的五德天时观。从《盐铁论》的说明来看，邹衍的五德天时观当属于其早期思想，并且很可能与《盐铁论》所说的“儒术”在内容上有大体的一致，故这里的“儒术”，当指以教令为内容的时政学说，与《礼记·月令》在性质上同类。

---

① （汉）郑玄注，（唐）贾公彦疏，赵伯熊整理：《周礼注疏》，北京大学出版社1999年版，第796页。

② 孙诒让《周礼正义》引黄侃《论语义疏》：“改火之木，岁五行之色而变也。榆柳色青，春是木，木色青，故春用榆柳也。枣杏色赤，夏是火，火色赤，故夏用枣杏也。桑托色黄，季夏是土，土色黄，故季夏用桑拓也。柞楢色白，秋是金。金色白，故秋作柞楢也。槐檀色黑，冬是水，水色黑，故冬用槐檀也。”（孙诒让：《周礼正义》，中华书局1987年版，第124页）

③ 王利器：《盐铁论校注》（定本），中华书局1992年版，第150页。

三、"五德终始"学说体现的"圆道"观

邹衍的学说以"五德终始"说影响最为深远,"五德终始"说也是邹衍学说的最大特色。从《史记·孟子荀卿列传》所言邹衍的"五德终始"说来看,其"称引天地剖判以来,五德转移,治各有宜,而符应若兹"。天阳地阴,天地剖判即阴阳分判,这样,"天地剖判以来,五德转移"的人类社会秩序,实际是邹衍将天文、天道意义上阴阳化分五行的思想以"推而大之"的思维方式,延伸到社会领域并提升为宇宙法则的过程,司马迁正是在此意义上认为邹衍学说以"深观阴阳消息而作怪迂之变"为演进轨迹。

以"怪迂之变"为特点的"五德转移"说在五行关系上取"五行相胜"说:

> 今其书有《五德终始》。五德各以所胜为行,秦谓周为火德,灭火者水,故自谓水德。(《史记·封禅书》集解引如淳曰)①
>
> 五德之次,从所不胜,故虞土,夏木。(《淮南子·齐俗》高诱注引《邹子》)②
>
> 邹子有终始五德,从所不胜,木德继之,金德次之,火德次之,水德次之。(《文选·魏都赋》李善注引《七略》)③
>
> 五德从所不胜,虞土,夏木,殷金,周火。(《文选·齐故安陆昭王碑》李善注引《邹子》)④

《五德终始》,即司马迁《史记·孟子荀卿列传》中所言的邹衍

① 司马迁:《史记》第4册,中华书局1982年版,第1369页。

② 何宁:《淮南子集释》,中华书局1998年版,第789页。

③ (梁)萧统编,(唐)李善注:《文选》(一),上海古籍出版社1986年版,第287页。

④ (梁)萧统编,(唐)李善注:《文选》(六),上海古籍出版社1986年版,第2561页。

著作《终始》篇。五行取相胜关系，当是对社会领域中王朝更迭中“革命”[①]现象的抽象反映。五行相胜说以配土的黄帝王朝始，这是受黄老思想影响的结果。从“土”开始按相胜关系构成五行的循环，这是一个社会领域中“终始”的圆道，是“圆道”观在历史政治领域中的运用和反映。

邹衍的“五德终始”说亦即司马迁所说的“阴阳主运”思想。《史记·封禅书》言“驺衍以阴阳主运说显于诸侯”，《集解》云：“如淳曰：‘今其书有《主运》。五行相次转用事，随方面为服。’”[②]《史记索隐》：“按：刘向《别录》云驺子书有《主运》篇。”[③]邹衍的著作司马迁只言《大圣》和《终始》二篇，并且“阴阳主运”被司马迁视为邹衍的思想内容之一，故如淳所言《主运》篇当为邹子后学整理而成，为《邹子》书中的一篇[④]。“主运”的“主”不当是人主之主，而应是主宰、统御义，与《管子·五行》篇中“木行御”“火行御”的“御”字同义。“主运”的“运”指天运，“主运”即五德相胜学说中五德的“相次转用事”；“五行相次转用事，随方面为服”，是指王朝依据终始五德而改变相应服色。[⑤]

“随方面为服”的“主运”说，不能被理解为依据四时教令而改变服色的教令思想[⑥]，否则，将会导致一个无法解决的问题，即人

① 《易传》：“天地革而四时成。汤武革命，顺乎天而应乎人。”（高亨：《周易大传今注》，齐鲁书社1998年版，第308页）

② 司马迁：《史记》第4册，中华书局1982年版，第1369页。

③ 司马迁：《史记》第4册，中华书局1982年版，第2346页。

④ 司马贞《史记索隐》按：“主运是邹子书篇名也。”（司马迁：《史记》第4册，中华书局1982年版，第1369页）

⑤ 侯外庐、顾颉刚皆认为“主运”的内容即是邹衍的“五德终始”说（参见侯外庐：《中国思想通史》第1卷，新知书店1936年版，第547页；顾颉刚：《秦汉的方士与儒生》，上海古籍出版社1998年版，第2页），这是正确的理解。

⑥ 参见白奚：《邹衍四时教令思想考索》，载《文史哲》2001年第6期。

主的四时服色会与其所对应的朝代之"德"所尚服色相矛盾。以始皇为例,《史记·历书》言秦始皇"色上黑",这是就五德终始中的水"德"而言,若再依四时教令而每季更换服色,则是无法办到的事情,故"主运"不能被理解为人主的四时教令。"主运"是指五德终始,司马迁以"阴阳主运"言五德终始,说明邹衍的该种学说中含有以天道阴阳对之加以论证的内容,《史记·孟子荀卿列传》集解引刘向《别录》"驺衍之所言五德终始,天地广大,尽言天事,故曰'谈天'"[①],以及司马迁将"五德终始"说视为"天元",都说明了这一点。从其"深观阴阳消息而作怪迂之变"来看,五德终始应是对天道阴阳展现为四时五行这一思想作"推而大之"的结果,五德之"德"的"天命"意味[②]由此而具备,邹衍的"五德终始"说是天道观在历史政治领域中的落实。

不仅如此,五德终始的天道意涵还通过"符应"表现出来,《吕氏春秋·应同》有言:

> 凡帝王者之将兴也,天必先见祥乎下民。黄帝之时,天先见大螾大蝼,黄帝曰:"土气胜。"土气胜,故其色尚黄,其事则土。及禹之时,天先见草木秋冬不杀,禹曰:"木气胜。"木气胜,故其色尚青,其事则木。及汤之时,天先见金刃生于水,汤曰:"金气胜。"金气胜,故其色尚白,其事则金。及文王之时,天先见火赤乌衔丹书集于周社,文王曰:"火气胜。"火气胜,故其色尚赤,其事则火。代火者必将水,天且先见水气胜。水气胜,故其色尚黑,其事则水。水气至而不知,数备,

---

① 司马迁:《史记》第7册,中华书局1982年版,第2348页。

② 早期的"德"与天命观念密切相关,郑开说:"《尚书》所见的'天命''德',几乎可以说是一枚硬币的两面……"(郑开:《德礼之间——前诸子时期的思想史》,三联书店2009年版,第268页)

将徙于土。[①]

《吕氏春秋》的这段文字当反映了邹衍学派的思想。[②] 文中以五行之气论五德终始,这里的五行之气可能是阴阳二气的散殊形式。文中还提到了各种与五行相应的符应,强调的是人事和天道相感应的观念。"五德终始"学说包含的天人感应观念,在"邹子吹律"的故事[③]中被进一步强化了。

邹衍"五德终始"说的提出,是对战国后期王朝政治秩序的一种构设。《史记》谈及邹衍学术产生的背景时指出:"驺衍睹有国者益淫侈,不能尚德,若大雅整之于身,施及黎庶矣","有国者益淫侈,不能尚德",当指人君僭越周王室的权威,无视并觊觎周王室的德命,这里的"德"非指个人行为言,而是具有"天命"的意涵。在这种历史背景下,就需要新的学说来对政治领域中的"天命"进行修正和规范,"若大雅整之于身,施及黎庶",就表明了邹衍在当时的历史情势下试图通过自己的学说来匡正人君和世人行为的学术旨归。

邹衍的"五德终始"学说一方面正视了王朝政治在历史中的非永恒性和变动性,有利于人君产生对政治天命的忧患意识,同时也在天道的意义上为诸侯称霸中所凸显的天命王权问题提供

---

① 许维遹:《吕氏春秋集释》,中华书局 2009 年版,第 283~284 页。

② 侯外庐认为《吕氏春秋·应同》中的"五德终始"说为邹衍的观点(参见杜守素、侯外庐、纪玄冰:《中国思想通史》第 1 卷,新知书店 1936 年版,第 547 页)。日本学者金谷治赞同将《应同》的"五德终始"说视为《邹子》的佚文(参见金谷治:《邹衍的思想》,载辛冠杰等编:《日本学者论中国哲学史》,中华书局 1986 年版,第 140 页)。

③ 《列子·汤问》:"……邹衍之吹律……"(叶蓓卿译注:《列子》,中华书局 2011 年版,第 136 页)《论衡·变动》:"《传》曰:'燕有寒谷,不生五谷,邹衍吹律,寒谷复温。'"(黄晖:《论衡校释》,中华书局 1990 年版,第 659 页)《论衡·感虚》:"《传》书言:'邹衍无罪,见拘于燕,当夏五月,仰天而叹,天为陨霜。'"(黄晖:《论衡校释》,中华书局 1990 年版,第 238 页)文中的《传》当指纬书。

了一种有序化的历史图景，其本身是一种天道观照下的政治哲学。我们知道，早期的“德”与天命观念密切相关，周人就强调“以德配天”的观念，从这种思想脉络来看，邹衍的“五德终始”学说是天命论这一有关政权合法性的新的发展形式。然而，这种“五德终始”学说将历史领域的问题归为五行之间相胜递转的循环论，其在一定程度上又过滤掉了人君政治行为的德性和天命的关系，如《吕氏春秋》“水气至而不知，数备，将徙于土”的说法，就使王者之兴成为一种机械的类似天道迁移的过程，人类历史因此而成为一种闭合的往复循环，从而使这种学说比《管子》中的四时教令更加缺乏历史尺度和真正的“历史感”。

第七章

《吕氏春秋》的"圆道"观

《吕氏春秋》一书,《史记·吕不韦列传》言:"吕不韦乃使其客人人著所言,集论以为八览、六论、十二纪,二十余万言。以为备天地万物古今之事,号曰《吕氏春秋》。"①《史记》以吕不韦门人为《吕氏春秋》的作者。②《汉书·艺文志》言"《吕氏春秋》二十六篇",并将其列为"杂家"。③《史记》言《吕氏春秋》一书时以"览""论""纪"为序,今本《吕氏春秋》则以"纪""览""论"为序,《史记》的说法当反映了《吕氏春秋》的原貌。如果这一点成立,由于"纪"为纲纪、标准之义,故"览""论""纪"的这种安排顺序,可能是编纂者有意适应当时天下趋于一统的历史大势的一种反映,而今本"纪""览""论"的顺序,当出现在秦一统之后,是受浓厚天人之学氛围的影响而对《吕氏春秋》结构的一种重新编排。

"纪""览""论"构成《吕氏春秋》内容的三大部分,"纪"按十二月划分,每月一纪,每《纪》含五篇文章,"览"分为八,每《览》含八

---

① 司马迁:《史记》第8册,中华书局1982年版,第2510页。

② 陈梦家根据《吕氏春秋》中的一些用词,认为《吕氏春秋》在秦始皇时期可能被修订(参见陈梦家:《战国楚帛书考》,载《考古学报》1984年第2期)。陈梦家的观点是合理的。

③ 班固:《汉书》第6册,中华书局1962年版,第1741页。

篇文章(有始览缺一篇),合六十四篇,“论”有六,每《论》六篇,计三十六篇。“纪”“览”“论”之名皆以其下所含的首篇文章篇名为题,将《十二纪》后的《序意》篇计算在内,全书共一百六十篇。其中,“纪”之十二因十二月而具,是一岁十二月的应有之义。八览、六论中包含的数字“八”和“六”,是一个值得注意的现象。“览”之八数和“论”之六数,当与《庄子》中有关“道”之“八德”和“六合”的说法相关。《庄子·齐物论》:“夫道未始有封,言未始有常,为是而有畛也,请言其畛:有左,有右,有伦,有义,有分,有辩,有竞,有争,此之谓八德。六合之外,圣人存而不论;六合之内,圣人论而不议。”[①]对比《庄子》的“八德”和《吕氏春秋》各“览”的内容可以发现,《有始》与“道”之“左”“右”相关,《孝行》与“伦”有关。《审分》《恃君》与“分”有关,《审应》与“辩”有关,《慎大》与“竞”“争”有关,可见《吕氏春秋》的“八览”之名应取自《庄子》的“八德”。此外,《庄子》还以“六合”之内外与圣人所论联系起来,《吕氏春秋》的“六论”亦当有取于此。

《吕氏春秋》是吕不韦集团本着“务为治”[②]的原则为适应秦的一统局面而提出的国家整体治理方案[③],是吸取先秦诸子思想的

① 陈鼓应:《庄子今注今译》,中华书局1983年版,第74页。

② 语出司马谈《论六家要旨》:“《易大传》:‘天下一致而百虑,同归而殊涂。’夫阴阳、儒、墨、名、法、道德,此务为治者也,直所从言之异路,有省不省耳。”(司马迁:《史记》第10册,中华书局1982年版,第3288～3289页)

③ 关于《吕氏春秋》的学派属性,学者有不同观点(参见陈宏敬:《〈吕氏春秋〉研究综述》,载《中华文化论坛》2001年第2期)。事实上教导王者以临莅天下是该书的根本目的,正如吕不韦自己所言,“尝得学黄帝之所以诲颛顼矣”(许维遹:《吕氏春秋集释》,中华书局2009年版,第273～274页),故该书吸取百家之学的目的在于为政治服务。

产物。《吕氏春秋》的“圆道”观，主要表现在《十二纪》和《圜道》篇中。[1]

第一节 《十二纪》的“圆道”观

《十二纪》以孟仲季来划分春夏秋冬四时中的每一时，每《纪》含五篇文章，计六十篇。在文本结构的设计上，《十二纪》就已经体现着以天道为内容的“圆道”观念。

“纪”之十二与天道往复的十二月相应，自不待言。每《纪》下的文章为五，应首先是出于维持总数为六十的篇数的需要，六十的篇数恰与十天干和十二地支相配的六十甲子周期相符。十二、三、五和六十，是《十二纪》文本结构所包含的四个数字，其中与十二月对应的十二纪和三分每个季节的孟仲季，是确定的，每《纪》五篇的五数，显是一种刻意的安排。“纪”下五篇的设计，除了由此而构成总数六十的篇数之外，还在《十二纪》文本中，以五篇文章为一“纪”之变的结构，与孟仲季成一时之变的形式，形成了一个交错的格局，由此展开了以四时为序的十二月纪。这种三、五错杂的结构颇耐人寻味。《易传・系辞》言：“参伍以变，错综其数，通其变，遂成天下之文。”[2]这里的“参伍以变”有不同的理解，

① 此外，在本体论上，该书也体现出了“圆道”观念，如《仲夏纪・大乐》：“太一出两仪，两仪出阴阳。阴阳变化，一上一下，合而成章。浑浑沌沌，离则复合，合则复离，是谓天常。”(许维遹：《吕氏春秋集释》，中华书局 2009 年版，第 108～109 页)

② 高亨：《周易大传今注》，齐鲁书社 1998 年版，第 400 页。

但古人多将“参伍”释为三、五。① “伍”,《说文解字》卷八“相参伍也”,段玉裁注:“参,三也,伍,五也。”据此,《系辞》“参伍以变”的三、五是两个与变化密切相关的数字。这样看来,《吕氏春秋》中《十二纪》以每《纪》五篇配以孟仲季三者表一季的三五错杂的文本结构,可能受到了《系辞》“参伍以变”的影响。在汉代,融入了三统、三正、五德、三皇五帝等思想因素的“三五”,成为表示天道变化周期和事物变化的一个重要概念。②

以上是《十二纪》的文本形式所体现的“圆道”观念。除在文本形式上体现了“圆道”特点之外,《十二纪》的“圆道”特点还表现在文本内容上。这主要表现在以下几个方面:

---

① 孔颖达《周易正义》曰:“参,三也。伍,五也。或三或五,以相参合,以相改变。略举三五,诸数皆然也。”(孔颖达:《周易正义》,北京大学出版社 2000 年版,第 334 页)朱熹《周易本义》言:“参伍错综皆古语,而参伍尤难晓。”又说:“参者,三数之也,伍者,五数之也。”(萧汉明:《周易本义导读》,齐鲁书社 2006 年版,第 240 页)吴澄《易纂言》以三、五解“参伍”,认为“参伍以变”是指揲筮活动中的余数而言(参见王新春等点校:《易纂言导读》,齐鲁书社 2006 年版,第 460 页)。尚秉和以内卦爻数之三释“参”,以五行之五释“伍”(参见尚秉和:《周易尚氏学》,中华书局 1980 年版,第 299 页)。高亨《周易大传今注》认为“参读为三,伍读为五,三五代表较小而不定之数字。变指爻变从而卦变。《易经》各卦六爻之变三五不定”(高亨:《周易大传今注》,齐鲁书社 1998 年版,第 400 页)。刘大钧认为“参伍”的“参”指三材之道的“三”,“五”指天地之数(参见刘大钧:《周易传文白话解》,齐鲁书社 1993 年版,第 115 页)。汪显超认为“参伍”为“比较”“研究”义[参见汪显超:《“参伍以变,错综其数”与〈洛书〉》,载《中山大学学报》(社会科学版)2000 年第 2 期]。李尚信认为“参伍”是指三才和五行(参见李尚信:《〈序卦〉卦序中的“参伍”“错综”思想》,载《周易研究》2002 年第 6 期)。

② 如《风俗通义》:“道以三兴,德以五成。故三皇五帝、三王五伯。至道不远,三五复反,譬若循连环,顺鼎耳,穷则反本,终则复始也。”[(汉)应劭注、王利器校注:《风俗通义》,中华书局 1981 年版,第 20 页]《史记·天官书》:“夫天运,三十岁一小变,百年中变,五百载大变;三大变一纪,三纪而大备:此其大数也。为国者必贵三五。”(司马迁:《史记》第 4 册,中华书局 1982 年版,第 1344 页)《后汉书·郎顗襄楷列传》:“臣闻天道不远,三五复反。”(范晔:《后汉书》第 4 册,中华书局 1965 年版,第 1060 页)《周易参同契》则以“三五与一”来阐述铅汞在炉中烧炼成丹的过程。

一、详尽的教令配置是《十二纪》“圆道”月政模式的最大特点

在叙述顺序上，各《纪》大致按照其时太阳运行的位置所应干支，五帝及佐帝之神，应时的五虫、五音、十二律，对应的五数、五味、五臭、五祀，所尚祭品，物候，天子的衣食住行、政事活动，禁忌，违令灾异等。其中四时中每一时的孟仲季三月所对应的干支、五帝、佐帝神、五音、五虫、五味、五臭、五祀、所尚祭品一致。相比以前的时政教令，《十二纪》增加了新的内容，这主要表现在三个方面：

首先，五行的配置更为丰富，五行模式在《十二纪》中进一步得到了强化。《十二纪》的五行配置在继承先秦教令思想的基础上，出现了与五帝、五神、五臭、五谷、五脏、五畜、器物特点的对应，五行的范围被进一步扩大①，达十四项之多。在《十二纪》构成的“圆道”模式中，五行之土被置于季夏。从与中央戊己土相应的“祭先心”以及“其器圜以掩”来看，“土”在《十二纪》中被视为中心，并以其圜天的象征意味居于至上地位。《十二纪》这样安排的意义，应是为了强调“土”在“圆道”循环中的居中地位，并以此来论证君权的至上性。《十二纪》的五行配置奠定了秦汉月令类文献五行配应的基本模式。

其次，《十二纪》还提到了一种王者按月轮流居住的明堂制度（见表 7-1 和图 7-1），这是此前以朝治场所为主要特征的明堂制度

---

① 《十二纪》有关五行和五脏的配应与《礼记・月令》《淮南子・时则训》一致，皆为木脾、火肺、土心、肝金、肾水。在汉代，今古文经对五脏和五行的配属有不同的说法，《十二纪》属古文经的配置方法。关于这一点，参见朱新林《〈淮南子〉与先秦诸子承传考论》，浙江大学博士学位论文，2010 年。至《黄帝内经》，五行与五脏的配应则为木肝、火心、金肺、水肾、土脾。关于《十二纪》和《管子・幼官》《礼记・月令》《淮南子・时则训》在五行配置上的异同，参见薛梦潇《早期中国的月令文献与月令制度》，武汉大学博士学位论文，2014 年，第 55～56 页的列表。

和月令观念的进一步融合[①]，是“圆道”天时观和王朝政治相结合的产物。这种明堂制度为《礼记·月令》和《淮南子·时则训》所继承。

表 7-1　　《吕氏春秋》的明堂时节变化表

时节	天子所居
孟春	青阳左个
仲春	青阳太庙
季春	青阳右个
孟夏	明堂左个
仲夏	明堂太庙
季夏	明堂右个
孟秋	总章左个
仲秋	总章太庙
季秋	总章右个
孟冬	玄堂左个
仲冬	玄堂太庙
季冬	玄堂右个

① 这种融合在《管子·幼官》中已经出现了。薛梦潇指出：“早期文献中的‘明堂’有‘治朝’‘太庙’和‘月令明堂’三义，前二者属‘周公故事’系统，后者出自‘月令’理论。”“先秦文献中不存在兼具朝礼、宗祀与颁布时令等多项礼制的‘明堂’。”（薛梦潇：《“周人明堂”的本义、重建与经学想象》，载《历史研究》2015 年第 6 期，第 22、30 页）薛梦潇的观点指出了先秦明堂学说的发展脉络。

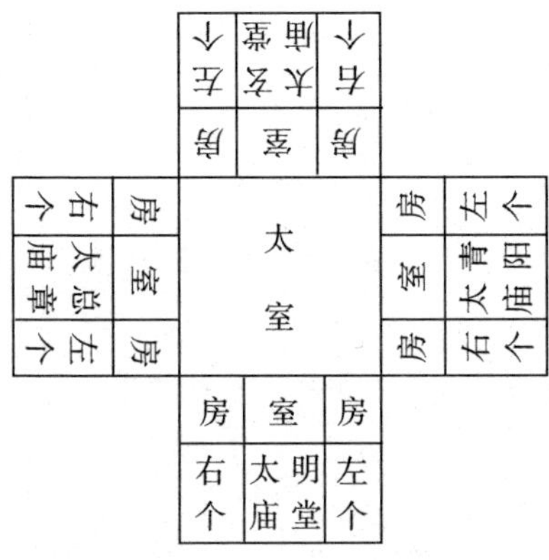

图 7-1　明堂示意图

图像采自王国维《观堂集林》(一),中华书局 1961 年版,第 143 页。

再次,《十二纪》的“圆道”模式增加了每月太阳所行位置、昏旦中星、各月物候的内容,并在各月的禁忌和违令灾异的说明上都比以往更加丰富。

总之,《十二纪》的内容构成了一个人的活动与天道流转紧密契合的“圆道”,在此前的“教令”“时政”的基础上有了更为详细的规定,将先秦的“教令”“时政”发展为按月描述的“月政”,其核心则是四时五行教令和十二月历法的一种结合和推展(见表 7-2、表 7-3)。

表 7-2　　四时五行教令

四时	春	夏		秋	冬
五行	木	火	土	金	水
天干	甲乙	丙丁	戊己	庚辛	壬癸
五帝	太皞	炎帝	黄帝	少皞	颛顼

续表

四时	春	夏		秋	冬
五神	句芒	祝融	后土	蓐收	玄冥
五虫	鳞	羽	倮	毛	介
五音	宫	商	角	徵	羽
五数	八	七	五	九	六
五味	酸	苦	甘	辛	咸
五臭	膻	焦	香	腥	朽
五祀	户	灶	中霤	门	行
五脏	脾	肺	心	肝	肾
五色	青	赤	黄	白	黑
四时	春	夏		秋	冬
所用食物	麦、鸡	黍、羊	稷、牛	麻、犬	菽、豕
所用器物特点	疏以达	高以觕	圜以掩	廉以深	宏以弇

表 7-3　《十二纪》的十二月政

月份	日行所在	昏见中天星象	旦见中天星象	主要物候	律吕	天地之气
孟春	营室	参	尾	东风解冻，蛰虫始振，鱼上冰，獭祭鱼，侯燕北。	太簇	天气下降，地气上腾。
仲春	奎	弧	建星	始雨水，桃李华，苍庚鸣，鹰化为鸠。	夹钟	

续表

月份	日行所在	昏见中天星象	旦见中天星象	主要物候	律吕	天地之气
季春	胃	七星	牵牛	桐始华，田鼠化为鴽；虹始见，萍始生。	姑洗	
孟夏	毕	翼	婺女	蝼蝈鸣。丘蚓出。王菩生。苦菜秀。	仲吕	
仲夏	东井	亢	危	小暑至，螳螂生。鵙始鸣，反舌无声。	蕤宾	
季夏	柳	心	奎	凉风始至，蟋蟀居宇，鹰乃学习，腐草化为蚈。	林钟	
孟秋	翼	斗	毕	凉风至，白露降，寒蝉鸣，鹰乃祭鸟。	夷则	
仲秋	角	牵牛	觜嶲	凉风生，侯燕来，玄鸟归，群鸟养羞。	南吕	

续表

月份	日行所在	昏见中天星象	旦见中天星象	主要物候	律吕	天地之气
季秋	房	虚	柳	候燕来，宾爵入大水为蛤，菊有黄华，豹则祭兽戮禽。	无射	
孟冬	尾	危	七星	水始冰，地始冻，雉入大水为蜃，虹藏不见。	应钟	天气上腾，地气下降。
仲冬	斗	东壁	轸	冰益壮，地始坼，鹖鴠不鸣，虎始交。	黄钟	
季冬	婺女	娄	氐	雁北乡，鹊始巢，雉雊鸡乳。	大吕	

二、《十二纪》的“圆道”时政模式透显着鲜明的天、地、人“三才”通贯为一的观念

《易传》天道、地道、人道的提法，使天、地、人“三才”的观念得以高扬和凸显。《十二纪》也强调天、地、人“三才”的一体合一，使人道效法天地之道。《孟春纪》指出：“无变天之道，无绝地之理，无乱人之纪。”[①]这里的“天之道”，在直接意义上是指“圆道”天时模式下于孟春之际天道所表现出来的“盛德在木”“天气下降，地

① 许维遹：《吕氏春秋集释》，中华书局2009年版，第12页。

气上腾”的实质内容。这里的“地之理”在其直接意义上是指孟春时节与天道、天时相应的以“东风解冻，蛰虫始振”等为表现形式的各种物候。这里的“人之纪”，则是指受此“圆道”天时流转下特定天道、地道表现形式所规约的人的行为准则，于孟春之际则表现为各种政事、禁忌等。当然，对于除孟春纪的其他各纪而言，“无变天之道，无绝地之理，无乱人之纪”，亦是一种根本的法则而同样适用。这种法则要求无论是施于天下大众的为政还是施于一己之身的治身，都要效法生长收藏有时的天地之道，故《十二纪》强调：“人与天地也同，万物之形虽异，其情一体也。故古之治身与天下者必法天地也。”①

对《十二纪》所表现出的三才通贯一体的观念，吕不韦作了精要的阐述：

> ……良人请问十二纪。文信侯曰：“尝得学黄帝之所以诲颛顼矣，爰有大圜在上，大矩在下，汝能法之，为民父母。盖闻古之清世，是法天地。凡十二纪者，所以纪治乱存亡也，所以知寿夭吉凶也。上揆之天，下验之地，中审之人，若此则是非可不可无所遁矣。”②

“大圜”指天，“大矩”指地，在吕不韦看来，《十二纪》乃效法天地之道的产物，其以天地之道为据并因之而成为天、地、人“三才”之道的展现形式，于王者而言，这种“法天地”的《十二纪》具有“纪治乱存亡也，所以知寿夭吉凶”之效，王者据《十二纪》的“圆道”教令模式以为治，则天、地、人“三才”之情状便可了然于心，所谓“是非可不可无所遁矣”，如此则能做到天地人“三者咸当，无为而行”的治道境界。吕不韦和“良人”的对话，鲜明体现出了《十二纪》具

① 许维遹：《吕氏春秋集释》，中华书局2009年版，第45页。

② 许维遹：《吕氏春秋集释》，中华书局2009年版，第273～274页。

有的天人之学特质和对天、地、人“三才”通贯为一的自觉意识。

《十二纪》的“圆道”模式对王者的活动按照天人同步的原则分月份进行了精细化的规定，是对先秦与时令、教令相关的天文历法、礼制祀典、五行配置的一种总结①，将先秦的时政、教令思想发展到了新的高度，体现出“将欲为一代兴王之典礼”②的旨趣。《十二纪》以贯通天、地、人“三才”的气魄，对此前的相关学术加以整合，反映了吕不韦对大一统局面下王者施政模式的一种构想。在《十二纪》的“圆道”模式中，五行的地位相对阴阳而言更为突出，如果以天道阴阳流变与《十二纪》中四时、十二月的教令内容相结合，并以易卦的形式重新对其加以改造，对汉代学术具有深远影响的卦气说就产生了。在此意义上，我们可以说《十二纪》的“圆道”教令构成汉易卦气说的一个思想来源。《十二纪》秉持的天、地、人“三才”为一的观念，更是成为汉代学术的一个重要特征，其中的违令灾异观念，亦在秦汉之际成为汉代灾异说的一个重要的思想资源。

第二节　《圜道》篇的“圆道”观

《十二纪》的“圆道”模式在天、地、人“三才”通贯为一的天人

---

① 陈梦家认为时令、月令类文献在汉以前至少有三系，即楚帛书、齐《玄宫图》和秦《十二纪》(参见陈梦家:《战国楚帛书考》，载《考古学报》1984 年第 2 期)。薛梦潇认为《吕纪》整合了此前所有的月令文献，尤其是齐学系统的文献。她对十二纪与先秦月令类文献的继承关系作了分析，认为:(1)《吕纪》的五行配置、明堂、迎气，来源于《管子·幼官》和《洪范五行传》。(2)历法系统和十二月名，取自《夏小正》和《五行传》。(3)物候全部从《周书·时训解》抄录。(4)时令和时禁主要以《管子·四时》等为底本改编(参见薛梦潇:《早期中国的月令文献和月令制度》，武汉大学博士学位论文，2014 年)。笔者认为薛梦潇的观点更加合理。

② 陈澔:《礼记集说·月令》，(台湾)世界书局 2009 年版，第 842 页。

视野下为君王施政提供了详细的行为指南。此外,《吕氏春秋》中的《圜道》篇是先秦文献中专门阐述“圆道”观的一篇重要著作。《圜道》是季春纪的最后一篇文章,《圜道》不仅对“圜道”的各种形式作了总结,而且以天地之道言君臣之道,将作为宇宙法则的“圜道”阐发为君道。《圜道》篇指出:

五曰:天道圜,地道方,圣王法之,所以立上下。何以说天道之圜也?精气一上一下,圜周复杂,无所稽留,故曰天道圜。何以说地道之方也?万物殊类殊形,皆有分职,不能相为,故曰地道方。主执圜,臣处方,方圜不易,其国乃昌。

日夜一周,圜道也。月躔二十八宿,轸与角属,圜道也。精行四时,一上一下各与遇,圜道也。物动则萌,萌而生,生而长,长而大,大而成,成乃衰,衰乃杀,杀乃藏,圜道也。云气西行,云云然,冬夏不辍,水泉东流,日夜不休,上不竭,下不满,小为大,重为轻,圜道也。黄帝曰:“帝无常处也,有处者乃无处也”,以言不刑蹇,圜道也。人之窍九,一有所居则八虚,八虚甚久则身毙。故唯而听,唯止。听而视,听止。以言说一,一不欲留,留运为败,圜道也,一也齐至贵,莫知其原,莫知其端,莫知其始,莫知其终,而万物以为宗。圣王法之,以令其性,以定其正,以出号令。令出于主口,官职受而行之,日夜不休,宣通下究,瀸于民心,遂于四方,还周复归,至于主所,圜道也。令圜,则可不可、善不善无所壅矣。无所壅者,主道通也。故令者,人主之所以为命也,贤不肖安危之所定也。人之有形体四枝,其能使之也,为其感而必知也,感而不知,则形体四枝不使矣。人臣亦然,号令不感,则不得而使矣。有之而不使,不若无有。主也者,使非有者也,舜、禹、汤、武皆然。

先王之立高官也,必使之方。方则分定,分定则下不相隐。尧、舜，贤主也，皆以贤者为后，不肯与其子孙，犹若立官必使之方。今世之人主皆欲世勿失矣，而与其子孙，立官不能使之方，以私欲乱之也，何哉？其所欲者之远，而所知者之近也。今五音之无不应也，其分审也。宫、徵、商、羽、角各处其处，音皆调均，不可以相违，此所以无不受也。贤主之立官有似于此，百官各处其职、治其事以待主，主无不安矣。以此治国，国无不利矣。以此备患，患无由至矣。[①]

从逻辑上看，《圜道》篇的“圆道”观念表现为两个方面：一是对“圜道”的各种表现形式作了总结，强调“圜道”作为天道的抽象本质是一种普遍适用性的法则，即所谓“天道圜”；二是将作为天道的“圜道”与地道相结合，以此来阐发君臣上下之道，强调“圜道”乃“君道”。

一、对“圜道”表现形式的总结及其普遍适用性的说明

这表现为两个方面：

(一)“圜道”是天道的抽象本质和法则

关于“圜”字，《说文解字》卷六“口部”：“圜，天体也。从口瞏声。”又同卷口部：“圆，圜全也。”据许慎《说文解字》，“圜”原指天体，“圆”则是由“圜”引申的含义，是天体之形的理想状态，即所谓“圜全”。这种对“圜”与“圆”的区分当是受到了“天不足西北”这种观念[②]的影响。《广雅》：“圜，圆也。”“圜”与“圆”又可通用。“圜”的原意是指天体，《吕氏春秋》也有“大圜在上”的说法，那么

① 许维遹：《吕氏春秋集释》，中华书局2009年版，第78～82页。

② 《太一生水》：“〔天不足〕于西北。”（荆门市博物馆：《郭店楚墓竹简》，文物出版社1998年版，第126页）《列子·汤问》：“其后共工氏与颛顼争为帝，怒而触不周之山，折天柱，绝地维；故天倾西北，日月星辰就焉；地不满东南，故百川水潦归焉。”（叶蓓卿译注：《列子》，中华书局2011年版，第115～116页）《淮南子·天文》有类似的记载。

其所言“圜道”就与天道处于紧密的关联之中，事实上《圜道》篇就将“圜”视为天道的本质。

《圜道》篇在论证“天道圜”时运用了精气说，所谓“精气一上一下，圜周复杂，无所稽留，故曰天道圜”。“精气”是始于稷下道家《管子》四篇中的一个重要概念。[①]《圜道》这里的“精气”是指天之气，《十二纪》中有孟春之时“天气下降”[②]的说法，至孟冬则“天气上腾”[③]，据此，《圜道》所言“精气一上一下”，当是指天之“气”在一岁中的“下降”和“上腾”而言，“下降”和“上腾”构成了一个往复回环的圆周运动，即所谓“环周复杂”。高诱注：“杂犹匝。”[④]“环周复杂”道出了天之精气在一岁中“无所稽留”即永不停歇的往复循行。将天之精气在一年中的循行特点概括为“圜周复杂”，这里的“圜”是在环周、圆周的意义上使用的，与“圆”同义，“天道圜”即“天道圆”。至此，《圜道》据天“气”的运行特点而将环周往复即“天道圜”视为天道的本质。在天文学意义上，天圆地方的观念为盖天说的特征[⑤]，《周髀家》云“天员如张盖，地方犹棋局”[⑥]，这里的

① 《管子·内业》指出：“精也者，气之精者也。”“凡物之精，以此为生，下生五谷，上为列星。流于天地之间谓之鬼神；藏于胸中谓之圣人。”（陈鼓应：《管子四篇诠释》，商务印书馆2006年版，第100、90页）

② 许维遹：《吕氏春秋集释》，中华书局2009年版，第10页。

③ 许维遹：《吕氏春秋集释》，中华书局2009年版，第217页。

④ 许维遹：《吕氏春秋集释》，中华书局2009年版，第79页。

⑤ 中国古代盖天说的天圆地方观念经历了两次发展（参见武家壁、武旸：《中国古代“天圆地方”宇宙观及其数学模型》，载《自然辩证法通讯》2014年第2期）。

⑥ 房玄龄撰：《晋书》第2册，中华书局1974年版，第279页。

"员"即"圆"。天圆地方的观念在先秦两汉都有广泛的影响[1],《圜道》篇以源自黄老道家的精气说改造了盖天宇宙观的"天圆"观念,通过天之精气"一上一下"的运作将天道的本质抽象为"圜周往复",即所谓"天道圜"。

(二)"圜道"存在多种表现形式

在晓明了"天道圜"即天道以"圜周往复"的圆周运作为其本质之后,《圜道》认为圆周往复作为天道的抽象本质还通过多种形式表现出来:

1. 在天体层面,"天道圜"表现为日月星的往复运动。就日行而言,"日夜一周"言一昼夜日行一周[2],此为圆周天道的表现形式。于月行而言,月周行于轸宿和角宿相连的二十八宿,此亦"天道圜"之表现。"精行四时"的"精",当从孙锵鸣、杨树达说,释为"星"[3],各个星辰随四时产生的回归年而在天球中发生相对的上下圆周运动,故在地面上的人们看来,星辰依次与人们相遇,此为"精行四时,一上一下各与遇",这是就星辰而言的圆周天道的表现形式。

2. "天道圜"的特征还表现为万物的生长周期。这一周期表现为"物动则萌,萌而生,生而长,长而大,大而成,成乃衰,衰乃

---

① 《庄子·说剑》:"上法圆天以顺三光,下法方地以顺四时。"(陈鼓应:《庄子今注今译》,中华书局1983年版,第812页)《鹖冠子·泰录》:"法天居地,去方错圆,神圣之鉴也。"(黄怀信:《鹖冠子汇校集注》,中华书局2004年版,第267页)《易传·说卦》:"乾为天,为圜……坤为地……为大舆。"(高亨:《周易大传今注》,齐鲁书社1998年版,第463~465页)《淮南子·天文训》:"天道曰圆,地道曰方。"(何宁:《淮南子集释》,中华书局1998年版,第169页)《大戴礼记·曾子天圆》:"参尝闻之夫子曰:'天道曰圆,地道曰方。"(王聘珍:《大戴礼记解诂》,中华书局1983年版,第98页)

② "日夜一周"前当重一"日"字,此从孙锵鸣说(参见许维遹:《吕氏春秋集释》,中华书局2009年版,第79页)。

③ 参见许维遹:《吕氏春秋集释》,中华书局2009年版,第79页。

杀，杀乃藏”的过程，《圜道》认为这是圆周天道在万物存在方式上的表现。

3.《圜道》认为圆周运动这一天道本质还通过一些自然现象表现出来。《圜道》以“冬夏不辍”的“云气西行”和“日夜不休”的“水泉东流”为例来说明这一点。《圜道》认为云气和水泉分别处于“云云然”和“上不竭，下不满”的往复运动中，造成这种现象的原因是“小为大，重为轻”，高诱注“小为大，重为轻”：“小者泉之源也，流不止也，集于海，是为大也。水湿而重，升作为云，是为轻也。”[①]高诱得此诸句真解。《圜道》认为云气西行反映的是云气处于“重”和“轻”的往复转化中，水泉东流反映的是水自身处于“小”和“大”的往复转化中[②]，二者皆是天道圆周的表现形式。从日月星的往复运转，到万物的存在方式乃至一系列自然现象，《圜道》认为圆周往复作为天道的法则都在起着作用。经过《圜道》对“天道圜”的多种形式的说明，“圜周往复”作为天道法则已经带有普遍性的意味。

4.《圜道》还认为人的身体感官活动亦表现了“天道圜”的法则。《圜道》对人体“九窍”活动的特点作了说明：“人之窍九，一有所居则八虚，八虚甚久则身毙。”“九窍，谓眼耳鼻舌口及下二漏也。”[③]“一有所居”的“居”，高诱注：“居读曰居处之居。居犹壅闭也。”[④]陈其猷从高诱注。[⑤] 范耕研注：“按高氏读居为居处是也，训

① 许维遹：《吕氏春秋集释》，中华书局 2009 年版，第 79～80 页。

② 同样是对于中国东（南）的地势问题，《圜道》篇表现出了与《太一生水》不同的旨趣。《太一生水》据“地不足于东南”而得出的是“贵弱”之理，而《圜道》据此引申出天道往复的法则，体现出了不同的哲学思路。

③ 郭庆藩：《庄子集释》，中华书局 2004 年版，第 57 页。

④ 许维遹：《吕氏春秋集释》，中华书局 2009 年版，第 80 页。

⑤ 参见陈奇猷：《吕氏春秋校释》，上海古籍出版社 2002 年版，第 181 页。

为壅闭非也。‘一有所居’者，言精集于一窍，则八窍为虚位而失其作用，久必至废，如盲者多聪，聋者多明是其例。高氏训虚为病，亦失其义。”[①]高诱以“壅闭”释此处的“居”，于上下义不合。范耕研批评高诱将“居”训为“壅闭”，是正确的，其对“一有所居”和文中“虚”字的理解亦为当论。《说文解字》卷八“尸部”：“居，蹲也。”引申为居留意。“一有所居”，是指人专一用意于九窍中的某一窍，如此则其余八窍不能发挥其应有作用，久则终致身殃，所谓“八虚甚久则身毙”。《圜道》反对“一有所居”，乃是强调人体各窍当轮流按次第发挥其用，不能以一窍之用而固闭其余，《圜道》之所以强调各窍当轮流发挥其用，正是为了契合“环周往复”的“圜道”。

事实上，人专用一窍而固闭其余诸窍终致身毙的做法，在通常的情况下是不存在的，所以《圜道》篇指出：“故唯而听，唯止。听而视，听止。”在通常情况下，若人一边应答一边听人讲话，应答活动就会自动停止而专注于听，同样，“听”与“视”两种活动同时进行，则“听”就会退位而专之以“视”，这样，“唯”“听”“视”就处于依次轮流用事中。《圜道》以人之“唯”“听”“视”活动为例，不过是为了再次晓明各窍当轮流用事的必然性和重要性，反对专用一窍以致阻碍它窍递相为用。各窍递相为用与“圜道”之“环周往复”的特点相契，至此，《圜道》篇以人之九窍的活动特点为喻，富于创造性地将身体活动和作为天道法则的“圜道”联系了起来。

在将人的身体感官活动和“环周往复”的“圜道”联系起来之后，《圜道》篇又引入了道家的“道”概念对“圜道”作了进一步的强化：“以言说一，一不欲留，留运为败，圜道也，一也齐至贵，莫知其原，莫知其端，莫知其始，莫知其终，而万物以为宗。”“以言说一”

① 陈奇猷：《吕氏春秋校释》，上海古籍出版社2002年版，第180～181页。

的“说”，许维遹释为“锐”，认为“‘以言说一’犹言专精于一官”[①]，这实际上是将“以言说一”与上文连属。于省吾、陈奇猷皆将“以言说一”句与其下连属，将“一”释为“道”，并以《老子》的言道关系释“以言说一”。[②] 从前后文义来看，于省吾、陈奇猷将“以言说一”的“一”释为“道”是正确的，但其对“一不欲留，留运为败”句的解释仍不准确。“以言说一，一不欲留，留运为败”，乃是强调言说无法改变“道”本身的往复运作。《圜道》这里作为“道”的“一”无论在名称还是特征上都源于《老子》，但通过《圜道》篇明确将“一”称为“圜道”来看，《老子》的“一”在《圜道》篇中已经和“圜道”思想相结合，或者说，《圜道》篇用“圜道”观念改造了《老子》的“一”，使其成为“圜道”的代名词，正是在此意义上，《圜道》强调：“一也齐至贵，莫知其原，莫知其端，莫知其始，莫知其终，而万物以为宗。”值得注意的是，《老子》抽象“道”概念的引入，与《圜道》篇中以天道言“圜道”的逻辑产生了某种脱离，这说明该篇可能不是一个作者，而是以“圜道”为中心将相似观点加以收集的结果。

5. 除以上所言“圜道”的多种表现形式之外，《圜道》篇还提到了一句托名黄帝之言，《圜道》认为其亦为“圜道”的表现形式：“黄帝曰：‘帝无常处也，有处者乃无处也’，以言不刑蹇，圜道也。”俞樾据《庄子·山木》“君无形倨”句释“刑蹇”：“‘刑蹇’与‘形倨’同。”[③]许维遹同俞樾说。[④] 当从俞、许说。“帝无常处”的“处”，当为“处所”义。[⑤]《圜道》将其所引托名黄帝的这句话理解为“圜

① 许维遹：《吕氏春秋集释》，中华书局2009年版，第80页。

② 参见陈奇猷：《吕氏春秋校释》，上海古籍出版社2002年版，第181页。

③ 参见许维遹：《吕氏春秋集释》，中华书局2009年版，第80页。

④ 许维遹：《吕氏春秋集释》，中华书局2009年版，第80页。

⑤ 此为陈其猷说（参见陈奇猷：《吕氏春秋校释》，上海古籍出版社2002年版，第179页）。

道",当是基于明堂制度而言,"帝无常处也,有处者乃无处也",当是指明堂制度中帝王居所在一年十二月中的变化,这种变化亦以"圜周往复"为特点,故被视为"圜道"的表现形式。

二、将天道层面的"圜道"阐发为社会领域中处理君臣关系的"主道"

在强调"圜周往复"是天道的本质和法则并进而指出了"天道圜"的多种形式之后,《圜道》又进一步将这一天道法则引申为人主治术即"君道",从而使"天道圜"由天道观落实为政治哲学。这表现为以下几个方面:

第一,结合天圜地方的天地之道来为现实的君臣之道确立宇宙论依据。

《圜道》阐述"天道圜"的最终目的是为了说明"主道"。"主道"是与"臣道"密切联系在一起的,为此,《圜道》将天地之道和君臣之道结合起来进行说明,所谓"天道圜,地道方,圣王法之,所以立上下",这里的"上""下"指君臣言。[①]"地道方"与"天道圜"相对,关于"地道方",《圜道》指出:"何以说地道之方也?万物殊类殊形,皆有分职,不能相为,故曰地道方。""不能相为"即"不能相兼"[②],《圜道》对地道之"方"的解释,是从大地之上的万物之类形相殊、分职有异、不可相互取代这一角度着眼的。这与《易传》从

---

① 高诱注"上下"曰:"上,君。下,臣。"(许维遹:《吕氏春秋集释》,中华书局 2009 年版,第78 页)

② 此取高诱说(参见许维遹:《吕氏春秋集释》,中华书局 2009 年版,第 79 页)。

“地”之特性和功能的角度来论证坤卦之“方”德有所不同。[①] 这样做的目的是为了和臣道相类比。

“天道圜，地道方”，本着“法天地”的原则，《圜道》由此引出了“主执圜，臣处方”的君臣之道：“主执圜，臣处方，方圜不易，其国乃昌。”“主执圜”即是以天道的“圜”之特性比类君道，“臣处方”即是以地道的“方”之特性比类臣道。在《十二纪》叙述的天、地、人“三才”中，从叙述顺序上看，是先言天文，后言地道物候，次言人事，这种叙述顺序受到了“历象日月星辰，敬授民时”的阴阳家思想的影响，说明《十二纪》是将天道置于“三才”中最高的地位。由此，《圜道》篇以天道比类主道，以地道比类臣道，就注入了主从观念。同时，“天道圜，地道方”的特性又有助于说明君臣职分的差异。正是基于这两点，《圜道》才将君臣之道奠基于天地之道的基础之上，“主执圜，臣处方，方圜不易”，才成为《圜道》所构想的君臣之道的理想范式。

第二，在本着“法天地”的原则阐述了“主执圜，臣处方”的君臣之道之后，《圜道》还进一步指出了实现“主执圜，臣处方”的具体途径。在《圜道》看来，人主贯彻“主执圜”的“主道”，要做到两点，即“令圜”和“使臣”。

前文已指出，《圜道》改造了《老子》的“一”，将“圜道”视为“一”。《圜道》强调圣王之政当效法“圜道”而行，所谓“圣王法之，以令其性，以定其正”。“令其性”和“定其正”的“其”字指圣王言，“令”与“定”在相同的意义上使用，“令其性”“定其正”就是强调圣

① 《文言》云：“坤至柔而动也刚，至静而德方。”（高亨：《周易古经今注》，齐鲁书社 1998 年版，第 64 页）此即是对于坤卦之德的说明。从其后“含万物而化光”“承天而时行”的描述来看，《文言》上述对坤卦之德的说明，是借助于“地”这一坤卦符示的物象之特性和功能来进行的。

王以天之“圜道”来正定王者施政的本质和法则。王者法“圜道”而“令其性”“定其正”的突出表现，是据“圜道”“以出号令”，也就是实现“令圜”。《圜道》指出：“令出于主口，官职受而行之，日夜不休，宣通下究，瀸于民心，遂于四方，还周复归，至于主所，圜道也。”在《圜道》看来，王者发出号令，“官职受而行之”，最后号令的执行情况反馈于王即所谓“还周复归，至于主所”，这样，号令的发出、执行和反馈构成了一个往复的“圜道”，这就是“令圜”。《圜道》认为“令圜”可使主道通达无碍，所谓“令圜，则可不可、善不善无所壅矣。无所壅者，主道通也”。这种施政中的“令圜”模式，不仅可以使政令畅通，而且还由于其起点和终点皆为王者，故能使王者牢牢把握为政的主动权，保持王者之尊。正是在此意义上，《圜道》强调：“故令者，人主之所以为命也，贤不肖安危之所定也。”

除“令圜”外，“主执圜”的法则还要注意做到“使臣”。“使臣”就是善于支配群臣的活动，通过群臣的活动损益王者之不足，从而保证施政目标的实现。对此，《圜道》指出：“有之而不使，不若无有。主也者，使非有者也，舜、禹、汤、武皆然。”“有之而不使，不若无有”，即是强调人主支配群臣对于实现政治活动目标的意义。“主也者，使非有者也”，表明《圜道》将“使臣”作为施政的关键因素。《圜道》以古之圣王舜、禹、汤、武为例，阐述了“使臣”对于王者而言的重要性。

《圜道》对于君道的说明是依据“天道圜”的天道。值得注意的是，帛易《要》篇亦以《损》《益》二卦表征出的天道来谈论君道。但《要》篇据往复天道观所强调的，是君王要由此而领悟吉凶、存亡的转化之理，而《吕氏春秋·圜道》则是将天道和地道相结合来阐发君臣之道，尽管二者都是从天道引出君道，但它们在思想的归宿上却是不同的。

“方圜不易”的君臣之道不仅要求“主道圜”，还要保持“臣道方”。《圜道》认为，落实“臣道方”的根本途径是“立官必使之方”。

关于“立官必使之方”，《圜道》指出：“先王之立高官也，必使之方。方则分定，分定则下不相隐。”这是将官制之设比类于地道。“必使之方”的“方”，高诱注：“方，正。”[①]范耕研说：“俞樾曰‘高注失吕旨，方与圆对’，是也。方者圆之对也。圆之道在于通，方之道在于定。臣各有职，不能相乱，故曰方也。”[②]范说得其旨，但高诱以“正”训“方”亦与范说通。此处“必使之方”的“方”相对于“圜(圆)”来说是一种确定的规定，“方”当释为方正义，“必使之方”在于强调设置官员应使其成为具体规则和法度的典范和执行者，如此则产生相应的不同职分，所谓“方则分定”即此。“分定则下不相隐”是说，确定了官员的不同职分，官员之间就无法相互隐瞒政事。官员职分确定之后，才能据之而对人主的号令应感而动，这实际上是人主“使臣”的必然要求。对此，《圜道》以形体四肢作喻对其加以说明：“人之有形体四枝，其能使之也，为其感而必知也，感而不知，则形体四枝不使矣。人臣亦然，号令不感，则不得而使矣。”

为强调“立官必使之方”对于王者的重要性，《圜道》还以五音的和同为例来进行说明：“今五音之无不应也，其分审也。宫、徵、商、羽、角各处其处，音皆调均，不可以相违，此所以无不受也。”“分审”与“各处其处”义同，“无不受”的“受”当与“应”同义[③]，指五音因“音皆调均，不可以相违”而能受应各种不同的曲调和音律。

---

① 许维遹：《吕氏春秋集释》，中华书局2009年版，第81页。

② 陈奇猷：《吕氏春秋校释》，上海古籍出版社2002年版，第185页。

③ 高诱注“无不受”：“受亦应也。”(许维遹：《吕氏春秋集释》，中华书局2009年版，第82页)

五音"各以其声，集以成和"[1]，乃在于"分审"与"各处其处"，《圜道》认为王者立官亦应坚持这一原则，如此则王者无忧，正所谓"贤主之立官有似于此，百官各处其职，治其事以待主，主无不安矣。以此治国，国无不利矣。以此备患，患无由至矣"。《圜道》在这里以五音之协调比类官员设置的原则，亦与古时"五官"的官制有关。《圜道》对于官员设置"各处其处""立官必使之方"的原则，在今天看来仍有很大的合理性。

立官以"方"，就是要使官员各司其职以待王者，这是"臣执方"的落实。此外，《圜道》还特别强调"立官以方"要剔除人主私欲的影响。《圜道》指出："尧、舜，贤主也，皆以贤者为后，不肯与其子孙，犹若立官必使之方。今世之人主，皆欲世勿失矣，而与其子孙，立官不能使之方，以私欲乱之也，何哉？其所欲者之远，而所知者之近也。"《圜道》认为尧舜不以王位传其子孙而以贤人为其后继者，是"立官必使之方"的表现。这是因为，这种传位于贤人的做法使所立者因其"贤"而成为贤主治道和具体法度的传承者。世之人主虽欲其国运长久，但皆因私欲而将王权传于子孙，这违背了立官以"方"的原则。这种做法体现出人主"所欲者之远"和"所知者之近"的矛盾，这里的"所欲者之远"指欲图国运不衰，"所知者之近"指王者囿于私欲而为子孙计。《圜道》反对世袭王权，一定程度上体现出了"公天下"的观念，这是难能可贵的。

在《圜道》"主执圜，臣执方"的君臣之道中，人主始终处于主动地位。人臣对于君王号令要应"感"而动，政令发出之后最终要"还周复归，至于主所"，不仅如此，人主还是"立官必使之方"的发出者。这些都说明在《圜道》构设的君臣关系模式中，人主始终处于实际的支配地位。同时，以天地之道喻君臣之道，实际上也潜

---

① 此依高诱注（参见许维遹：《吕氏春秋集释》，中华书局2009年版，第82页）。

含着君尊臣卑的思想因子，君尊臣卑的观念后来在董仲舒那里得到了明确的表达。[①]

《圜道》以天地之道为据，阐述了“主执圜，臣处方”的君臣之道。这种“令圜”“使臣”的主道和“立官使之方”的臣道，透露出君无为而臣有为的思想要素，这与《吕氏春秋·君守》篇“大圣无事而千官尽能”的思想是一致的。君无为而臣有为的观念在先秦多见于黄老思想，《管子·心术上》：“‘心之在体，君之位也；九窍之有职，官之分也。’……故曰心术者，无为而制窍者也。故曰‘君’。”[②]《韩非子·主道》：“明君无为于上，群臣竦惧乎下。明君之道，使智者尽其虑，而君因以断事……臣有其劳，君有其成功，此之谓贤主之经也。”[③]《庄子·天道》：“上必无为而用天下，下必有为为天下用，此不易之道也。”[④]《慎子》：“君臣之道，臣有事而君无事也，君逸乐而臣任劳……”[⑤]上述材料对君臣之道的说明尽管在出发点上存在差异，但君无为而臣有为却是其共同的主题。《圜道》篇吸收了来自黄老学的君无为而臣有为的思想，并在“法天地”的原则下对君臣之道作出了新的阐述，以“主执圜，臣执方”的君臣之道，使黄老学君无为而臣有为的观念获得了新的形式，

---

① 《春秋繁露·基义》：“阴者阳之合，妻者夫之合，臣者君之合……君兼于臣，臣兼于君。君臣、父子、夫妇之义，皆取诸阴阳之道。”（苏舆撰、钟哲点校：《春秋繁露义证》，中华书局1992年版，第350页）

② 陈鼓应：《管子四篇诠释》，中华书局2006年版，第135页。

③ 王先慎：《韩非子集解》，中华书局1998年版，第27～28页。

④ 陈鼓应：《庄子今注今译》，中华书局1983年版，第342页。

⑤ 《慎子》，华东师范大学出版社2010年版，第4页。

成为汉代君无为而臣有为观念[①]的一个思想前提。

以上是《吕氏春秋》通过《十二纪》和《圜道》二篇表现出来的"圆道"观的主要内容。《十二纪》对先秦的时政、教令思想作了总结,在天、地、人"三才"通贯为一的视野下,对一年十二月中王者施政的天时依据和具体内容作了说明,其"圆道"观具有阴阳家思想的特色。《圜道》则将"天道圜"和"地道方"相结合,依据"法天地"的原则提出了"主执圜,臣处方"的君臣之道,将带有自然哲学色彩的天道论进一步延伸为政治哲学。此前,除《黄老帛书》《管子》诸篇的时政思想外,帛易《要》篇已经借《损》《益》之卦所符示的天时"圆道"观来晓示君道,透露出政治哲学的萌芽,邹衍的"五德终始"学说亦是将天道论发展为天道政治哲学。对比《要》篇、"五德终始"学说和《圜道》的带有政治哲学色彩的"圆道"观可以发现,《要》篇对君道的说明在于据往复天道观强调吉凶、存亡的转化之理,邹衍的五德终始说则主要以五行为中心对历史演进与天命循环的理论进行构设,《圜道》的君臣哲学则是从天圆地方的天地之道的角度出发来加以论证的,这是三者的不同点。"圆道"观在政治哲学中的运用,是先秦"圆道"观念走向深入的一种反映。

---

① 《淮南子·主术训》:"人主之术,处无为之事,而行不言之教:清静而不动,一度而不摇,因循而任下,责成而不劳。""上操其名,以责其实,臣守其职,以效其功……""主道员者,运转而无端,化育如神,虚无因循,常后而不先也。臣道方者,论是而处当,为事先倡,守职分明,以立成功也。"(何宁:《淮南子集释》,中华书局 1998 年版,第 605、644、635 页)《春秋繁露·保位权》:"为人君者居无为之位,行不言之教,寂而无声,静而无形,执一无端,为国源泉。因国以为身,因臣以为心。以臣言为声,以臣事为形。"(苏舆撰、钟哲点校:《春秋繁露义证》,中华书局 1992 年版,第 175 页)其中,《淮南子·主术训》"臣道方者"句,据王念孙改。

主要参考文献

一、古籍部分

1. 班固:《汉书》,中华书局 1962 年版。

2. 陈立撰,吴则虞点校:《白虎通疏证》,中华书局 1994 年版。

3. 陈澔:《礼记集说》,(台湾)世界书局 2009 年版。

4. 陈奇猷:《吕氏春秋校释》,上海古籍出版社 2002 年版。

5. 陈遵妫:《中国古代天文学简史》,上海人民出版社 1955 年版。

6. 陈鼓应:《庄子今注今译》,中华书局 1983 年版。

7. 陈鼓应:《老子今注今译》,商务印书馆 2003 年版。

8. 陈鼓应:《老子注译及评介(修订增补本)》,中华书局 2009 年版。

9. 陈鼓应:《黄帝四经今注今译》,商务印书馆 2007 年版。

10. 丁四新:《楚竹书和汉帛书〈周易〉校注》,上海古籍出版社 2011 年版。

11. 丁四新:《郭店楚竹书〈老子〉校注》,武汉大学出版社 2010 年版。

12. 范晔:《后汉书》,中华书局 1965 年版。

13. 房玄龄等:《晋书》,中华书局 1974 年版。

14. 郭庆藩:《庄子集释》,中华书局 2004 年版。

15. 郭沫若:《管子集校》,载《郭沫若全集·历史编》第5卷,人民出版社1984年版。

16. 高亨:《周易古经今注》(重订本),中华书局1984年版。

17. 高亨:《周易大传今注》,齐鲁书社1998年版。

18. 高亨:《老子注译》,清华大学出版社2010年版。

19. 国家文物局古文献研究室:《马王堆汉墓帛书》(壹),文物出版社1980年版。

20. 黄晖:《论衡校释》,中华书局1990年版。

21. 黄怀信:《鹖冠子汇校集注》,中华书局2004年版。

22. 黄怀信主撰:《论语集校汇纂》,上海古籍出版社2000年版。

23. 何宁:《淮南子集释》,中华书局1998年版。

24. 洪兴祖:《楚辞章句补注》,吉林人民出版社2005年版。

25. 焦竑:《老子翼》,华东师范大学出版社2011年版。

26. 荆门市博物馆:《郭店楚墓竹简》,文物出版社1998年版。

27. 姜涛:《管子新校》,齐鲁书社2009年版。

28. 孔颖达:《周易正义》,北京大学出版社2000年版。

29. 楼宇烈:《老子道德经注校释》,中华书局2008年版。

30. 林希逸:《老子鬳斋口义》,华东师范大学出版社2010年版。

31. 梁翔凤:《管子校注》,中华书局2004年版。

32. 李昉:《太平御览》,河北教育出版社1994年版。

33. 李学勤主编:《清华大学藏战国竹简》(肆),中西书局2013年版。

34. 梁绍辉等点校:《周敦颐集》,岳麓书社2007年版。

35. 马承源主编:《上海博物藏战国楚竹书》(三),上海古籍出版社2003年版。

36. 裘锡圭主编，河南省博物馆、复旦大学出土文献与古文字研究中心编纂：《长沙马王堆汉墓简帛集成》（壹）（肆），中华书局2014年版。

37. 司马迁：《史记》，中华书局1982年版。

38. 孙诒让：《周礼正义》，中华书局1987年版。

39. 孙诒让：《墨子间诂》，中华书局2001年版。

40. 苏舆撰，钟哲点校：《春秋繁露义证》，中华书局1992年版。

41. 王聘珍撰，王文锦点校：《大戴礼记解诂》，中华书局1983年版。

42. 王逸：《楚辞章句补注》，吉林人民出版社2005年版。

43. 王先慎：《韩非子集解》，中华书局1998年版。

44. 王利器：《盐铁论校注》（定本），中华书局1992年版。

45. 邬国义等：《国语译注》，上海古籍出版社1994年版。

46. 魏源：《老子本义》，华东师范大学出版社2010年版。

47. 王世舜、王翠叶译注：《尚书》，中华书局2012年版。

48. 徐元诰：《国语集解》，中华书局2002年版。

49. 许维遹：《吕氏春秋集释》，中华书局2009年版。

50. 向宗鲁：《说苑校证》，中华书局1987年版。

51. 萧统编，李善注：《文选》6册，上海古籍出版社1986年版。

52. 杨伯峻：《春秋左传注（修订本）》，中华书局2009年版。

53. 杨伯峻：《论语译注》，中华书局1980年版。

54. 叶蓓卿译注：《列子》，中华书局2011年版。

55. 银雀山汉墓竹简整理小组：《银雀山汉墓竹简》（贰），中华书局2010年版。

56. 应劭注，王利器校注：《风俗通义》，中华书局1981年版。

57. 杨天宇：《礼记译注》，上海古籍出版社2004年版。

58. 张继禹主编:《中华道藏》第 20 册,华夏出版社 2004 年版。

59. 朱熹:《周易本义》,天津市古籍书店 1986 年版。

60. 郑玄注,贾公彦疏,赵伯熊整理:《周礼注疏》,北京大学出版社 1999 年版。

二、论著部分

1. 陈久金:《科技史文集》第 1 辑(天文学史专辑),上海科学技术出版社 1978 年版。

2. 陈久金:《中国少数民族天文学史》,中国科学技术出版社 2008 年版。

3. 陈美东:《中国科学技术史・天文学卷》,科学出版社 2003 年版。

4. 陈思贤:《周易・天文・考古》,文物出版社 2014 年版。

5. 陈梦家:《殷墟卜辞综述》,中华书局 1988 年版。

6. 陈梦家:《汉简缀述》,中华书局 1980 年版。

7. 蔡季襄:《晚周缯书考证》,中西书局 2013 年版。

8. 丁原明:《黄老学论纲》,山东大学出版社 1997 年版。

9. 段致成:《〈太平经〉思想研究》(下),(台湾)花木兰出版社 2011 年版。

10. 邓球柏:《白话易经》,岳麓书社 1993 年版。

11. 杜守素、侯外庐、纪玄冰:《中国思想通史》第 1 卷,新知书店 1936 年版。

12. 冯天瑜:《中华元典精神》,上海人民出版社 1994 年版。

13. 冯时:《中国天文考古学》,社会科学文献出版社 2001 年版。

14. 冯时:《百年来甲骨文天文历法研究》,中国社会科学出版社 2011 年版。

15. 冯时:《出土古代天文学文献研究》,台湾古籍出版社 2001 年版。

16. 冯振:《老子通证》,华东师范大学出版社 2012 年版。

17. 冯友兰:《中国哲学史新编》第 1 册,载《冯友兰文集》第 8 卷,长春出版社 2017 年版。

18. 郭沫若:《奴隶制时代》,中国人民大学出版社 2005 年版。

19. 郭沫若:《郭沫若全集・考古编》第 10 卷,科学出版社 1992 年版。

20. 王力:《老子研究》,上海书店出版社 1992 年版。

21. 顾颉刚:《秦汉的方士与儒生》,上海古籍出版社 1998 年版。

22. 刘大钧:《周易传文白话解》,齐鲁书社 1993 年版。

23. 山东省文物管理处、济南市博物馆:《大汶口》,文物出版社 1974 年版。

24. 尚秉和:《周易尚氏学》,中华书局 1980 年版。

25. 刘长林:《中国系统思维》,中国社会科学出版社 1990 年版。

26. 刘玉建:《汉代易学通论》,齐鲁书社 2012 年版。

27. 刘彬:《帛书〈要〉篇校释》,光明日报出版社 2009 年版。

28. 刘笑敢:《老子古今》(修订版)上卷,中国社会科学出版社 2006 年版。

29. 刘国忠:《古代帛书》,文物出版社 2004 年版。

30. 李学勤:《简帛佚籍与学术史》,江苏教育出版社 2001 年版。

31. 李零:《中国方术正考》,中华书局 2006 年版。

32. 李零:《中国方术续考》,中华书局 2006 年版。

33. 刘尧汉、卢央:《文明中国的彝族十月历》,云南人民出版社 1986 年版。

34. 廖名春:《帛书〈周易〉论集》,上海古籍出版社 1998 年版。

35. 廖名春:《〈周易〉经传与易学史新论》,中国人民大学出版社 2014 年版。

36. 林桂榛:《天道天行与人性人情——先秦儒家性与天道论考原》,中国社会科学出版社 2015 年版。

37. 庞朴:《稂莠集》,上海人民出版社 1988 年版。

38. 钱宝琮:《钱宝琮科学史论文选集》,科学出版社 1983 年版。

39. 饶宗颐:《饶宗颐二十世纪学术文集》第 5 册 3 卷(简帛学),(台湾)新文丰出版股份有限公司 2003 年版。

40. 王国维:《观堂集林》(上),中华书局 1959 年版。

41. 王博:《老子思想的史官特色》,(台湾)文津出版社 1993 年版。

42. 王叔岷:《管子斠证》,中华书局 2007 年版。

43. 吾淳:《中国哲学起源的知识线索》,上海人民出版社 2014 年版。

44. 王新春等点校:《易纂言导读》,齐鲁书社 2006 年版。

45. 王明:《道家和道教思想研究》,中国社会科学出版社 1984 年版。

46. 许抗生:《帛书老子注译与研究》(增订本),浙江人民出版社 1982 年版。

47. 萧汉明:《周易本义导读》,齐鲁书社 2006 年版。

48. 于省吾:《双剑誃吉金文选》,中华书局 1998 年版。

49. 张闻玉:《古代天文历法论集》,贵州人民出版社 1995 年版。

50. 张培瑜、陈美东等:《中国古代历法》,中国科学技术出版社 2008 年版。

51. 张舜徽:《周秦道论发微》,中华书局 1982 年版。

52. 宗福邦等主编:《故训汇纂》,商务印书馆 2003 年版。

53. 张松如:《老子说解》,齐鲁书社 1998 年版。

54. 张连伟:《〈管子〉哲学思想研究》,巴蜀书社 2008 年版。

55. 郑开:《德礼之间——前诸子时期的思想史》,三联书店 2009 年版。

56. 赵建伟:《出土简帛〈周易〉疏证》,(台湾)万卷楼图书有限公司 2000 年版。

57. 赵敏:《中国古代农学思想考论》,中国农业科学技术出版社 2013 年版。

58. 中国社会科学院科研局编:《顾颉刚集》,中国社会科学出版社 2001 年版。

59. 中国社会科学院甲骨学殷商史研究中心编辑组:《胡厚宣先生纪念文集》,科学出版社 1998 年版。

60. [日]邦岛男:《五行思想と礼记月令の研究》,(东京)汲古书院 1971 年版。

三、论文部分

(一)期刊论文

1. 白奚:《〈管子〉的成书年代和作者》,载《中国哲学史》1997 年第 4 期。

2. 白奚:《中国古代阴阳与五行说的合流——〈管子〉阴阳五行思想新探》,载《中国社会科学》1997 年第 5 期。

3. 白奚:《邹衍四时教令思想考索》,载《文史哲》2001 年第 6 期。

4. 白奚:《〈太一生水的"水"与万物之生成〉》,载《中国哲学史》2012 年第 3 期。

5. 白奚:《宇宙万物的始基:"恒"还是"恒先"? ——"恒先无有"释读之我见》,载《中国哲学史》2016 年第 2 期。

6. [日]池田知久:《马王堆汉墓帛书〈周易〉之〈要〉篇释文(下)》,牛建科译,载《周易研究》1997 年第 3 期。

7. 曹峰:《谈〈恒先〉的编联与分章》,载《清华大学学报》(哲学社会科学版)2005 年第 3 期。

8. 曹峰:《〈恒先〉研究综述》,载《中国哲学史》2008 年第 4 期。

9. 曹峰:《论〈老子〉的天之道》,载《哲学研究》2013 年第 9 期。

10. 曹峰:《〈太一生水〉下半部分是一个独立完整的篇章》,载《清华大学学报》(哲学社会科学版)2014 年第 2 期。

11. 曹峰:《〈恒先〉研读》,载《国学学刊》2014 年第 2 期。

12. 曹峰:《〈太一生水〉"天道贵弱"篇的思想结构》,载《清华大学学报》(哲学社会科学版)2015 年第 3 期。

13. 曹峰:《〈黄帝四经〉所见"节""度"之道》,载《史学月刊》2017 年第 5 期。

14. 曹胜高:《阴阳刑德与秦汉秩序认知的形成》,载《古代文明》2017 年第 2 期。

15. 陈忠信:《〈太一生水〉浑沌创世初探》,载(台湾)《鹅湖月刊》第 26 卷第 10 期,2001 年版。

16. 陈梦家:《战国楚帛书考》(作于 1962 年),载《考古学报》1984 年第 2 期。

17. 陈松长:《马王堆〈刑德〉甲、乙本的比较研究》,载《文物》2000 年第 3 期。

18. 丁四新:《马王堆帛书〈易传〉的哲学思想》,载《江汉论坛》2015 年第 1 期。

19. 丁四新:《论马王堆帛书〈要〉篇“观其德义”的易学内涵》,载《武汉大学学报》(人文社科版)2015 年第 1 期。

20. 丁四新:《马王堆帛书〈易传〉的哲学思想》,载《江汉论坛》2015 年第 1 期。

21. 董楚平:《〈中国上古创世神话勾陈〉补正》,载《杭州师范大学学报》(社会科学版)2013 年第 6 期。

22. 符仲华:《圆道观与针灸学说》,载《南京中医学院学报》1994 年第 4 期。

23. 冯时:《〈周易〉乾坤卦爻辞研究》,载《中国文化》2010 年第 2 期。

24. 葛志毅:《明堂月令考论》,载《求是学刊》2002 年第 5 期。

25. 胡建峰:《圆道观与中国绘画》,载《太原师范学院学报》(社会科学版)2005 年第 3 期。

26. 湖南省博物馆:《新发现的战国楚墓帛画》,载《文物》1973 年第 7 期。

27. 韩志强:《溯本求源,圆生万物——圆道观与太极拳之“圆”》,载《搏击(武术科学)》2012 年第 7 期。

28. 何驽:《山西襄汾陶寺城址中期王级大墓ⅡM22 出土漆杆“圭尺”功能试探》,载《自然科学史研究》2009 年第 3 期。

29. 胡铁珠:《〈夏小正〉星象年代研究》,载《自然科学史研究》2000 年第 3 期。

30. 韩高年:《上古授时仪式与仪式韵文——论〈夏小正〉的性质、时代及演变》,载《文献》2004 年第 4 期。

31. 胡治洪:《帛书〈易传〉四篇天人道德观析论》,载《周易研究》2001 年第 2 期。

32. 湖北省荆门市博物馆:《荆门郭店一号楚墓》,载《文物》1997 年第 7 期。

33. 黄耀明:《行气玉铭探微》,载《中国国家博物馆馆刊》2012年第10期。

34. 胡家聪:《〈管子·幼官篇〉新考——兼论〈吕氏春秋·十二纪〉的年代》,载《社会科学战线》1981年第2期。

35. 井海明:《简论帛书〈易传〉中的卦气思想》,载《周易研究》2002年第4期。

36. 江晓源:《上古天文考》,载《中国文化》1991年第1期。

37. 江晓原、陈晓中等:《山西襄汾陶寺城址天文观测遗迹功能讨论》,载《考古》2006年第11期。

38. 李鸿泓、张其成:《〈黄帝内经〉"圆道时中"思想渊源探讨》,载《环球中医药》2015年第5期。

39. 罗桂清、李磊:《试论〈周易〉圆道观对经络气血运行理论的影响》,载《中医文献杂志》2013年第3期。

40. 罗菲:《变——圆道哲学观的内核》,载《武汉科技学院学报》2010年第6期。

41. 李智平:《复反之道:〈老子〉与〈剥〉、〈复〉二卦诠释视域的比较》,载(台湾)《新竹教育大学语文学报》第13期,2006年12月。

42. 刘兴明:《大易之复:一种生生不已的和谐循环智慧》,载《山东师范大学学报》(人文社会科学版)2011年第1期。

43. 李学勤:《补论战国题铭的一些问题》,载《文物》1960年第7期。

44. 李学勤:《试论长沙子弹库楚帛书残片》,载《文物》1992年第11期。

45. 梁韦弦:《〈说卦〉与汉易卦气图》,载《中国哲学史》2012年第2期。

46. 梁韦弦:《帛书易传〈要〉篇透露出的卦气知识及其成书时

代》，载《齐鲁学刊》2005 年第 1 期。

47. 廖名春：《上博藏楚书〈恒先〉新释》，载《中国哲学史》2004 年第 3 期。

48. 李学勤：《帛书〈要〉篇的〈损〉〈益〉说》，载《出土文献研究》1998 年第 1 期。

49. 李学勤：《楚简〈恒先〉首章释义》，载《中国哲学史》2004 年第 3 期。

50. 李养正：《有关〈阴符经〉几个疑问的论证》，载《道协会刊》1983 年第 1 期。

51. 刘恒：《殷代史官及相关问题》，载《殷都学刊》1993 年第 3 期。

52. 李申：《先秦天道观与自然科学》，载《孔子研究》1983 年第 3 期。

53. 李零：《〈管子〉三十时节与二十四节气》，载《管子学刊》1988 年第 2 期。

54. 罗炽：《太一生水辩》，载《湖北大学学报》(哲学社会科学版)2004 年第 6 期。

55. 刘宁：《由上古历法推考〈管子〉之〈幼官〉与〈幼官图〉原貌》，载《管子学刊》2013 年第 3 期。

56. 李震：《先秦阴阳五行观念的政治展开：以稷下为中心》，载《管子学刊》2017 年第 3 期。

57. [美]马克劢：《〈管子·幼官〉中的时间、空间与统治：阴阳家之研究》，郭鼎玮译，载《管子学刊》2017 年第 4 期。

58. 宁志品：《"圆道观"对于〈诗经〉音律的渗透》，载《丝路学谈》1998 年第 3 期。

59. 濮阳市文物管理委员会、濮阳市博物馆、濮阳市文物工作队：《河南濮阳西水坡遗址发掘简报》，载《文物》1988 年第 3 期。

60. 束景南、刘金明:《〈周易〉"七日来复"与大衍之数》,载《杭州大学学报》1998 年第 3 期。

61. 任继愈:《春秋时代天文学和老子的唯物主义思想》,载《北京大学学报》(人文科学版)1959 年第 4 期。

62. 商承祚:《战国楚帛书述略》,载《文物》1964 年第 9 期。

63. 宋会群:《乾卦六龙态的天文含义研究》,载《史学月刊》2002 年第 2 期。

64. 孙功进:《从"德"之"性"义看〈易传〉的几个相关命题》,载《周易研究》2016 年第 2 期。

65. 孙开泰:《邹衍年谱》,载《管子学刊》1990 年第 2 期。

66. 武家壁:《陶寺观象台与考古天文学》,载《科学技术与辩证法》2008 年第 5 期。

67. 武家壁、武旸:《中国古代"天圆地方"宇宙观及其数学模型》,载《自然辩证法通讯》2014 年第 2 期。

68. 王盛恩:《中国古代史官称谓内涵的嬗变》,载《史学史研究》2008 年第 1 期。

69. 王中江:《从文本篇章到义理脉络:〈太一生水〉的构成和概念层次再证》,载《船山学刊》2015 年第 1 期。

70. 魏启鹏:《太一生水札记》,载《中国哲学史》2000 年第 1 期。

71. 王国明:《南方黄老学遗作:〈太一生水〉的学派归属考》,载《重庆师范大学学报》(社会科学版)2018 年第 5 期。

72. 汪显超:《"参伍以变,错综其数"与〈洛书〉》,载《中山大学学报》(社会科学版)2000 年第 2 期。

73. 王兴业:《谈式占、八卦与洛书》,载《周易研究》1990 年第 2 期。

74. 王襄天、韩自强:《阜阳双古堆西汉汝阴侯墓发掘简报》,

载《文物》1978 年第 8 期。

75. 谢丹:《论圆道思维及其对中国古典舞蹈的影响》,载《江西社会科学》2015 年第 6 期。

76. 徐凤先:《从大汶口符号文字和陶寺观象台探寻中国天文学起源的传说时代》,载《中国科技史杂志》2010 年第 4 期。

77. 辛亚民:《〈说卦〉“帝出乎震”章析论》,载《中国哲学史》2015 年第 4 期。

78. 萧萐父:《〈周易〉与早期阴阳家言》,载《江汉论坛》1984 年第 5 期。

79. 许国经:《〈行气玉铭〉铭文新探》,载《湖北大学学报》(哲学社会科学版)1989 年第 1 期。

80. 薛梦潇:《“周人明堂”的本义、重建与经学想象》,载《历史研究》2015 年第 6 期。

81. 余达、杨坤、王玉兴:《〈周易〉圆道与任督循环探析》,载《中华中医药学刊》2009 年第 6 期。

82. 严敦杰:《关于西汉初期的式盘和占盘》,载《考古》1978 年第 5 期。

83. 张尚臣:《圆道观哲学思想与〈黄帝内经〉》,载《河南中医药学刊》1999 年第 1 期。

84. 周桂钿:《中国古代循环论种种》,载《贵州社会科学》1996 年第 4 期。

85. 中国社会科学院考古研究所山西工作队、临汾地区文物局:《山西襄汾县陶寺遗址发掘简报》,载《考古》1980 年第 1 期。

86. 中国社会科学院考古研究所山西工队、山西省考古研究所、临汾市文物局:《山西襄汾县陶寺城址祭祀区大型建筑基址 2003 年发掘简报》,载《考古》2004 年第 7 期。

87. 张克宾:《损益与易道及〈易〉书》,载《烟台大学学报》(哲学社会科学版)2014 年第 4 期。

88. 张开炎:《"伯鱼腹鲧"与"太一生水"隐含的创世密码》,载《中国文化研究》2014 年春之卷。

89. 赵建功:《〈恒先〉意解》,载《华中科技大学学报》(社会科学版)2006 年第 2 期。

90. 赵建功:《楚简〈恒先〉释文分章》,载《中国哲学史》2010 年第 2 期。

91. 张富祥:《〈管子〉中的"幼官"和有关节气问题》,载《民俗研究》2012 年第 5 期。

92. 郑万耕:《楚竹书〈恒先〉简说》,载《齐鲁学刊》2005 年第 1 期。

93. 张增田:《〈黄老帛书研究综述〉》,载《安徽大学学报》(哲学社会科学版)2001 年第 4 期。

(二)集刊论文

1. 丁四新:《楚简〈太一生水〉研究——兼对当前〈太一生水〉研究的总体批评》,载丁四新:《楚地出土简帛文献思想研究》(二),湖北教育出版社 2002 年版。

2. [比利时]戴卡林:《〈太一生水〉初探》,载陈鼓应主编:《道家文化研究》第 17 辑,三联书店 1999 年版。

3. 范毓周:《关于战国"玉行气铭杖首"的几个问题》,载《纪念徐中舒先生诞辰 110 周年国际学术研讨会论文集》,巴蜀书社 2010 年版。

4. 高明:《楚缯书研究》,载中国古文字研究会、中华书局编辑部编:《古文字研究》第 12 辑,中华书局 1985 年版。

5. 高正:《帛书〈十四经〉正名》,载陈鼓应主编:《道家文化研究》第 3 辑,上海古籍出版社 1993 年版。

6. 刘长林:《〈周易〉圆道与创新》,载张涛主编:《周易文化研究》第3辑,社会科学文献出版社2011年版。

7. 李零:《郭店楚简校读记》,载陈鼓应主编:《道家文化研究》第17辑,三联书店1999年版。

8. 李零:《读郭店楚简〈太一生水〉》,载陈鼓应主编:《道家文化研究》第17辑,三联书店1999年版。

9. 彭浩:《一种新的宇宙生成理论》,载武汉大学中国文化研究院编:《郭店楚简国际学术研讨会论文集》,湖北人民出版社2000年版。

10. 庞朴:《〈恒先〉试读》,载梁涛主编:《中国思想史前沿——经典·诠释·方法》,陕西师范大学出版社2008年版。

11. 裘锡圭:《〈太一生水〉"名字"章解释》,载安徽大学古文字研究室编:《古文字研究》第22辑,中华书局2000年版。

12. 强煜:《〈太一生水〉与古代的太一观》,载陈鼓应主编:《道家文化研究》第17辑,三联书店1999年版。

13. 饶宗颐:《长沙楚墓时占神物图卷考释》,载《东方文化》1卷1期,香港中文大学出版社1954年版。

14. 饶宗颐:《剑珌行气铭与〈汉简〉引书》,载钱伯城主编:《中华文史论丛》,上海古籍出版社1993年版。

15. 饶宗颐:《帛书〈系辞传〉"大恒"说》,载陈鼓应主编:《道家文化研究》第3辑,上海古籍出版社1993年版。

16. 王博:《〈要〉篇略论》,载陈鼓应主编:《道家文化研究》第6辑,上海古籍出版社1995年版。

17. 武家壁:《楚帛书〈时日〉篇中的天文学问题》,载《考古学研究》(九)下册,文物出版社2012年版。

18. 夏含夷:《〈周易〉乾卦六龙新解》,载中华书局编辑部编:《文史》第24辑,中华书局1985年版。

19. 邢文:《"损益"与"君道"》,载陈鼓应主编:《道家文化研究》第18辑，三联书店2000年版。

20.邢义田：《“太一生水”“太一出行”与“太一座”：读郭店简、马王堆帛画和定边、靖边汉墓壁画的联想》，载《美术史研究集刊》第30期，台湾大学艺术史研究所印行，2011年。

21.张书豪：《楚简〈太一生水〉劄记——数术视野下的太一与水》，载武汉大学简帛研究中心编：《简帛》第2辑，上海古籍出版社2007年版。

22.赵建伟：《郭店楚墓竹简〈太一生水〉疏证》，载陈鼓应主编：《道家文化研究》第17辑，三联书店1999年版。

23.朱伯崑：《帛书本〈系辞〉读后》，载陈鼓应主编：《道家文化研究》第3辑，上海古籍出版社1993年版。

(三)学位论文

1.鞠秋洋：《〈黄老帛书〉中的阴阳家思想研究》，武汉大学硕士学位论文，2017年。

2.李晓宇：《郭店楚简〈太一生水〉探析》，四川大学硕士学位论文，2003年。

3.李夏：《帛书〈黄帝四经〉研究》，山东大学博士学位论文，2007年。

4.彭华：《阴阳五行研究(先秦篇)》，华东师范大学博士学位论文，2004年。

5.薛梦潇：《早期中国的月令文献与月令制度》，武汉大学博士学位论文，2014年。

6.杨帆：《〈管子〉成书问题研究史》，西南大学硕士学位论文，2015年。

7.张蝶：《关于中国古代天文文献的基础研究》，辽宁大学硕士学位论文，2011年。

(四)网站文章

1.季旭升:《〈上博三·恒先〉"意出于生,言出于意"说》,简帛研究网,2004 年 6 月 22 日。

2.刘信芳:《上博藏竹简〈恒先〉试解》,简帛研究网,2004 年 5 月 16 日。

3.李锐:《〈恒先〉浅释》,简帛研究网,2004 年 4 月 23 日。

后　记

这本小书的书稿，是我从武汉大学完成博士学业并稍加休整之后完成的。现在回想起来，与传统文化的机缘，可以追溯到数十年之前的高中时代，那时自己开始充满好奇地接触武术和易学。高中毕业后的求学和工作并不顺利，人生的最佳学习时间也大多在虚度中远去了。庆幸的是，在山东莒县一个僻远的小镇工作时，周末常骑自行车往返五十多里外的县城，从几百元的工资中拿出一部分购书，并曾一度如饥似渴地阅读《道藏》中的文献，这一经历令我时至今日仍受益良多。对中国哲学的学习，是从2001年考入山东大学哲学与社会发展学院之后开始的。2014年入武汉大学攻读博士学位时已近不惑之年。时光荏苒，少时炯炯之双眸今已黯然，回首往昔，慨然之余，深感愧对师长教诲。“丈夫无成忽老大”，可不戒哉！然我坚信，儒释道之东方圣哲教化乃吾华族瑰宝，其于社会人生均有真实之受用。生为炎黄子孙，被此千古血脉，何其幸也！“善养吾浩然之气，不失其赤子之心”，吾其何归？此心是也！愿以此与热爱东方圣哲之道的诸君共勉！

本书的顺利完成和出版，要感谢山东大学出版社的武迎新和谭学秋老师，他们为编辑和校稿做了大量的工作，两位老师严谨的治学态度令人起敬。另外，还要感谢研究生赵海蔚、郑强对书中个别文献的查证，同时本书的写作也离不开家人的支持。感谢你们！

是为记。

孙功进

己亥年辛未月记于山东日照

图书在版编目(CIP)数据

先秦“圆道”观念概论/孙功进著. —济南:山东大学出版社,2019.8
ISBN 978-7-5607-6412-2

Ⅰ.①先… Ⅱ.①孙… Ⅲ.①先秦哲学—研究
Ⅳ.①B220.5

中国版本图书馆 CIP 数据核字(2019)第 188014 号

责任编辑:武迎新　谭学秋
封面设计:张　荔

出版发行:山东大学出版社
社　址　山东省济南市山大南路 20 号
邮　编　250100
电　话　市场部(0531)88363008
经　销:新华书店
印　刷:济南华林彩印有限公司
规　格:880 毫米×1230 毫米　1/32
8 印张　212 千字
版　次:2019 年 8 月第 1 版
印　次:2019 年 8 月第 1 次印刷
定　价:38.00 元
